财经类专业课程改革"十四五"规划教材

会计信息化
综合实训教程（第三版）

主　编○张　星　肖帮环
副主编○韩方璇　马雪莹　汪文艳　王怡倩
主　审○李爱红　陈静静

立信会计出版社
LIXIN ACCOUNTING PUBLISHING HOUSE

图书在版编目(CIP)数据

会计信息化综合实训教程 / 张星,肖帮环主编.
3 版. --上海:立信会计出版社,2024.8. -- ISBN
978-7-5429-7634-5

Ⅰ. F232

中国国家版本馆 CIP 数据核字第 2024VS0537 号

策划编辑　　　王斯龙
责任编辑　　　汤　晏
美术编辑　　　吴博闻

会计信息化综合实训教程(第三版)

KUAIJI XINXIHUA ZONGHE SHIXUN JIAOCHENG

出版发行	立信会计出版社			
地　址	上海市中山西路 2230 号		邮政编码	200235
电　话	(021)64411389		传　真	(021)64411325
网　址	www.lixinaph.com		电子邮箱	lixinaph2019@126.com
网上书店	http://lixin.jd.com			http://lxkjcbs.tmall.com
经　销	各地新华书店			

印　刷	上海万卷印刷股份有限公司
开　本	787 毫米×1092 毫米　　　1/16
印　张	17.75
字　数	432 千字
版　次	2024 年 8 月第 3 版
印　次	2024 年 8 月第 1 次
书　号	ISBN 978-7-5429-7634-5/F
定　价	49.00 元

如有印订差错,请与本社联系调换

内容简介

本书是校企"双元"合作开发教材,是会计事务专业国家级资源库建设课程"会计信息系统应用实训"的配套教材。

本书按项目化课程开发原理编写,符合专业技术技能型人才培养规律,设置了 16 个项目和近 200 个技能训练任务,遵循"业—财—税"一体化思路,融"岗—课—赛—证"为一体,符合学生学习、认知规律,与企业会计信息化工作逐步深入开展的逻辑相契合。

本书另配有教学课件、分阶段实训备份账套、云端练习测试题库、操作演示视频、课程思政素材等教学资源,供师生教学使用。此外,本书配套建设的"会计信息化"精品在线课程在正保云课堂上线,可供师生在线学习交流。课程网址如下:https://edu. netinnet. cn/new_zby/index. html ♯/courses/moocCourseDetail? courseId = 765288028347588608&orgCode = whgx。

本书既可以作为会计事务专业学生的校内综合实训资料、会计技能比赛的综合训练资源,也可以作为用友畅捷通 T3 软件的培训、考试和 ERP 认证教材,还可以作为会计信息化教师教学的参考用书。

第三版前言

会计信息技术突飞猛进,应用领域日益广泛(如财务云、会计大数据、大数据税收征管、业财税融合、分布式记账、财务共享中心等)。新技术、新业态对财经从业人员提出更高要求。

会计信息化软件的应用,极大地提高了会计核算的工作效率,带动企业管理的规范化。所以,会计信息化软件的熟练应用是财经从业人员的必备技能。

本实训教程以某公司实际案例为蓝本,案例资料涵盖制造业中小微企业的典型经济业务类型,结合常见业务,通过分析讲解业务、财务、税务关系,"业—财—税"相互融合;理清业务处理逻辑和流程,帮助学生初步建立大数据财务思维。岗位设置和案例选取适应数字经济时代新技术、新业态、新模式、新岗位职业能力的新要求;实训指导体现智能财税基本知识、基本技能、基本方法的具体应用;本实训教程对提高中职学校"岗—课—赛—证"综合育人水平,引领会计事务、纳税事务和统计事务专业数字化改革发展具有普适性。

本实训教程由张星名师工作室创新团队成员编写,湖北省特级教师、湖北省职业教育技能名师张星担任第一主编;武汉市电子信息职业技术学校高级讲师、长期深耕一线教学、指导学生在武汉市会计技能竞赛和湖北省技能高考中取得傲人成绩的肖帮环老师担任第二主编;韩方璇、马雪莹、汪文艳、王怡倩担任副主编,用友畅捷通T3软件技术实施顾问李爱红、陈静静担任主审。张星负责拟定教程的大纲,并负责书稿的统稿、修改和定稿;张星、肖帮环负责实训案例的编写与审校;韩方璇、王怡倩负责原始凭证的生成及账务处理;王怡倩负责用友畅捷通T3软件的操作,生成截图、录屏及账套备份资料,形成实训指导;张星、汪文艳、马雪莹负责会计信息化知识体系的梳理。本实训教程具体的编写分工如下:项目二、三、四、五、八、十二、十三、十四、十五由张星编写;项目一由张星、肖帮环、韩方璇、王怡倩编写;项目六、十由马雪莹编写;项目七、十一由汪文艳编写;项目九由肖帮环、韩方璇编写;项目十六由王怡倩编写;张星负责全部书稿审核,陈静静负责用友畅捷通T3软件操作及业务流程部分审核。

本实训教程在编写过程中,我们得到周继文等专家的指导帮助,技术方面得到尹俊的大力支持,实训方面得到武汉市供销商业学校会计事务专业邓捷钰、山颖馨、严娟、刘莹等同学的全力支持。在此一并致谢。

由于会计准则、税法等内容不断更新,会计信息化发展迅猛,数字技术突飞猛进,以及编者认知水平和实践经验的局限,本实训教程仍有可能存在疏漏之处,我们期待您将意见和建议及时反馈,以不断对本实训教程进行修订和完善。

服务邮箱是 417916056@qq.com。

张星名师工作室
2024 年 10 月

目　　录

项目一 模拟制造业小微型企业案例

 **项目概述**

    本项目以武汉阳光有限责任公司为案例蓝本,给出一家制造业小微型企业的基本情况、执行的会计制度,以及该企业 2022 年 12 月月初各账户的余额、12 月发生的全部经济业务等资料,这些是综合实训的资料依据。

 学习目标

1. 了解案例企业的基本情况、执行的具体会计制度以及发生的经济业务的全貌
2. 在实训指导老师的指导下,熟悉公司业务
3. 通过阅读企业案例,培养学生敏锐的感知力

 **学习要点**

1. 实训企业会计政策及实训案例
2. 实训案例解读

任务一 模拟制造业小微型企业概况

一、模拟企业基本情况

企业名称:武汉阳光有限责任公司

法人代表:夏海

企业类型:制造业

电话:027-86894588

经营地址:武汉市汉阳区龙阳路 11 号

注册地址:武汉市汉阳区龙阳路 11 号

主营业务:生产销售门套、门扇

税务登记:一般纳税人,适用《企业会计准则》;增值税税率为 13%、9%、6%

纳税人识别号:91420112784675334C

开户银行及账号:中国工商银行武汉汉阳支行,4058668123748719262

财务部人员及其分工如表 1-1 所示。

表 1-1　财务部人员及其分工

编码	职务	姓名	权限
201	会计主管	吴月	具有账套全部权限
202	会计	朱茜	总账、固定资产、工资、报表、往来、应收、应付、核算、公用目录设置、采购管理、销售管理、库存管理
203	出纳	洪梅	总账(出纳签字)、现金管理

二、模拟制造业小微型企业内部会计制度

1. 武汉阳光有限责任公司(以下简称阳光公司)采用借贷记账法

2. 阳光公司执行《企业会计准则》《会计基础工作规范》《企业信息化工作规范》

3. 阳光公司采用科目汇总表账务处理程序

4. 会计凭证的基本规定

(1) 录入或生成记账凭证均由指定的会计人员操作,含有库存现金和银行存款科目的记账凭证均须出纳签字。

(2) 采用复式记账凭证,单一凭证格式。

(3) 对记账凭证的修改,只采用红字冲销法。

(4) 为保证财务与业务数据的一致性,需要在各业务系统生成的记账凭证均应在各系统生成,不得在总账系统直接录入。

(5) 根据原始凭证生成记账凭证时,除特殊规定外不采用合并制单。

(6) 出库单与入库单原始凭证以软件系统生成的为准。

(7) 除指定业务外,在业务发生当日,收到发票同时支付款项的业务使用现付功能处理,开出发票同时收到款项的业务使用现结功能处理。

5. 存货业务的处理

(1) 公司存货主要为购进商品,按存货分类进行存放及项目核算。

(2) 各类存货按照实际成本核算,采用永续盘存制。

(3) 发出存货,库存商品采用"加权平均法",加权平均单价保留 2 位小数,其他采用"先进先出法"。

(4) 采购入库存货对方科目全部使用"在途物资"科目。

(5) 同一批出、入库业务生成一张记账凭证。

(6) 采购、销售若有订单,订单号为合同号,到货必有到货单,发货必有发货单。

(7) 存货按业务发生日期逐笔记账并制单(本月商品销售出库成本核算和暂估业务除外)。

(8) 存货核算制单时普通业务不允许勾选"已结算采购入库单自动选择全部结算单上单据,包括入库单、发票、付款单,非本月采购入库按蓝字报销单制单"选项。

(9) 包装物采用分次摊销法,分四次摊销。

6. 销售业务的处理

客户销售商品时产生的费用由销售管理子系统处理。

7. 固定资产业务的处理

（1）公司固定资产均为在用状态。

（2）采用平均年限法，按月计提折旧。

（3）同期增加多个固定资产时，不采用合并制单。

（4）一次增加多个固定资产时，采用合并制单。

8. 无形资产业务的处理

采用年限平均法，按月摊销，摊销期为 10 年，预计净残值为 0。

9. 产品成本计算与分配的处理

（1）产品成本按品种法计算。

（2）公司有一个基本生产车间，生产门套、门扇两种产品。

（3）生产用材料全部外购，制造费用按生产产品工人工时比例分配，分配率保留 4 位小数，差额放入门扇。

（4）月末完工产品和月末在产品成本按照约当产量法进行分配，约当单位成本保留 2 位小数，差额放入在产品。

10. 坏账损失的处理

（1）除应收账款外，其他的应收款项不计提坏账准备。

（2）每年年末，按应收账款余额百分比法计提坏账准备，提取比例为 0.5%（月末视同年末）。

11. 借款业务处理

（1）短期借款利息按月计提，按季支付，2022 年 6 月借入为期 10 个月 450 000 元，年利率 4%。

（2）长期借款 2020 年 11 月借入为期 36 个月 450 000 元，年利率 4%，到期一次还本付息。2021 年 1 月借入为期 48 个月 300 000 元，年利率 4%，到期一次还本付息。

12. 薪酬业务的处理

（1）由公司承担并缴纳的养老保险、医疗保险、失业保险、工伤保险、住房公积金计提比例分别是：16%、8%、0.7%、0.1%、12%。

（2）职工个人承担的养老保险、医疗保险、失业保险、住房公积金计提比例分别是：8%、2%＋7、0.3%、12%。

（3）按工资总额的 2% 计提工会经费，按工资总额的 8% 计提职工教育经费。

（4）各类社会保险费当月计提，次月缴纳。

（5）按照国家有关规定，公司代扣代缴个人所得税，其基本扣除标准（基本减除费用）为 5 000 元。

（6）工资分摊制单时，合并科目相同、辅助项相同的分录。

（7）企业承担的医疗保险和工伤保险属于社会保险费，承担的养老保险和失业保险属于设定提存计划。

13. 税费业务处理

（1）公司为增值税一般纳税人，执行现行税率，按月缴纳，按当期应交流转税的 7% 计算城市维护建设税、3% 计算教育费附加。

（2）企业所得税的计税依据为应纳税所得额，税率为 25%，按月计算，按季预缴，年末汇算清缴。

（3）交纳税费按银行开具的原始凭证编制记账凭证。

14. 财产清查业务的处理

根据盘点结果编制"盘点表"，并与账面数据进行比较，由相关负责人审核后进行处理。

15. 损益类账户的结转

每月末将各损益类账户余额转入"本年利润"账户，结转时按收入和支出分别生成记账凭证。

16. 利润总额的计算

采用"账结法"计算，每月计算出利润总额。

17. 利润分配业务处理

根据公司章程，公司税后利润按以下顺序及规定分配：①弥补亏损；②按 10% 提取法定盈余公积；③按 30% 向投资者分配利润。

> ⌨ **【特别提醒】**
>
> 计算结果要求四舍五入，保留 2 位小数，分配率保留 4 位小数，尾差按业务需要进行调整。

任务二　　模拟制造业小微型企业 2022 年的经济业务

一、阳光公司 2022 年 12 月 1 日的期初余额

阳光公司 2022 年 12 月 1 日的期初余额如表 4-2 所示。

二、阳光公司 2022 年 12 月份发生的经济业务

业务 1

［业务 1］　12 月 1 日，与中国工商银行武汉汉阳支行签订为期 3 个月的流动资金借款合同，金额为 300 000 元，接到开户银行收账通知，借款已转入本公司账户。（总账系统）相关单据如图 1-1 所示。

中国工商银行 借 款 借 据				第一联 借据回单		教学专用	
银行编号：10200010		借款日期：　2022 年 12 月 01 日				№ 3418	
借款单位名称	武汉阳光有限责任公司	放款账号	4058668123748719262		利率	4%	此联退交借款单位
		存款账号	4058668123748719262		千百十万千百十元角分		
借款金额(大写)	叁拾万元整				￥ 3 0 0 0 0 0 0 0		
约定还款日期	2023 年 03 月 01 日	借款种类			借款合同号码	40880963	
实际放款日期	2022 年 12 月 01 日						
借款直接用途	1.　　4.	还款记录	年　月　日	还款金额	余额		
	2.　　5.				中国工商银行武汉汉阳支行 2022.12.01		
	3.　　6.				(银行转账专章)		
根据签订的借款合同和您单位申请借款用途，经审查同意发放上列金额贷款。							
中国工商银行		批准人：			2022 年 12 月 01 日		
开户银行：中国工商银行武汉汉阳支行							

图 1-1　借款借据

[**业务2**]　12 月 1 日,从利达公司购入门套线 8 000 米,不含税单价为 20 元;门套墙体板 4 000 米,不含税单价为 65 元,开具增值税专用发票,货款已付。共发生运输费用 840 元,增值税税率 9%,增值税税额 75.6 元,按买价进行分摊,运费现金支付,材料验收入库。(采购管理、库存管理、核算管理)相关单据如图 1-2 至图 1-6 所示。

业务 2

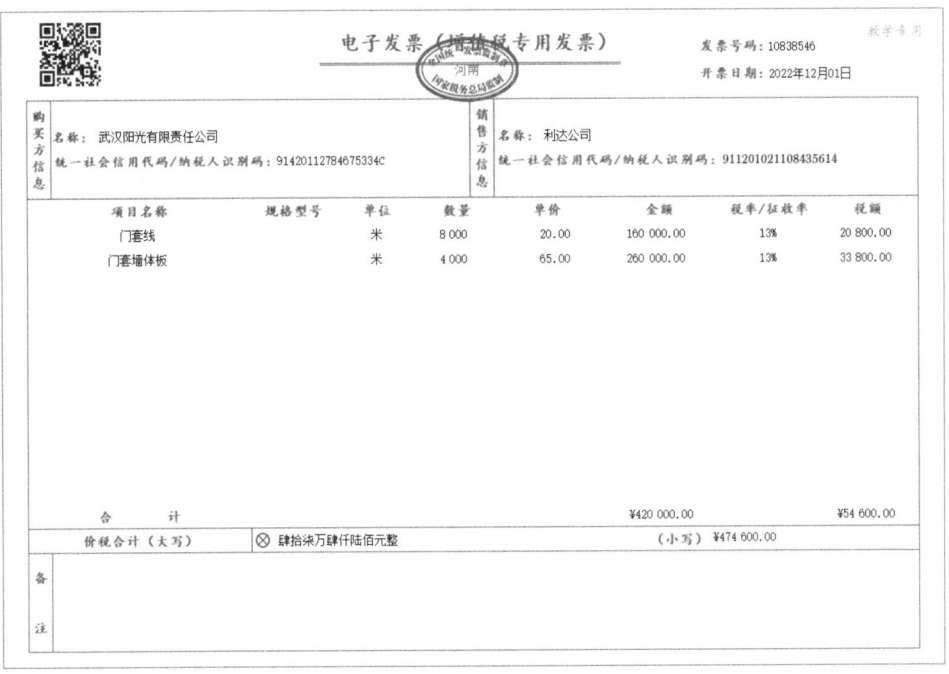

图 1-2　电子发票(增值税专用发票)

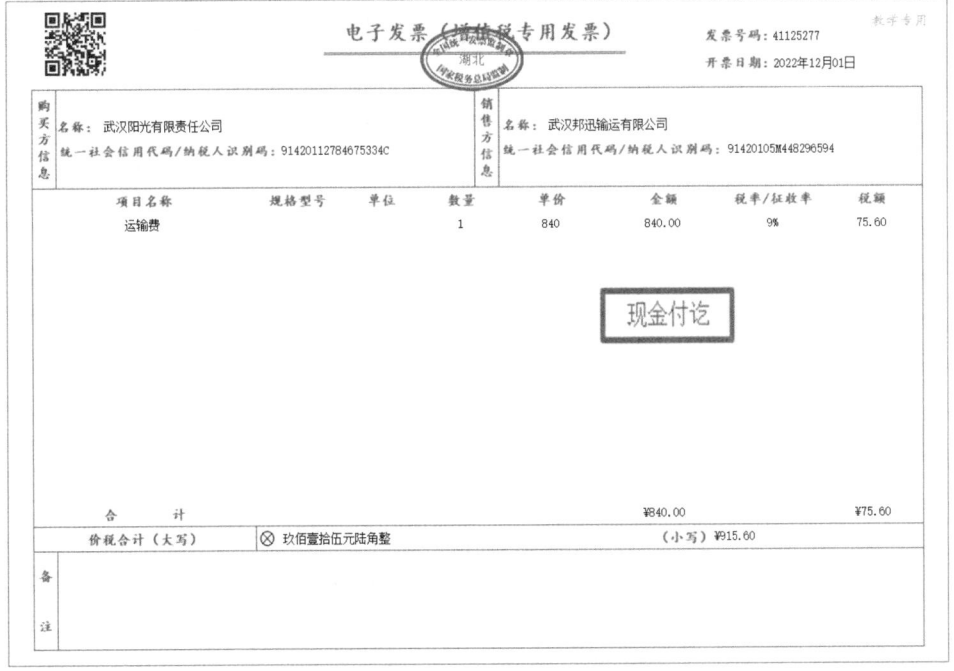

图 1-3　电子发票(增值税专用发票)

材料入库单

教学专用

发票号码：									
供应单位：利达公司							收料单编号：011		
收发类别：			2022 年 12 月 01 日				收料仓库：		

编号	名称	规格	单位	数量		实际成本(元)			
				应收	实收	买价		运杂费	其他	合计
						单价	金额			
	门套线		米	8 000	8 000					
	门套墙体板		米	4 000	4 000					
	合计			12 000	12 000					
	备注									

采购员：雷芬	检验员：张浩然	记账员：朱茜	保管员：张浩然

图 1-4　材料入库单

采购费用分配表

教学专用

2022 年 12 月 01 日

发货单位	利达公司			
材料名称	分配标准（元）	分配率	分配金额（元）	备注
门套线	160 000	0.002	320.00	按买价进行分摊
门套墙体板	260 000	0.002	520.00	
合计			840.00	

会计主管：吴月	复核：吴月	制表：朱茜

图 1-5　采购费用分配表

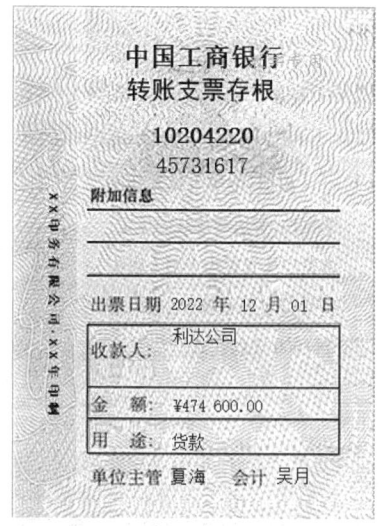

图 1-6　转账支票存根

[业务3] 12月1日,修建生产一部厂房一幢,领用门套线1000米。(库存管理、核算管理)相关单据如图1-7所示。

业务3

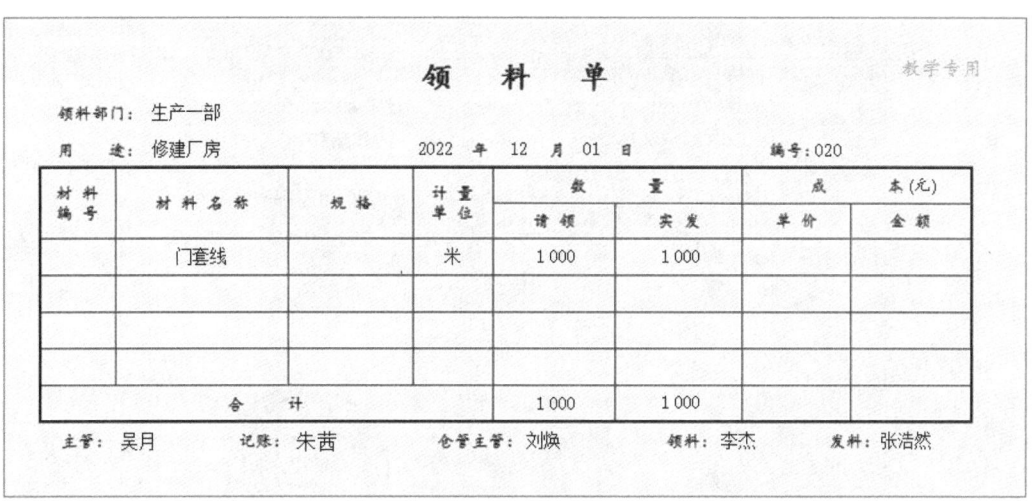

图 1-7 领料单

[业务4] 12月1日,申请银行汇票存款,已将200000元交存银行,取得银行汇票。(总账系统)相关单据如图1-8所示。

业务4

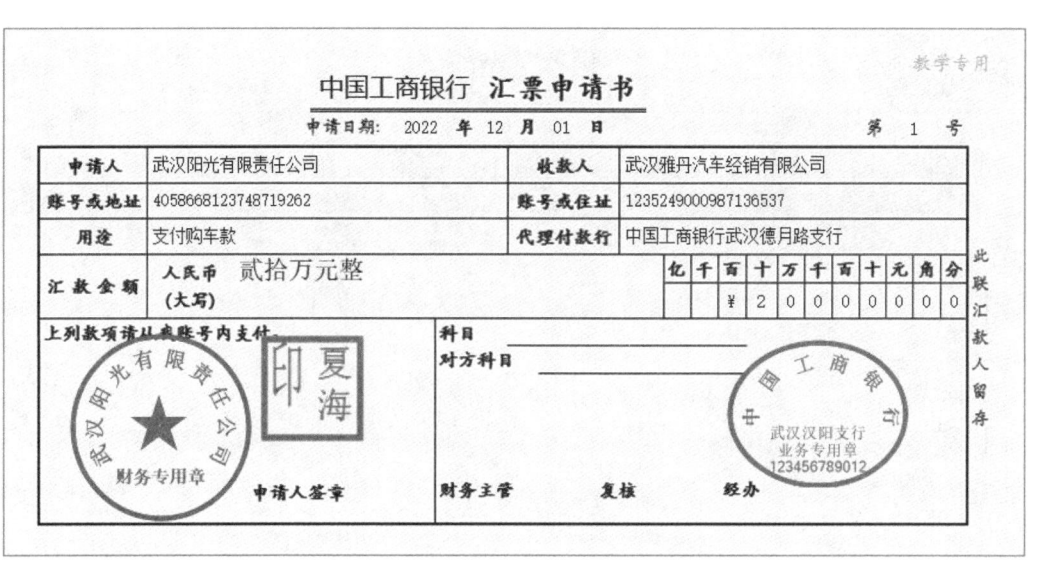

图 1-8 汇票申请书

[业务5] 12月1日,接受投资非专利技术(财务软件)价值30000元,增值税税额为1800元,摊销期10年。(总账系统)相关单据如图1-9和图1-10所示。

业务5

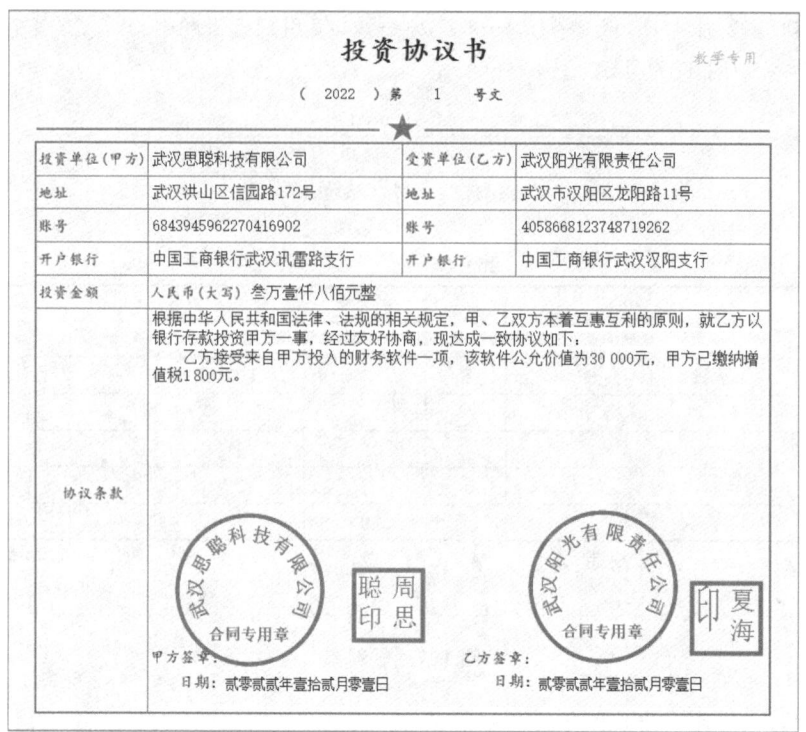

图 1-9 投资协议书

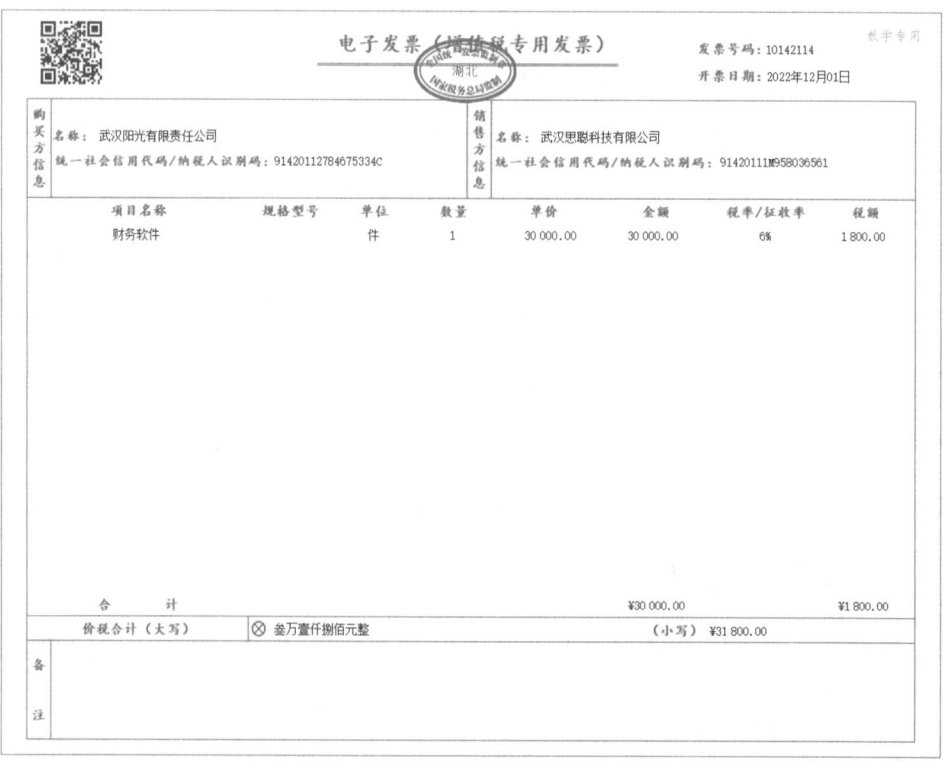

图 1-10 电子发票(增值税专用发票)

[业务6]　12月1日,签发现金支票一张,从银行提取现金2 000元备用。(总账系统)相关单据如图1-11和图1-12所示。

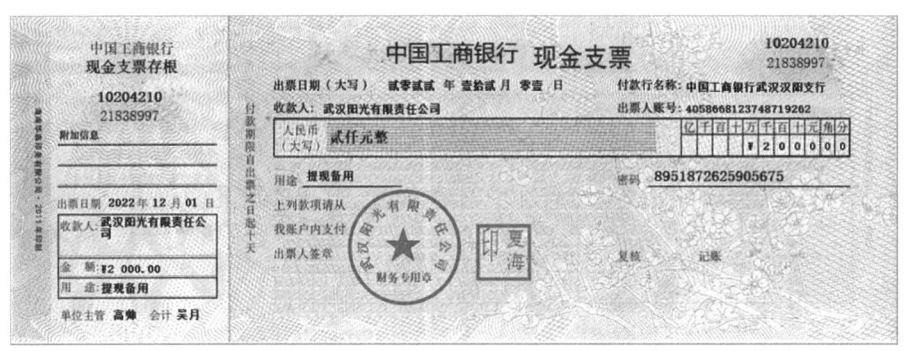

图1-11　现金支票正面

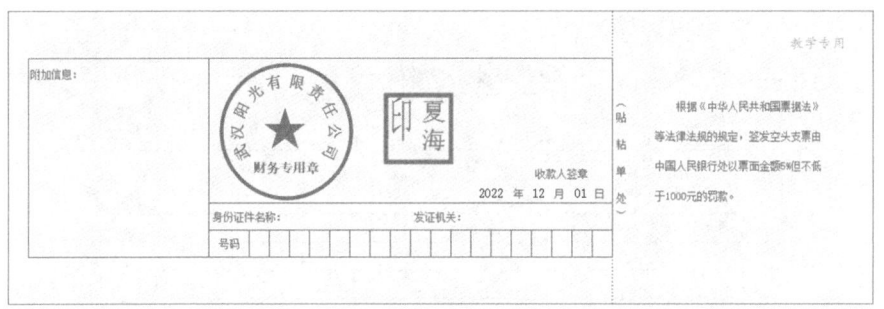

图1-12　现金支票背面

[业务7]　12月1日,生产一部生产门套领用门套线10 000米、门套墙体板5 000米。生产二部生产门扇领用门扇骨架20立方米、门扇饰面4 000平方米。(库存管理、核算管理)相关单据如图1-13和图1-14所示。

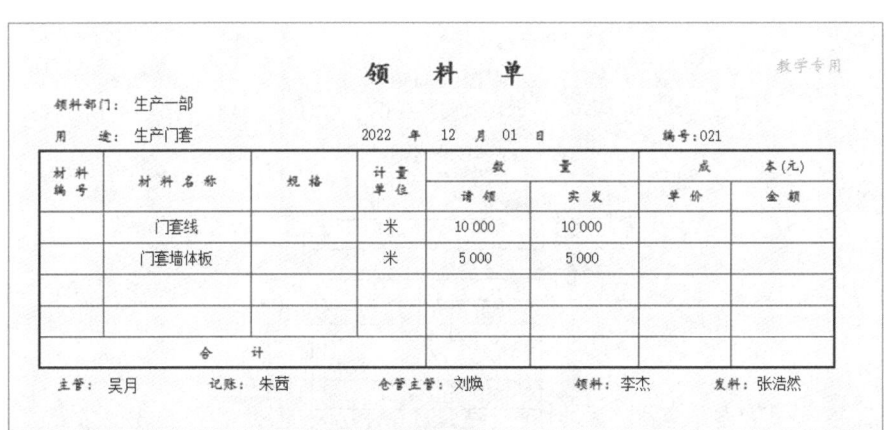

图1-13　领料单(生产一部)

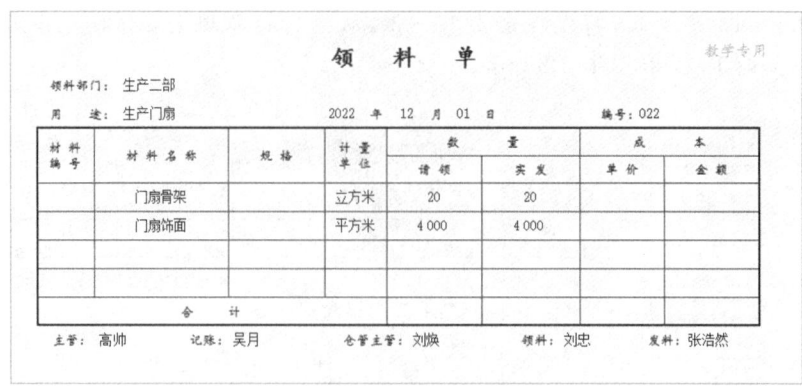

图 1-14 领料单(生产二部)

业务 8

[**业务 8**] 12 月 2 日,开出转账支票,通过四川省红十字会向四川灾区贫困学校捐款 111 700 元。(总账系统)相关单据如图 1-15 和图 1-16 所示。

图 1-15 公共事业捐赠统一票据

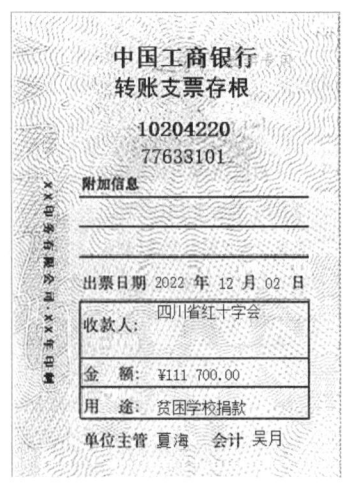

图 1-16 转账支票存根

[业务9] 12月3日,购买办公用品,出纳已用现金949.2元付讫。(总账系统)相关单据如图1-17和图1-18所示。

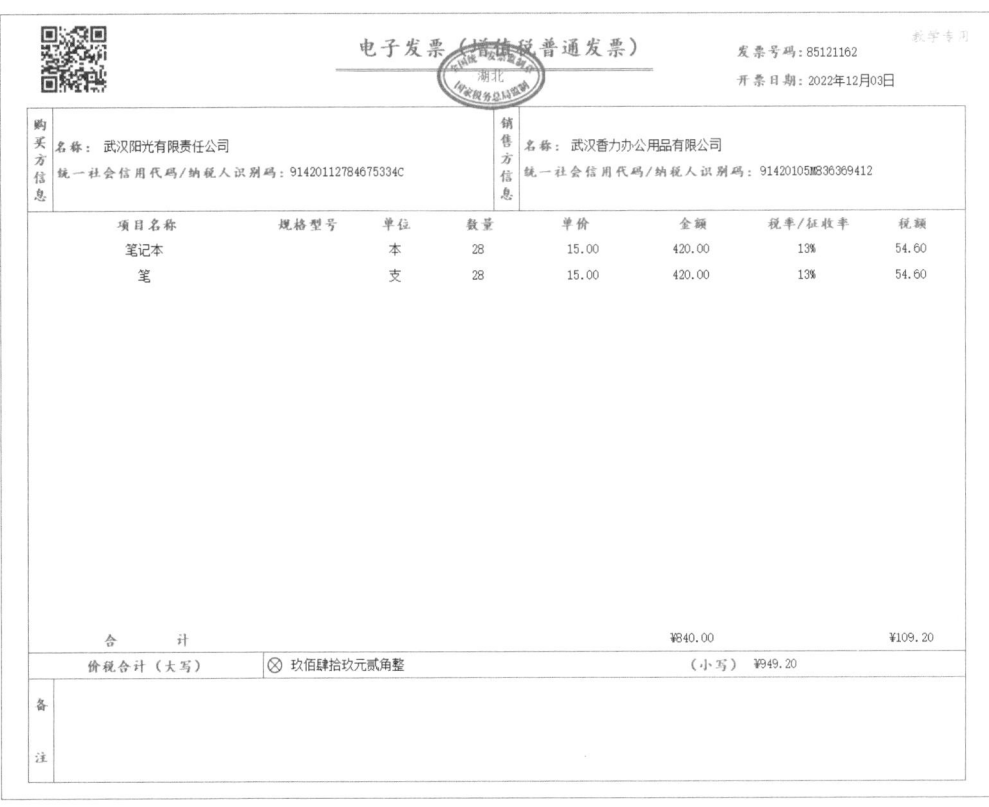

图 1-17 电子发票(增值税普通发票)

图 1-18 费用分配表

[业务10] 12月5日,向恒安公司销售门套、门扇并开出增值税专用发票,货已发出,货款尚未收到。现金折扣条件:2/10、1/20、N/30,计算现金折扣时不考虑增值税。(销售管理、库存管理、核算管理)相关单据如图1-19至图1-21所示。

业务10

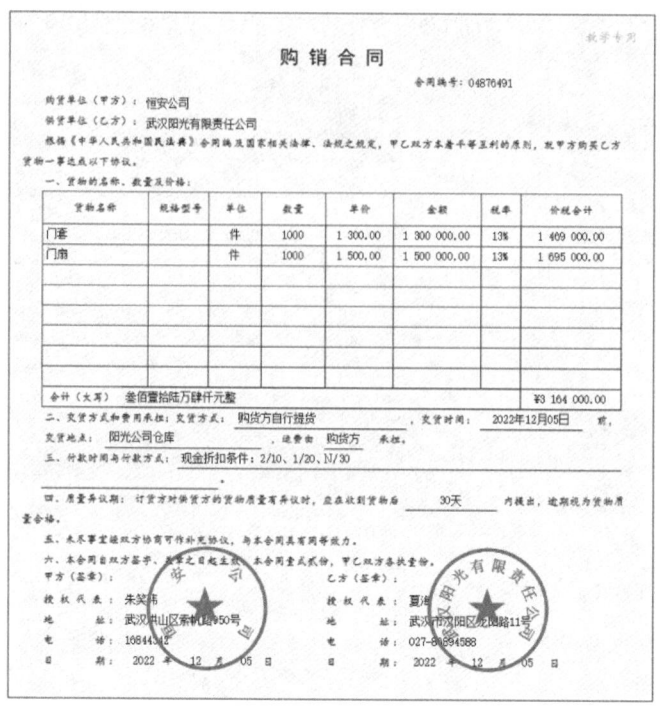

图 1-19　购销合同

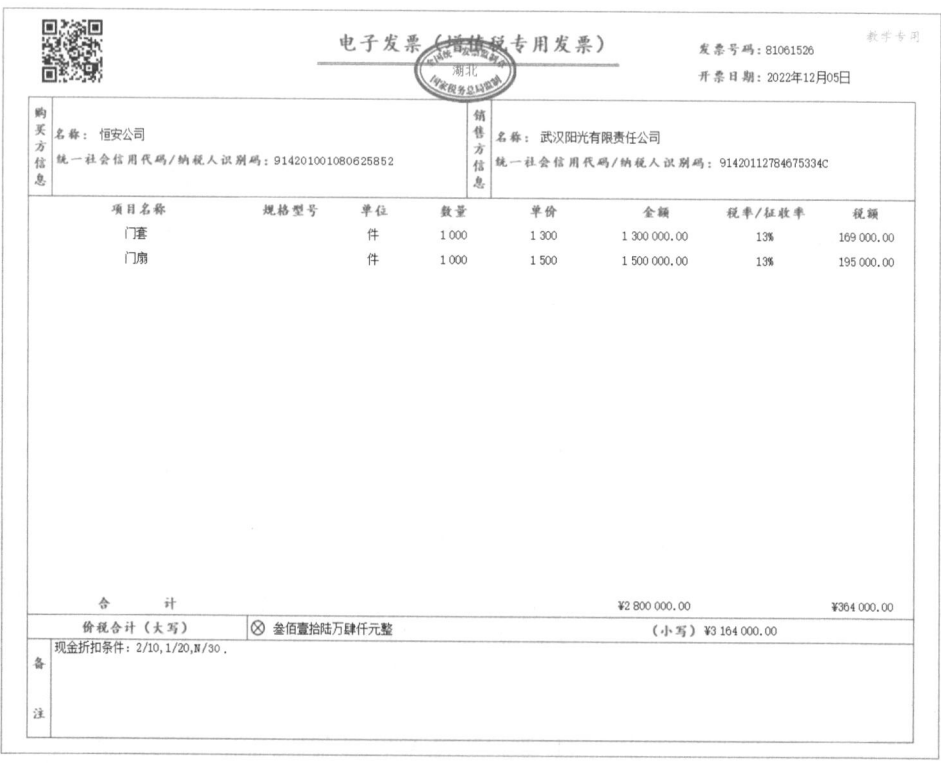

图 1-20　电子发票(增值税专用发票)

图 1-21　出库单

[业务 11]　12 月 5 日,向恒安公司销售门扇,随同产品出售单独计价而领用包装物 2 000 件,包装物售价每件 11 元,增值税税额 2 860 元,货款已存入银行。(销售管理、库存管理、核算管理)相关单据如图 1-22 至图 1-24 所示。

业务 11

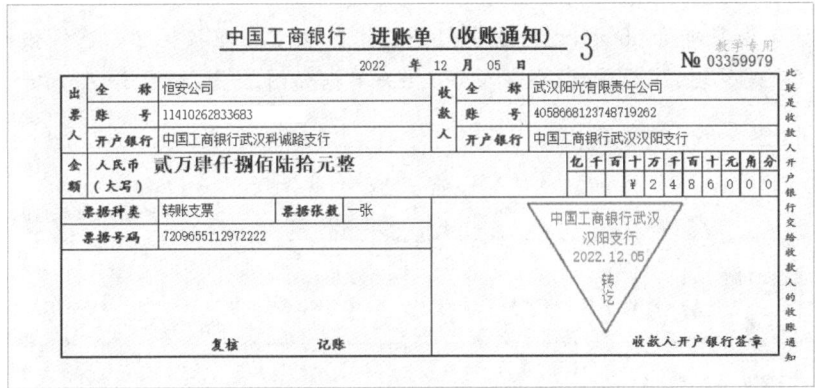

图 1-22　进账单(收账通知)

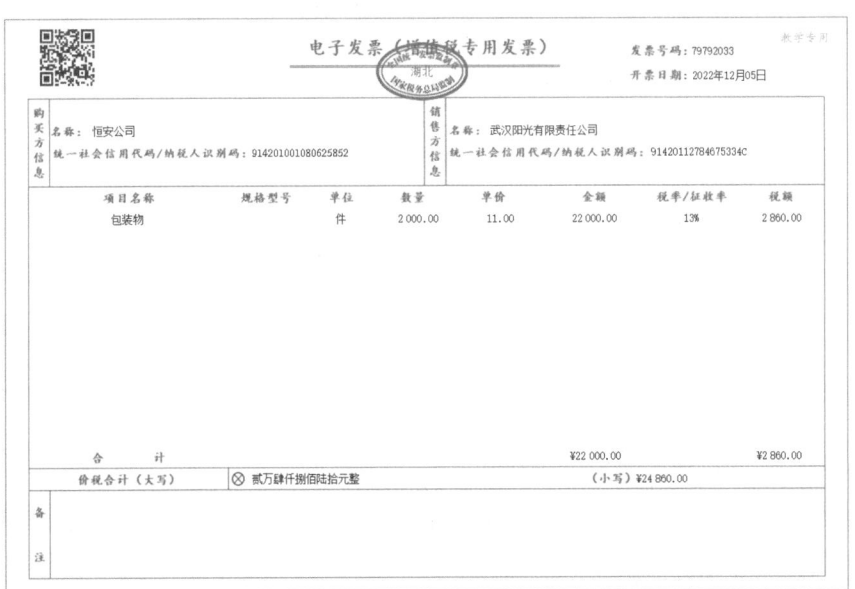

图 1-23　电子发票(增值税专用发票)

图 1-24   出库单

业务 12

[业务 12]   12 月 5 日,从利达公司购入门套线 50 000 米,不含税单价 20 元;门套墙体板 26 020 米,不含税单价 65 元,运输途中门套墙体板发生合理损耗 20 米。材料验收入库,款项未付。(采购管理、库存管理、核算管理)相关单据如图 1-25 和图 1-26 所示。

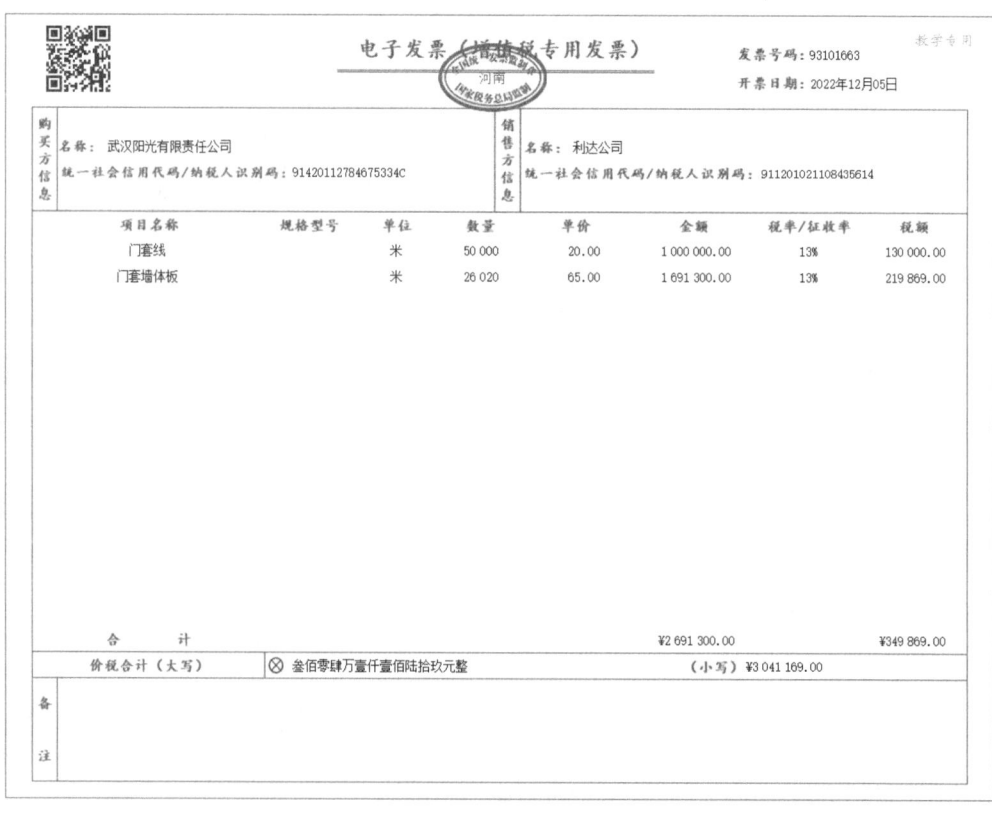

图 1-25   电子发票(增值税专用发票)

材料入库单 教学专用

发票号码：
供应单位：利达公司
材料类别：
收料单编号：012
2022 年 12 月 05 日
收料仓库：

编号	名称	规格	单位	数量		实际成本				
				应收	实收	买价		运杂费	合计	单位成本
						单价	金额			
	门套线		米	50 000	50 000					
	门套墙体板		米	26 020	26 000					
	合 计			76 020	76 000					
	备 注									

采购员：雪芬　　　检验员：张浩然　　　记账员：朱茜　　　保管员：张浩然

图 1-26　材料入库单

[业务 13]　12 月 6 日,使用银行汇票购入一台经营用微型面包车,价值 150 000 元,增值税税额 19 500 元。预计使用年限 5 年,预计残值率 4%,移交给销售部门,多余款项已存入银行。(固定资产、总账系统)相关单据如图 1-27 至图 1-29 所示。

业务 13

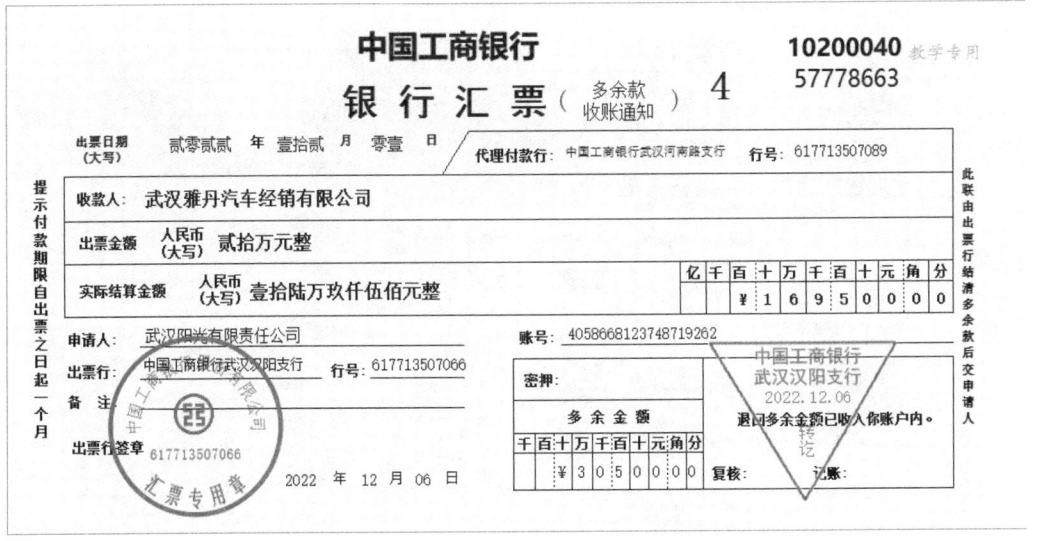

图 1-27　银行汇票(多余款收账通知)

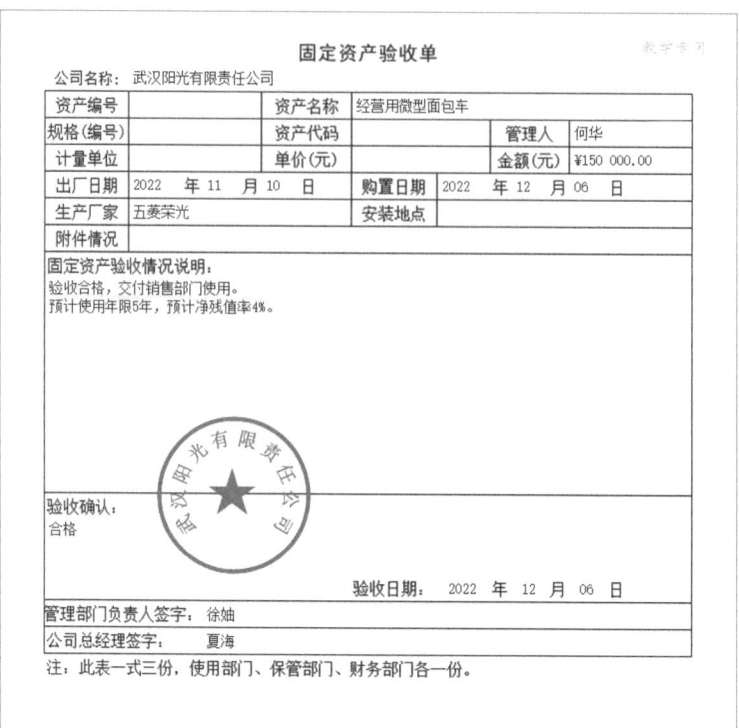

图 1-28 固定资产验收单

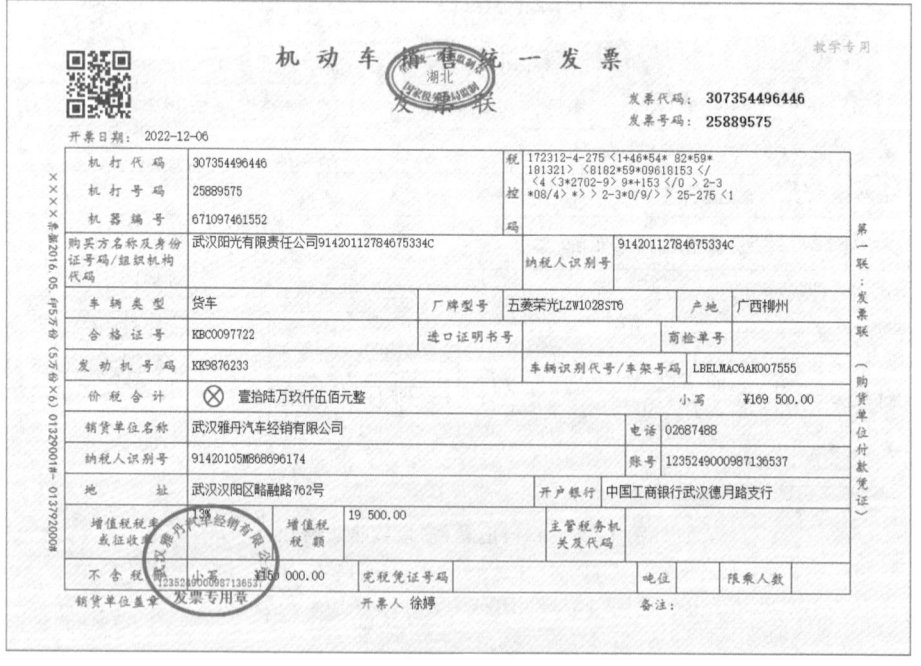

图 1-29 机动车销售统一发票(发票联)

[**业务 14**] 12 月 7 日，收到恒安公司 12 月 5 日的购货款。(销售管理、核算管理)相关单据如图 1-30 和图 1-31 所示。

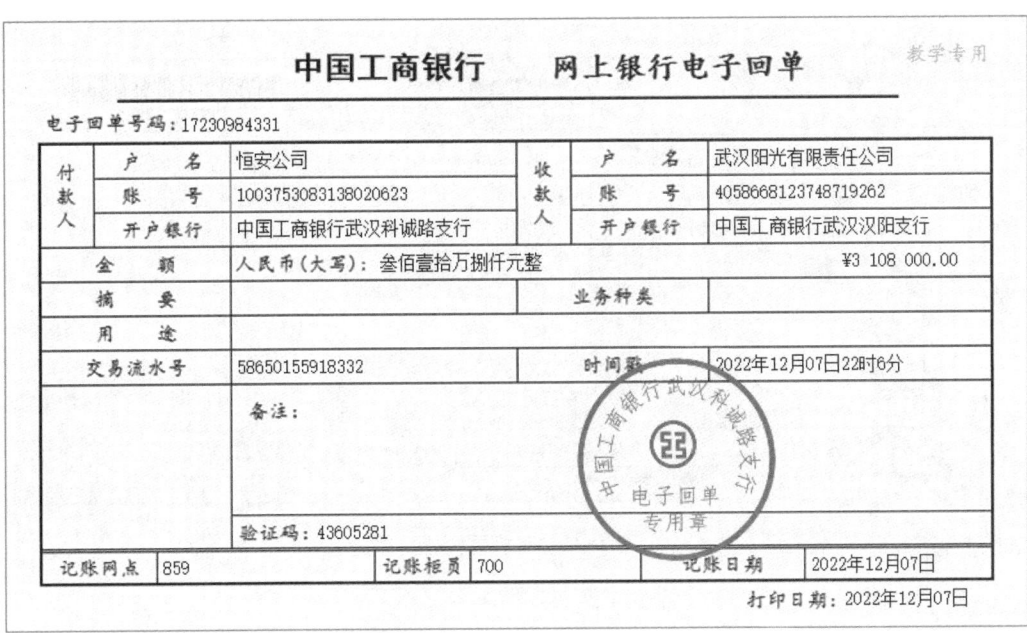

图 1-30 网上银行电子回单

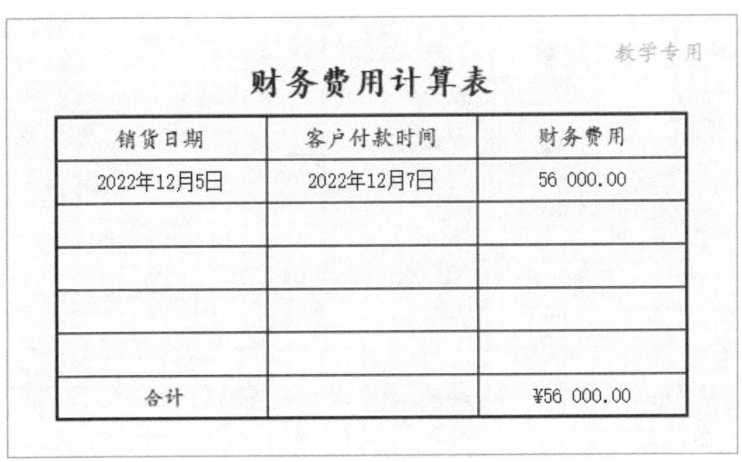

图 1-31 财务费用计算表

[**业务 15**] 12 月 8 日，财务部吴月出差回来，报销差旅费。其中，住宿费税率 6%，运输服务税率 3%，餐饮服务税率 6%，出差补贴 100 元/天，网约车增值税电子普通发票可以抵扣进项税额。(总账系统)相关单据如图 1-32 至图 1-38 所示。

图 1-32　飞机票(去程)

图 1-33　飞机票(返程)

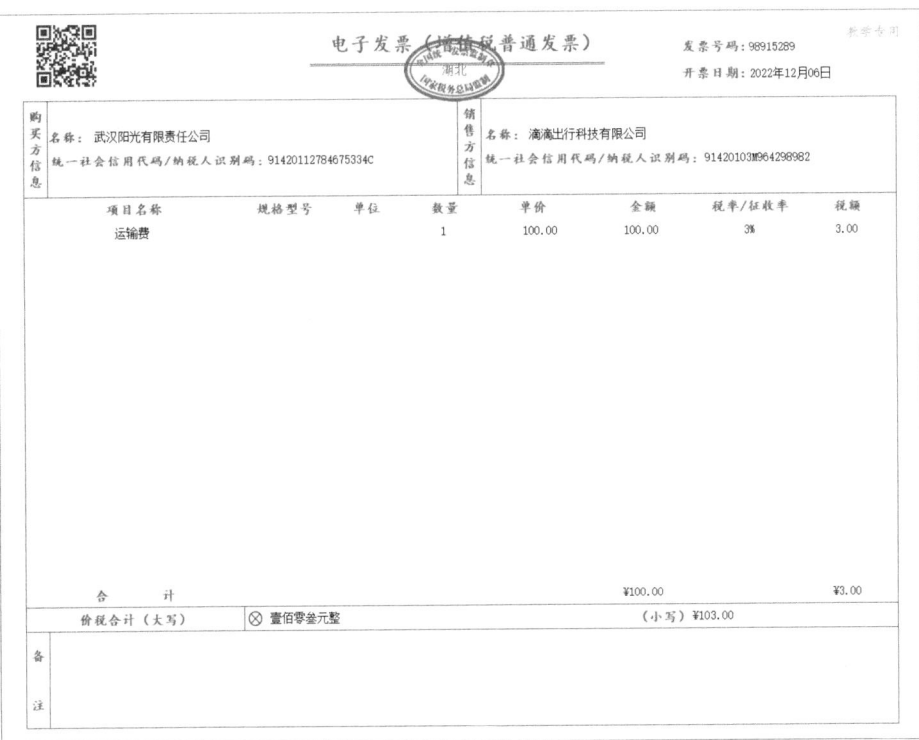

图 1-34　电子发票(增值税普通发票)

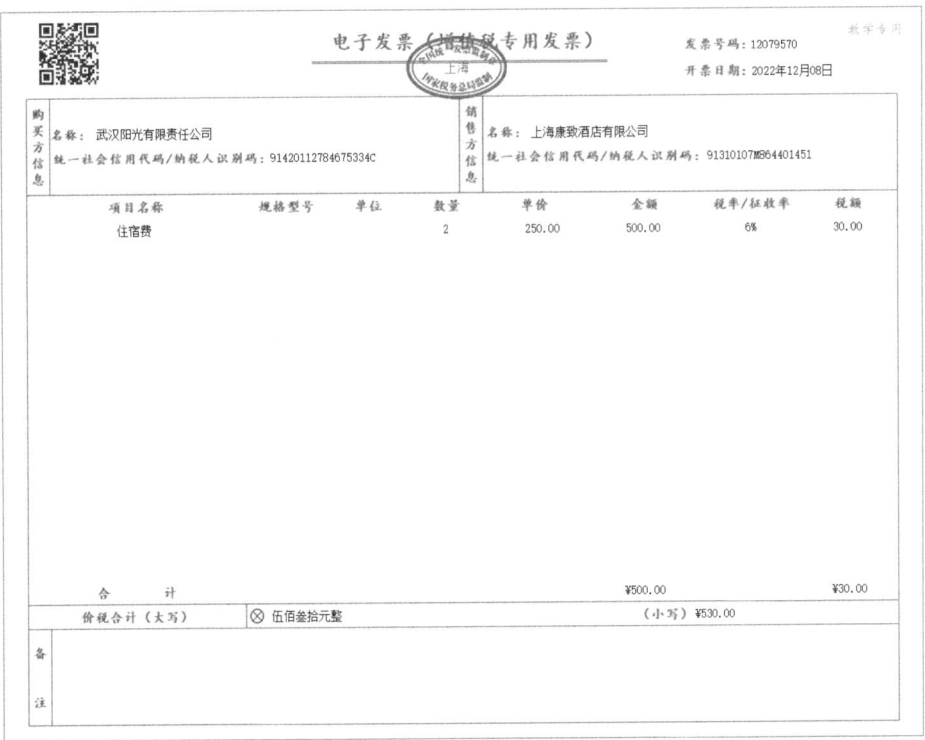

图 1-35　电子发票(增值税专用发票)

电子发票（增值税普通发票）

教学专用

发票号码：19073317

开票日期：2022年12月06日

购买方信息	销售方信息
名称：武汉阳光有限责任公司	名称：上海亚为餐饮有限公司
统一社会信用代码/纳税人识别码：91420112784675334C	统一社会信用代码/纳税人识别码：91310107M629838686

项目名称	规格型号	单位	数量	单价	金额	税率/征收率	税额
餐饮服务			1	300.00	300.00	6%	18.00
合计					¥300.00		¥18.00

价税合计（大写） ⊗叁佰壹拾捌元整 （小写）¥318.00

备注

图 1-36 电子发票(增值税普通发票)

武汉阳光有限责任公司 收据

教学专用

入账日期：2022 年 12 月 08 日 NO 7519297

交款单位 吴月 收款方式 现金

人民币(大写) 伍佰伍拾玖元整 ¥ 559.00

收款事由 出差回来交回多余的款项

2022 年 12 月 08 日

单位盖章 武汉阳光有限责任公司 财务专用章

财会主管 记账 出纳 审核 经办

图 1-37 收据(记账联)

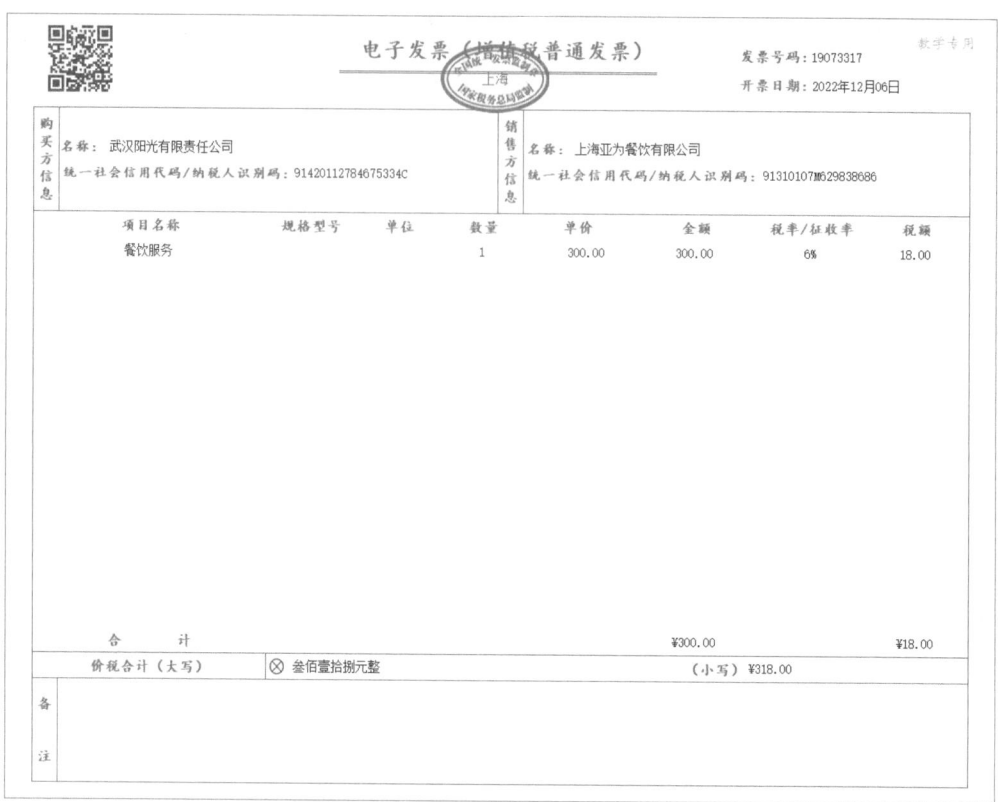

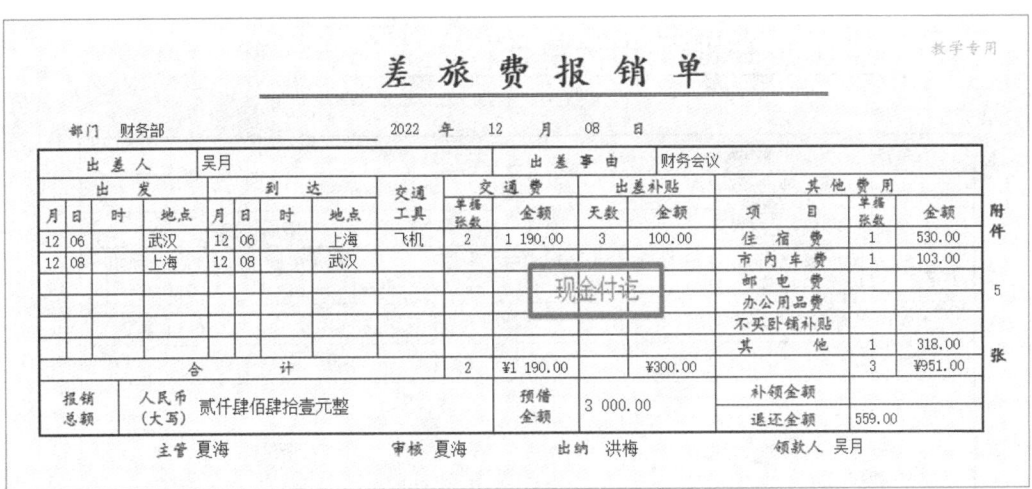

图 1-38 差旅费报销单

[业务 16] 12 月 9 日，向银行申请开出三个月期限不带息银行承兑汇票一张，缴纳银行承兑汇票保证金 3 731 260 元。(总账系统)相关单据如图 1-39 所示。

业务 16

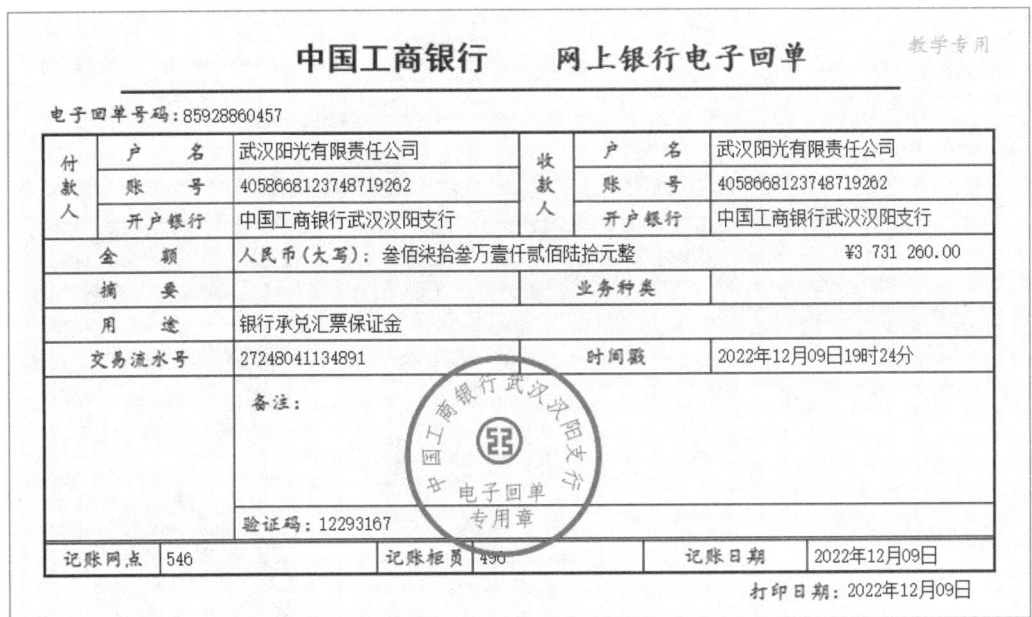

图 1-39 网上银行电子回单

[业务 17] 12 月 9 日，从华宇公司购入门扇骨架 100 立方米，不含税单价 4 820 元；门扇饰面 20 000 平方米，不含税单价 141 元，材料验收入库，货款以三个月期限不带息银行承兑汇票支付。(采购管理、库存管理、核算管理)相关单据如图 1-40 至图 1-42 所示。

业务 17

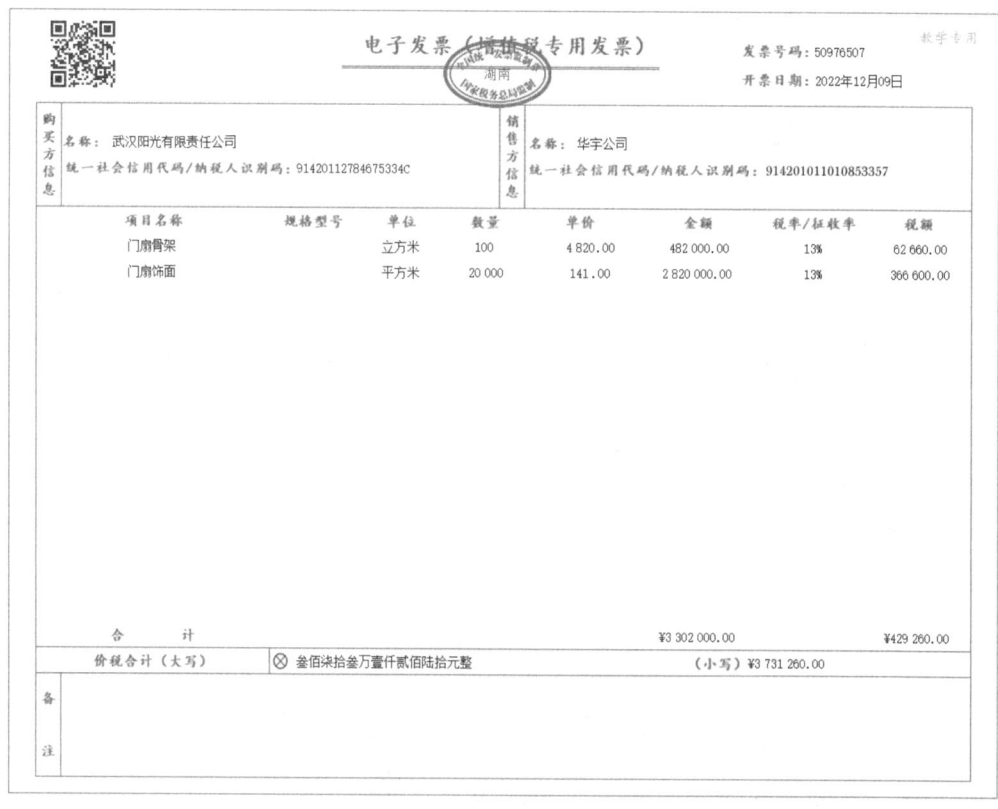

图 1-40　银行承兑汇票(存根)

图 1-41　电子发票(增值税专用发票)

图 1-42　材料入库单

[业务 18]　12 月 9 日,以银行存款发放上月职工工资并代扣个人所得税及三险一金。(总账系统)相关单据如表 1-2、图 1-43 所示。

业务 18

表 1-2　工资结算单

2022 年 12 月 9 日　　　　　　　　　　　　　　　　　　　　　　单位:元

部门	基本工资	岗位工资	津补贴	应付工资	代扣款项					扣款合计	实发工资
					医疗保险	住房公积金	失业保险	养老保险	个人所得税		
					2%+7	12%	0.3%	8%			
生产一部生产工人	15 000.00	10 000.00	2 000.00	27 000.00	547.00	3 240.00	81.00	2 160.00		6 028.00	20 972.00
生产二部生产工人	12 000.00	8 000.00	1 600.00	21 600.00	439.00	2 592.00	64.80	1 728.00		4 823.80	16 776.20
车间管理人员	7 000.00	4 000.00	800.00	11 800.00	243.00	1 416.00	35.40	944.00		2 638.40	9 161.60
管理部门	25 200.00	21 200.00	4 000.00	50 400.00	1 015.00	6 048.00	151.20	4 032.00	5 800.0	17 046.20	33 353.80
销售部门	8 000.00	5 600.00	1 600.00	15 200.00	311.00	1 824.00	45.60	1 216.00	1 000.0	4 396.60	10 803.40
合计	67 200.00	48 800.00	10 000.00	126 000.00	2 555.00	15 120.00	378.00	10 080.00	6 800.0	34 933.00	91 067.00

图 1-43　单位客户专用回单

[业务 19]　12 月 9 日,缴纳上月增值税。(总账系统)相关单据如图 1-44 所示。

图 1-44　税收完税证明(1)

[业务 20]　12 月 9 日,缴纳 11 月份城市维护建设税、教育费附加、地方教育附加和个人所得税。(总账系统)相关单据如图 1-45 和图 1-46 所示。

图 1-45　税收完税证明(2)

图 1-46　税收完税证明(3)

[业务 21]　12 月 9 日,缴纳 11 月份的社会保险费。(总账系统)相关单据如图 1-47 所示。

图 1-47　社会保险费电子转账凭证

[业务 22]　12 月 9 日,缴纳 11 月份住房公积金。(总账系统)相关单据如图 1-48 至图 1-50 所示。

图 1-48　付款申请书

中国工商银行
转账支票存根

10204220
60139066

附加信息

出票日期 2022 年 12 月 09 日

收款人:	武汉市住房公积金管理中心
金 额:	¥30 240.00
用 途:	缴纳住房公积金

单位主管 夏海　会计 吴月

图 1-49　转账支票存根

住房公积金汇（补）缴书　　NO 2896703985

2022 年 12 月 09 日　　　附:缴存变更清册　　　页

缴款单位	单 位 名 称	武汉阳光有限责任公司	收款单位	单 位 名 称	武汉市住房公积金管理中心
	单 位 账 号	4058668123748719262		公积金账号	
	开 户 银 行	中国工商银行武汉汉阳支行		开 户 银 行	中国工商银行武汉锐平路支行

| 缴款类型 | ☑ 汇缴 | | □ 补缴 | 补缴原因 | |

| 缴款人数 | | 缴款时间 | 2022 年 11 月 至 2022 年 11 月 | 月数 | |

| 缴款方式 | □ 现金 | ☑ 转账 | | | 千 百 十 万 千 百 十 元 角 分 |
| 金额（大写） | 人民币 叁万零贰佰肆拾元整 | | | | ¥ 3 0 2 4 0 0 0 |

上次汇缴		本次增加汇缴		本次减少汇缴		本次汇（补）缴	
人数	金额	人数	金额	人数	金额	人数	金额

上述款项已划转至市住房公积金管理中心住房公积金存款户内。（银行盖章）

复核: 王浩然　　　经办: 周石　　　　2022 年 12 月 09 日

图 1-50　住房公积金汇（补）缴书

[业务 23]　12 月 9 日,向上级工会缴纳 11 月份工会经费。（总账系统）相关单据如图 1-51 所示。

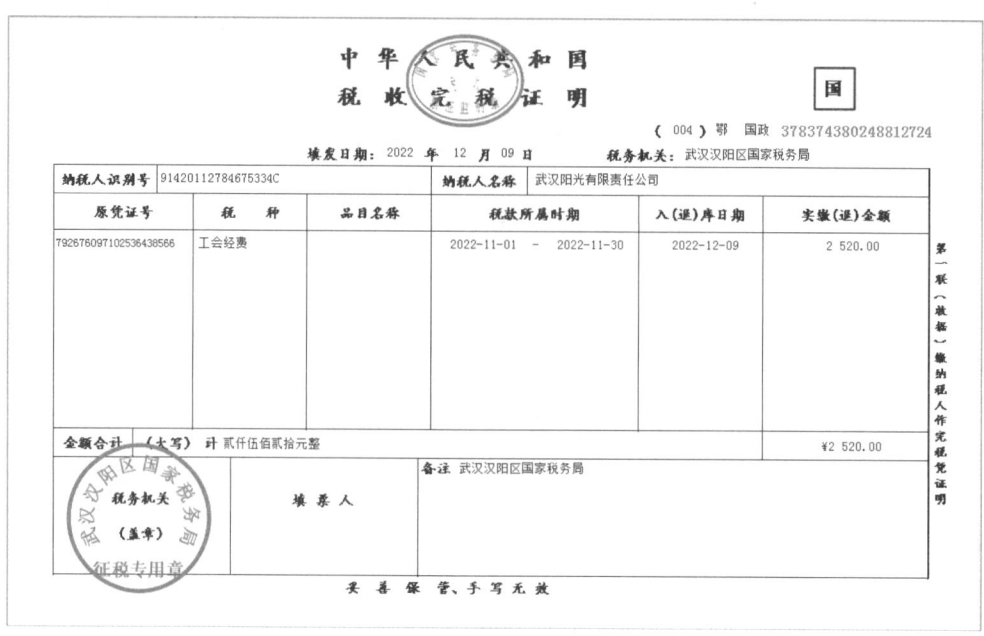

图 1-51　税收完税证明

业务 24

[业务 24]　12 月 9 日，发生职工教育经费。（总账系统）相关单据如图 1-52 和图 1-53 所示。

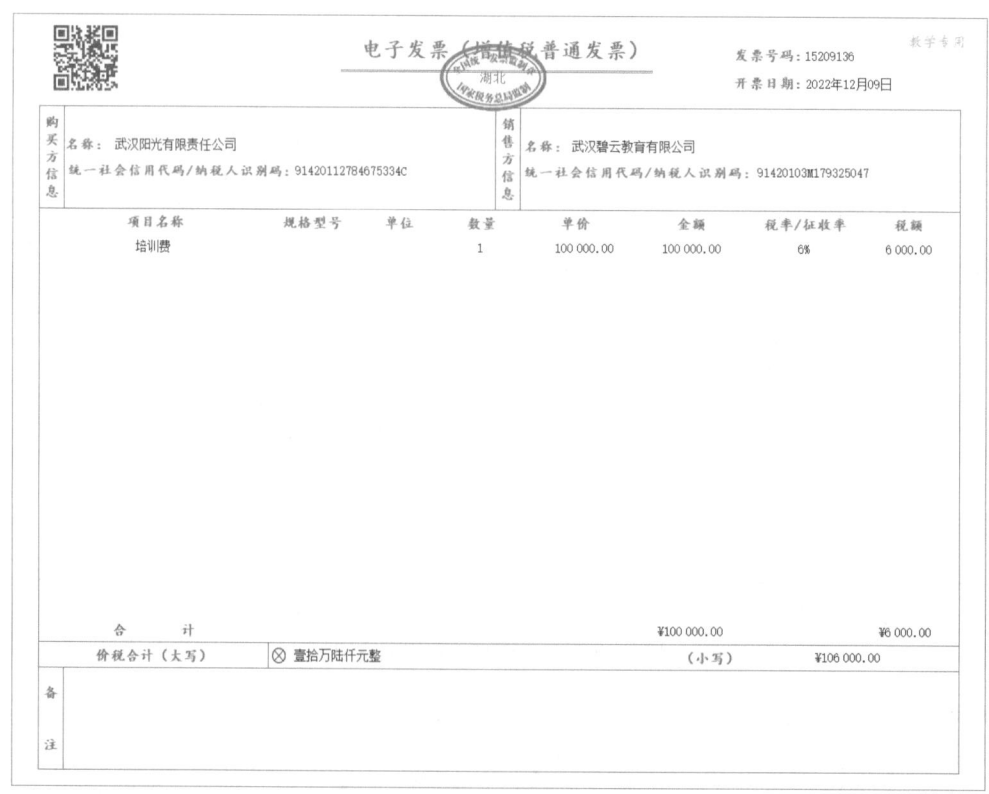

图 1-52　电子发票（增值税普通发票）

图 1-53 转账支票存根

[**业务 25**] 12 月 10 日,生产一部门套完工,入成品一库 1 000 件。生产二部门扇完工,入成品二库 1 000 件。(库存管理)相关单据如图 1-54 和图 1-55 所示。

业务 25

产成品入库单

交库单位: 生产一部　　　　2022 年 12 月 10 日　　　　仓库: 成品一库　编号: 479

产品编号	产品名称	规格	计量单位	数量		单位成本	总成本	备注
				送检	实收			
	门套		件	1 000	1 000			

仓库主管: 刘焕　　保管员: 孙腾　　记账: 朱茜　　制单: 孙腾

图 1-54 产成品入库单(1)

产成品入库单

交库单位: 生产二部　　　　2022 年 12 月 10 日　　　　仓库: 成品二库　编号: 480

产品编号	产品名称	规格	计量单位	数量		单位成本	总成本	备注
				送检	实收			
	门扇		件	1 000	1 000			

仓库主管: 刘焕　　保管员: 周朴园　　记账: 朱茜　　制单: 周朴园

图 1-55 产成品入库单(2)

[业务26] 12月12日,向方圆公司销售门套1000件、门扇1000件,开出增值税专用发票,货已发出,对方开出2个月到期银行承兑汇票一张,出票日期为2022年12月12日,到期日为2023年2月12日。(销售管理、库存管理、核算管理)相关单据如图1-56至图1-58所示。

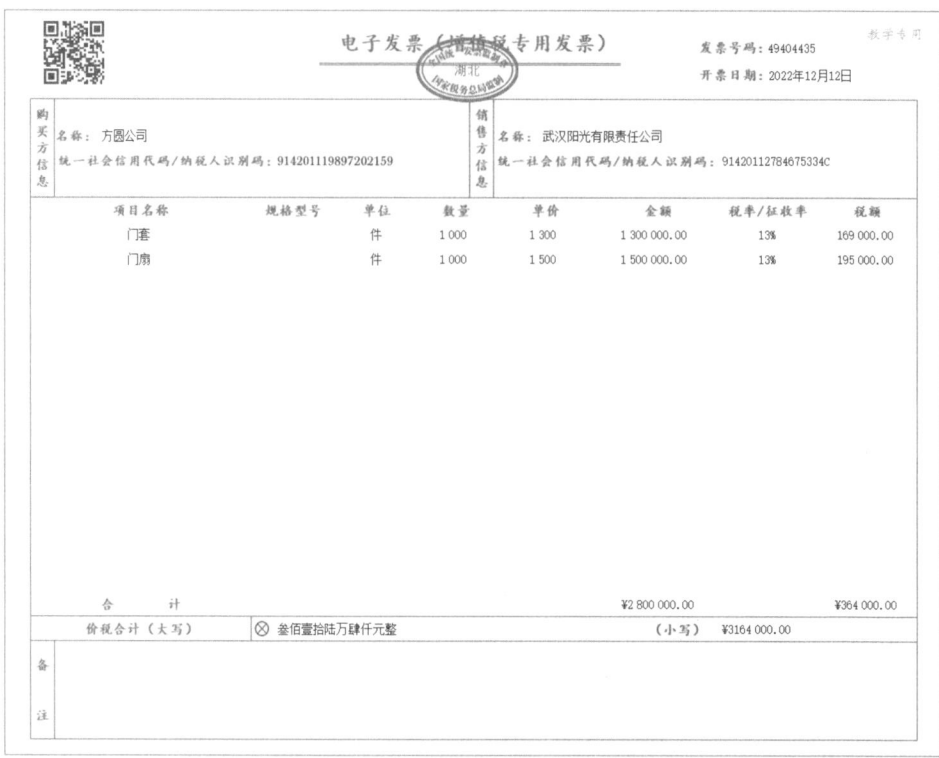

图 1-56　电子发票(增值税专用发票)

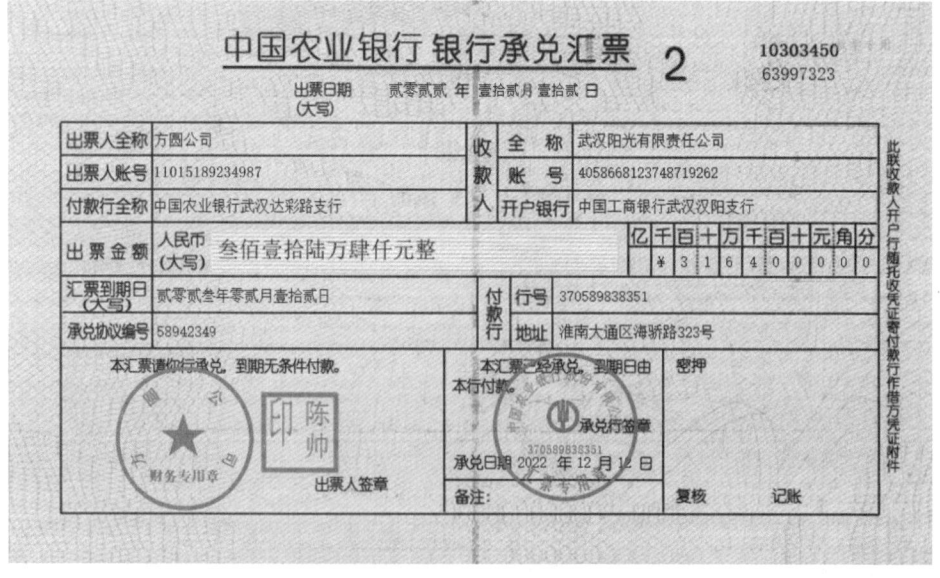

图 1-57　银行承兑汇票(复印件)

图 1-58　出库单

[**业务 27**]　12 月 13 日,购入设备一台,交由生产一部使用,增值税专用发票上注明价款 300 000 元,增值税税额 39 000 元。(固定资产)相关单据如图 1-59 至图 1-61 所示。

业务 27

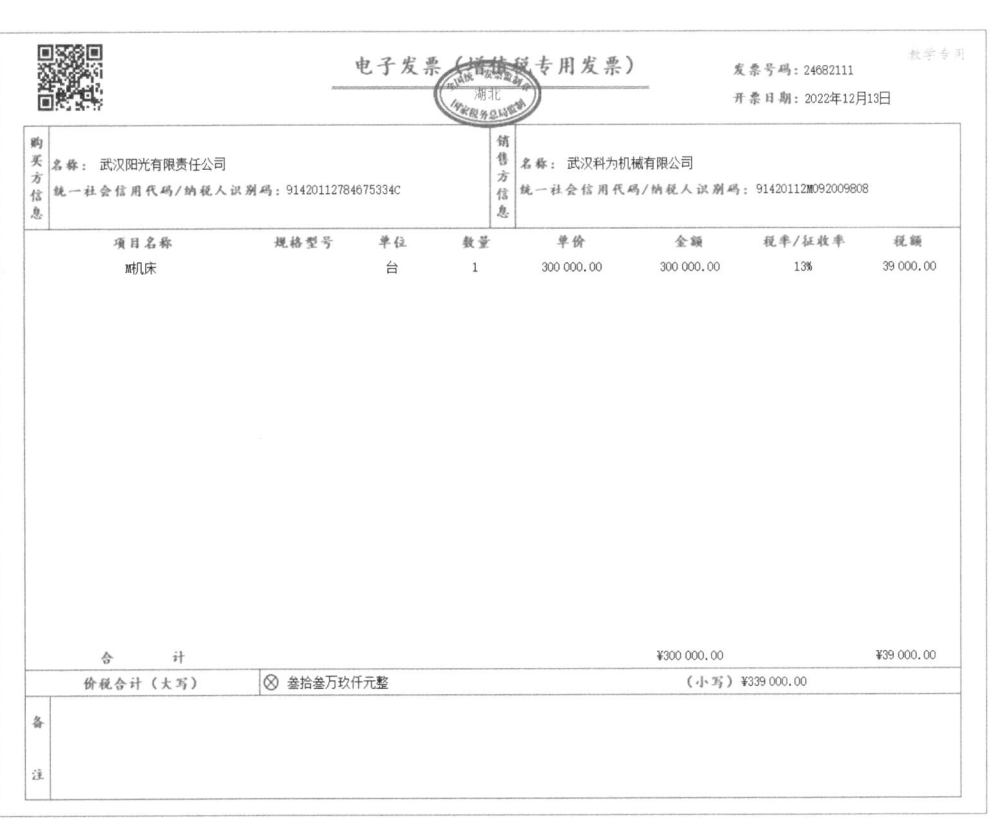

图 1-59　电子发票(增值税专用发票)

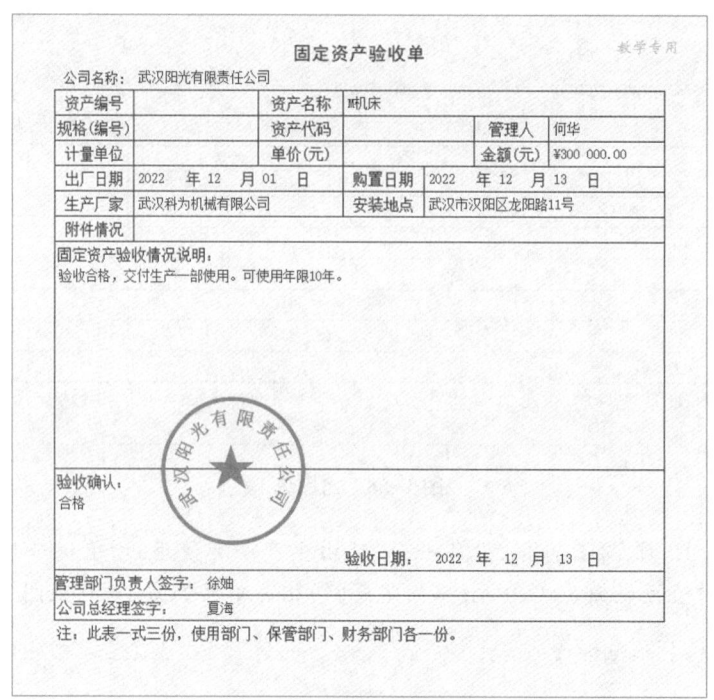

图 1-60 固定资产验收单

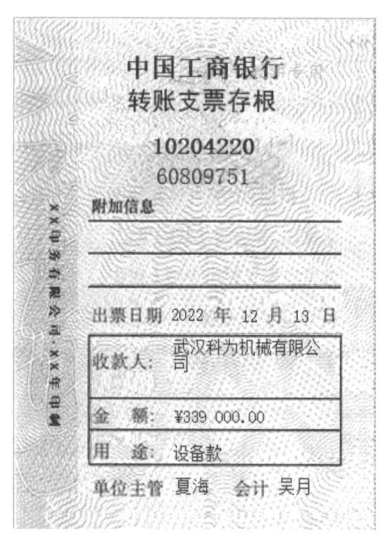

图 1-61 转账支票存根

业务 28

[业务 28] 12 月 13 日,向振兴公司销售门套 2 000 件,门扇 2 000 件,收取合同款项 5 600 000 元,其余款项等收到货再结算。(销售管理、核算管理)相关单据如图 1-62 和图 1-63 所示。

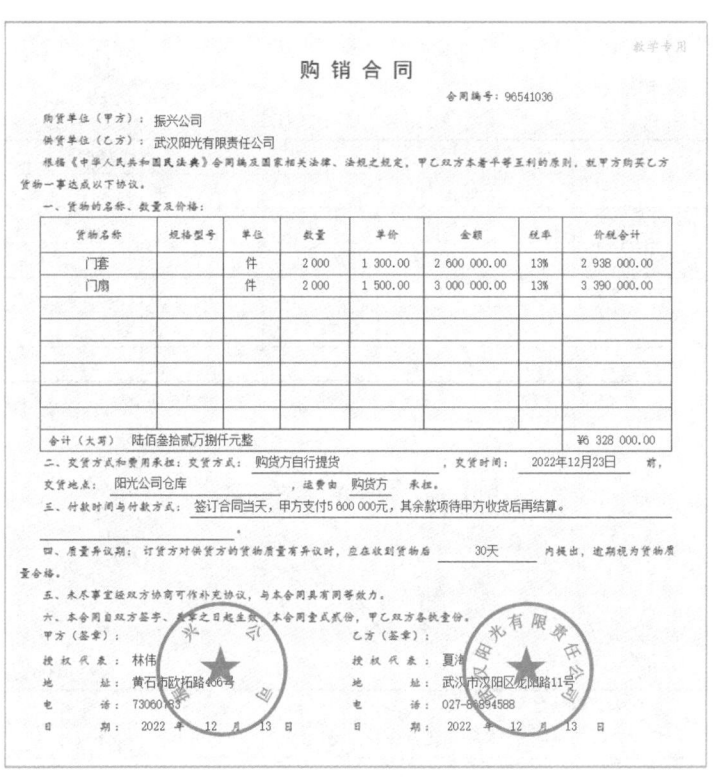

图 1-62 购销合同

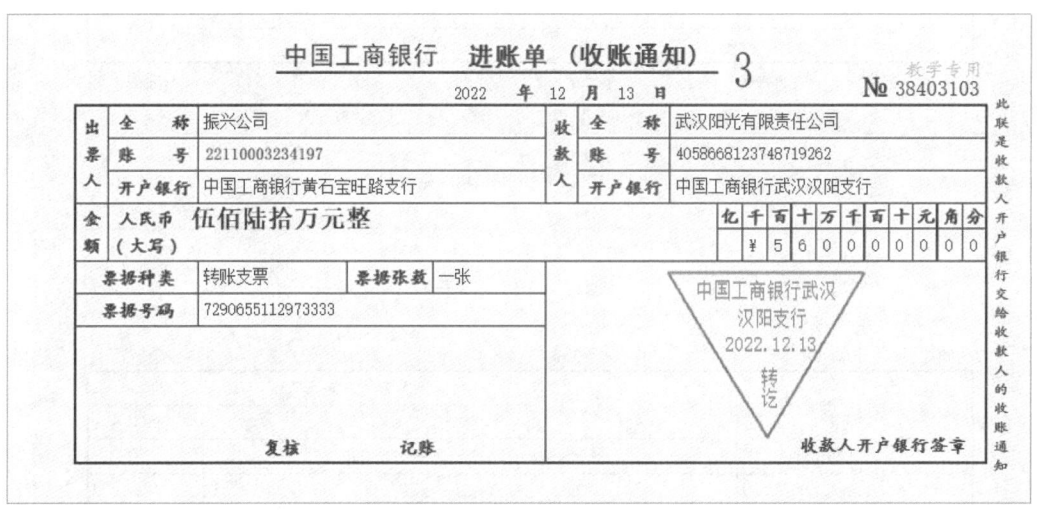

图 1-63 进账单(收账通知)

[业务 29] 12 月 14 日,生产一部生产门套领用门套线 53 250 米、门套墙体板 24 700 米;生产二部生产门扇领用门扇骨架 90 立方米、门扇饰面 17 175 平方米;企划部领用门扇饰面 10 平方米,销售网点领用门扇饰面 10 平方米。(库存管理、核算管理)相关单据如图 1-64 至图 1-68 所示。

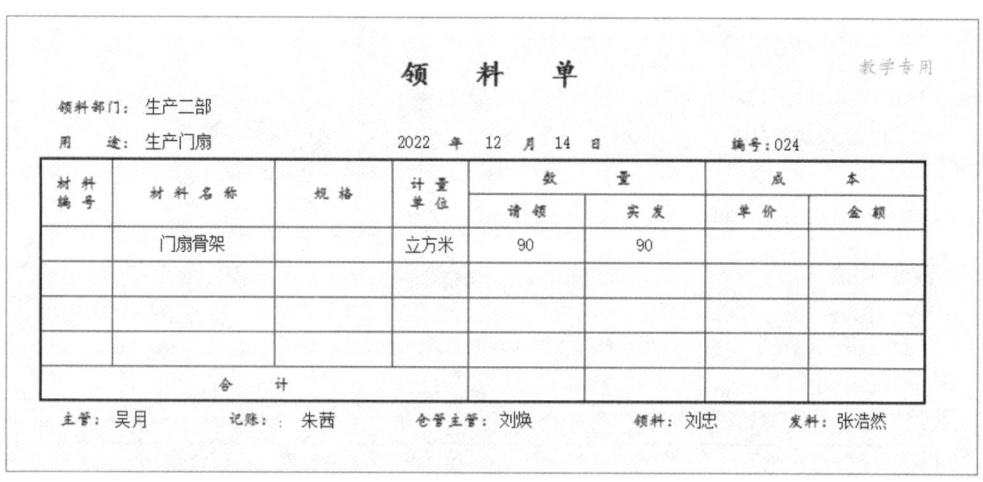

领 料 单

教学专用

领料部门：生产一部

用 途：生产门套　　2022 年 12 月 14 日　　编号：023

材料编号	材料名称	规格	计量单位	数量		成本	
				请领	实发	单价	金额
	门套线		米	53 250	53 250		
	门套墙体板		米	24 700	24 700		
合计							

主管：吴月　记账：朱茜　仓管主管：刘焕　领料：李杰　发料：张浩然

图 1-64　领料单(生产一部)

领 料 单

教学专用

领料部门：生产二部

用 途：生产门扇　　2022 年 12 月 14 日　　编号：024

材料编号	材料名称	规格	计量单位	数量		成本	
				请领	实发	单价	金额
	门扇骨架		立方米	90	90		
合计							

主管：吴月　记账：朱茜　仓管主管：刘焕　领料：刘忠　发料：张浩然

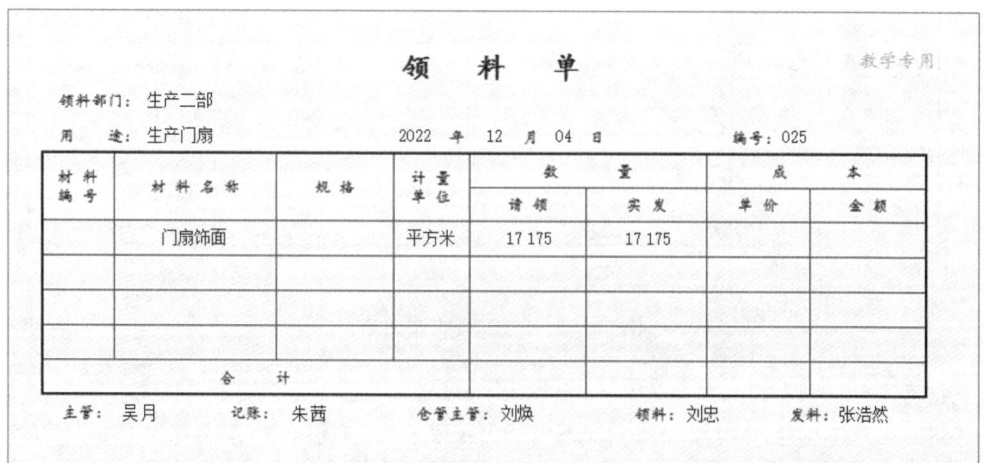

图 1-65　领料单(生产二部)

领 料 单

教学专用

领料部门：生产二部

用 途：生产门扇　　2022 年 12 月 04 日　　编号：025

材料编号	材料名称	规格	计量单位	数量		成本	
				请领	实发	单价	金额
	门扇饰面		平方米	17 175	17 175		
合计							

主管：吴月　记账：朱茜　仓管主管：刘焕　领料：刘忠　发料：张浩然

图 1-66　领料单(生产二部)

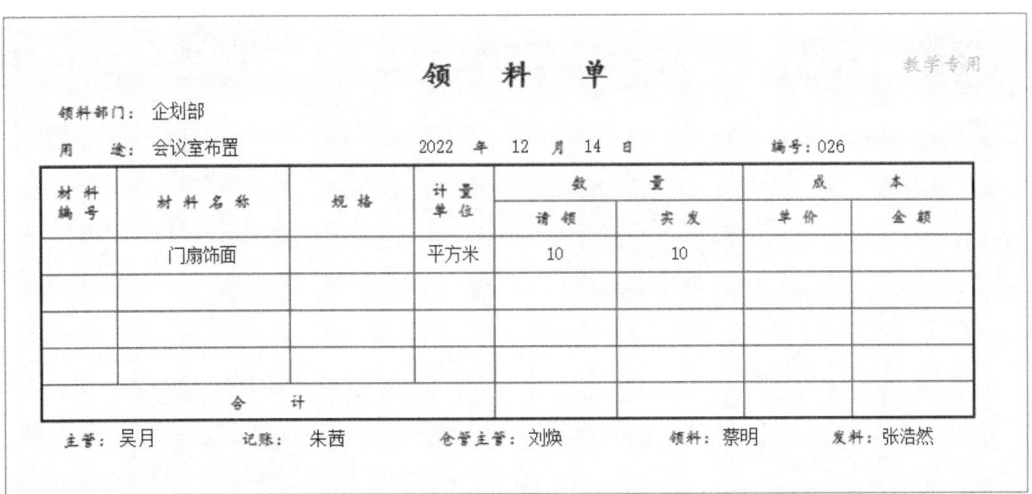

图 1-67 领料单(企划部)

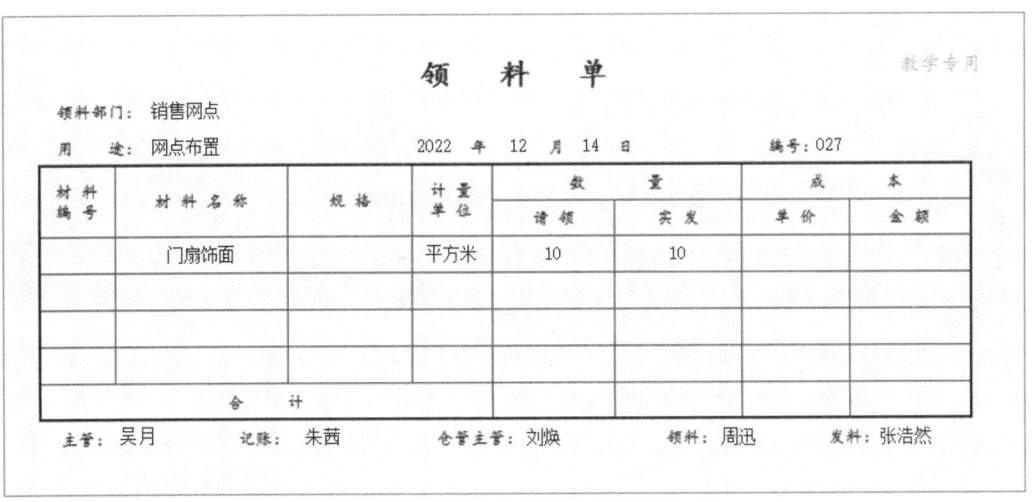

图 1-68 领料单(销售网点)

[业务30] 12 月 15 日,向伟达公司销售门套线 100 米,不含税单价为 30 元,收到对方开出的银行汇票一张并进账。(销售管理、库存管理、核算管理)相关单据如图 1-69 至图 1-71 所示。

教学专用

电子发票（增值税专用发票）

发票号码：76651784

开票日期：2022年12月15日

购买方信息　名称：伟达公司　统一社会信用代码/纳税人识别号：914200324324293486

销售方信息　名称：武汉阳光有限责任公司　统一社会信用代码/纳税人识别号：91420112784675334C

项目名称	规格型号	单位	数量	单价	金额	税率/征收率	税额
门套线		米	100	30.00	3 000.00	13%	390.00
合计					¥3 000.00		¥390.00

价税合计（大写）　⊗叁仟叁佰玖拾元整　（小写）¥3 390.00

备注

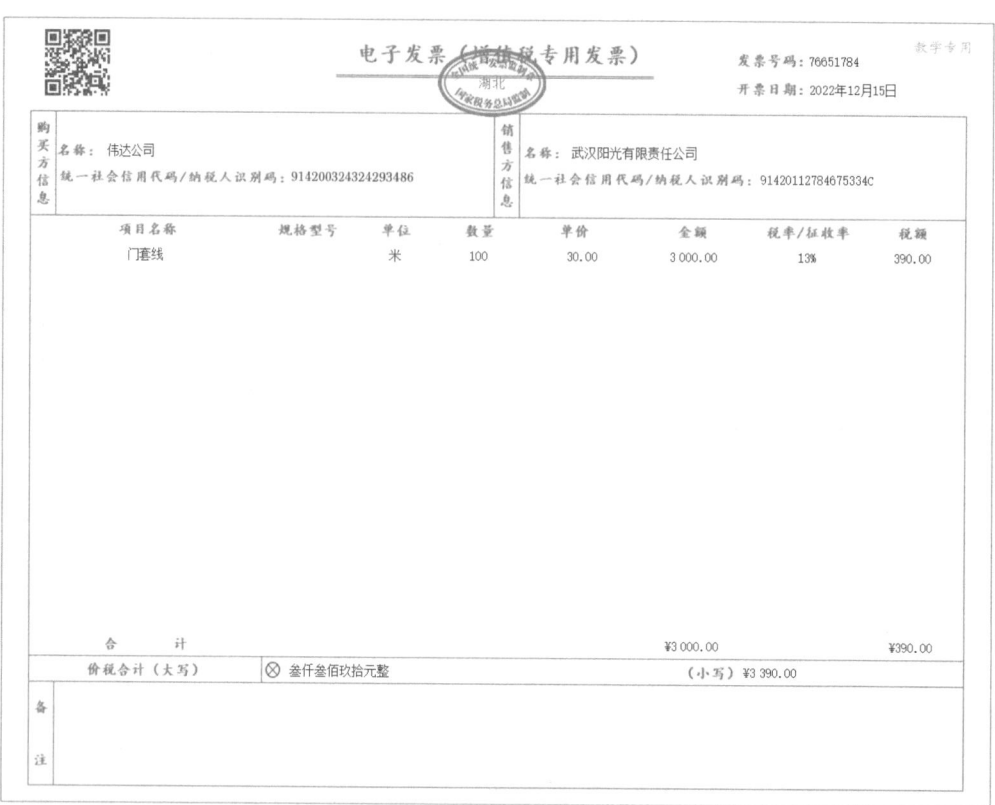

图 1-69　电子发票(增值税专用发票)

出库单

教学专用

出货单位：武汉阳光有限责任公司　日期：2022年12月15日　单号：074

提货单位(部门)：伟达公司　销售单号：　发货仓库：　出库日期：2022年12月15日

编码	名称	规格	单位	数量 应发	数量 实发	单价	金额
	门套线		米	100	100		
合计	人民币（大写）：						

会计联

部门经理：刘焕　会计：朱茜　仓库：张浩然　经办人：张浩然

图 1-70　出库单

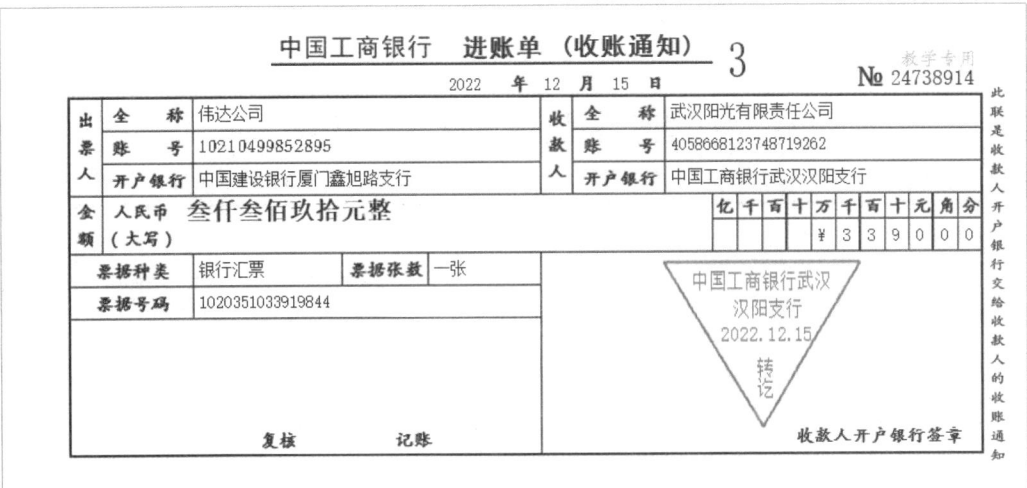

图 1-71　进账单(收账通知)

[业务 31]　12 月 17 日,收到固定资产验收单,厂房已达到预定可使用状态,预计可使用年限 30 年,验收后交付生产一部使用,结转其全部成本。(固定资产)相关单据如图 1-72 所示。

业务 31

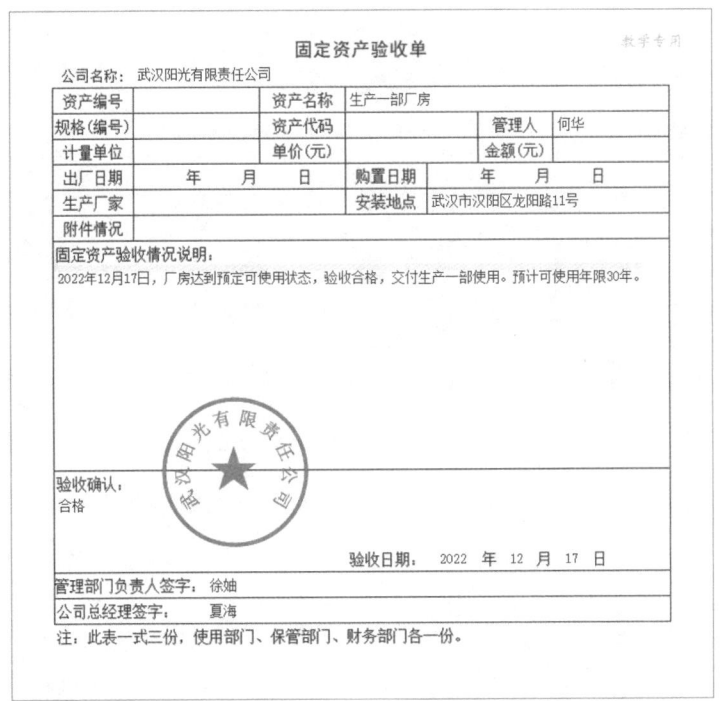

图 1-72　固定资产验收单

[业务 32]　12 月 19 日,开出转账支票,支付武汉市正大律师事务所法律顾问咨询费 3 180 元,并于当天收到律师事务所开来的收据。(总账系统)相关单据如图 1-73 至图 1-75 所示。

业务 32

教学专用

武汉市正大律师事务所　　收据

入账日期：2022 年 12 月 19 日　　NO 2612881

交款单位　武汉阳光有限责任公司	收款方式　转账支票
人民币(大写)　叁仟壹佰捌拾元整	¥ 3 180.00
收款事由　法律顾问咨询费	
	2022 年 12 月 19 日

单位盖章　武汉市正大律师事务所 财务专用章

财会主管　　记账　　出纳　　审核　　经办

图 1-73　收据(法律顾问咨询费)

教学专用

电子发票（增值税专用发票）

全国统一发票监制章 湖北 国家税务总局监制

发票号码：85925151
开票日期：2022年12月19日

购买方信息	销售方信息
名称：武汉阳光有限责任公司 统一社会信用代码/纳税人识别码：91420112784675334C	名称：武汉市正大律师事务所 统一社会信用代码/纳税人识别码：91420104M693235010

项目名称	规格型号	单位	数量	单价	金额	税率/征收率	税额
法律服务费		次	1	3 000.00	3 000.00	6%	180.00
合计					¥3 000.00		¥180.00
价税合计（大写）	⊗ 叁仟壹佰捌拾元整				（小写）¥3 180.00		
备注							

图 1-74　电子发票(增值税专用发票)

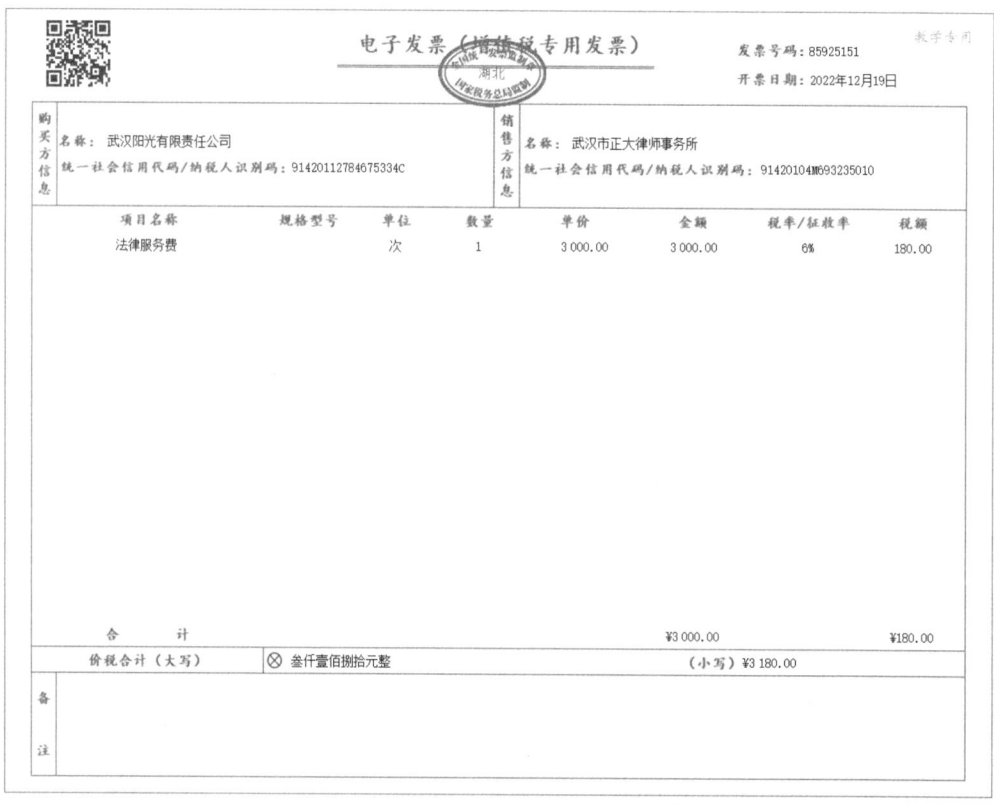

图 1-75　转账支票存根

[业务 33]　12 月 21 日,收到本季存款利息。(总账系统)存款利息清单如图 1-76 所示。

业务 33

中国工商银行武汉汉阳支行 计付利息(收账通知)

2022　年 12 月 21 日

客户号 9300772903		结算账号 4180083587390842445		
单位名称: 武汉阳光有限责任公司				
计息起讫日期	2022年09月21日	至	2022年12月20日	
正常本金/积数	115 000 000.00	利率　0.3%/年	利息	1 000.00
逾期本金/积数		利率	利息	
欠　息/积数		利率	利息	
币　种		利息总金额		1 000.00
银行盖章:				

图 1-76　计付利息(收账通知)

[业务 34]　12 月 21 日,生产一部门套完工,入成品一库 2 500 件。生产二部门扇完工,入成品二库 2 500 件。(库存管理)相关单据如图 1-77 和图 1-78 所示。

业务 34

图 1-77　产成品入库单(1)

图 1-78　产成品入库单(2)

[业务 35]　12 月 22 日,开出转账支票一张,支付广告费 5 000 元,增值税税额 300 元,已收到广告公司开出增值税专用发票。(总账系统)相关单据如图 1-79 和图 1-80 所示。

业务 35

图 1-79　转账支票存根

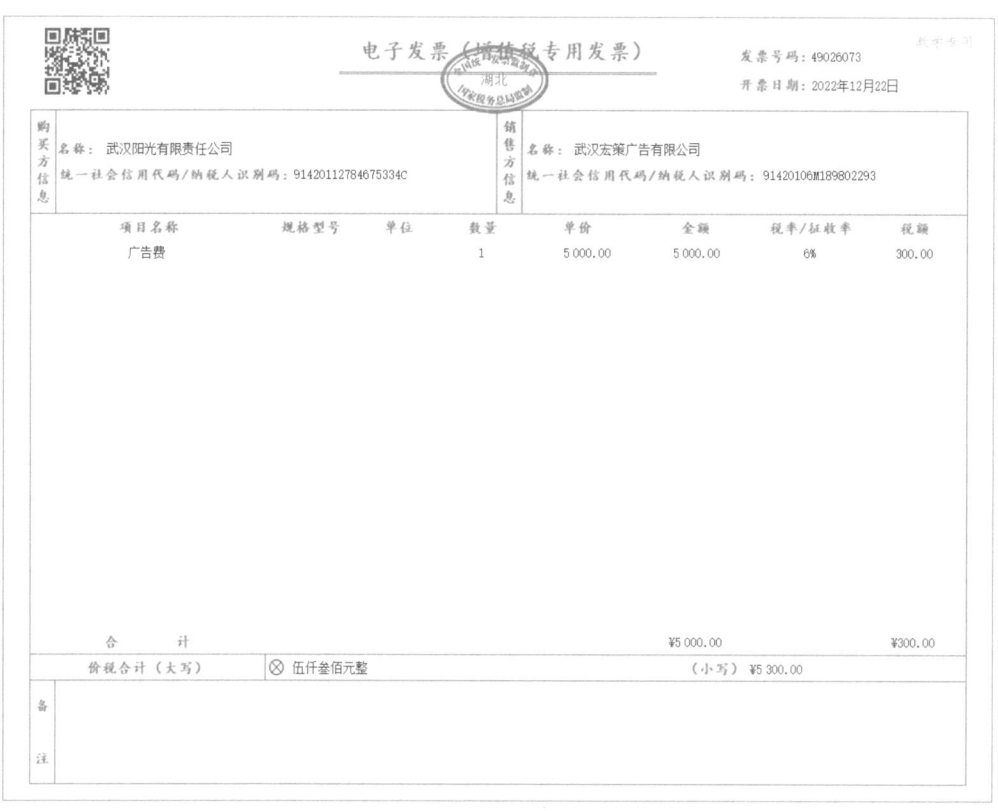

图 1-80 电子发票(增值税专用发票)

[业务 36] 12 月 23 日,收取振兴公司包装物押金 40 000 元。(总账系统)相关单据如
图 1-81 所示。

业务 36

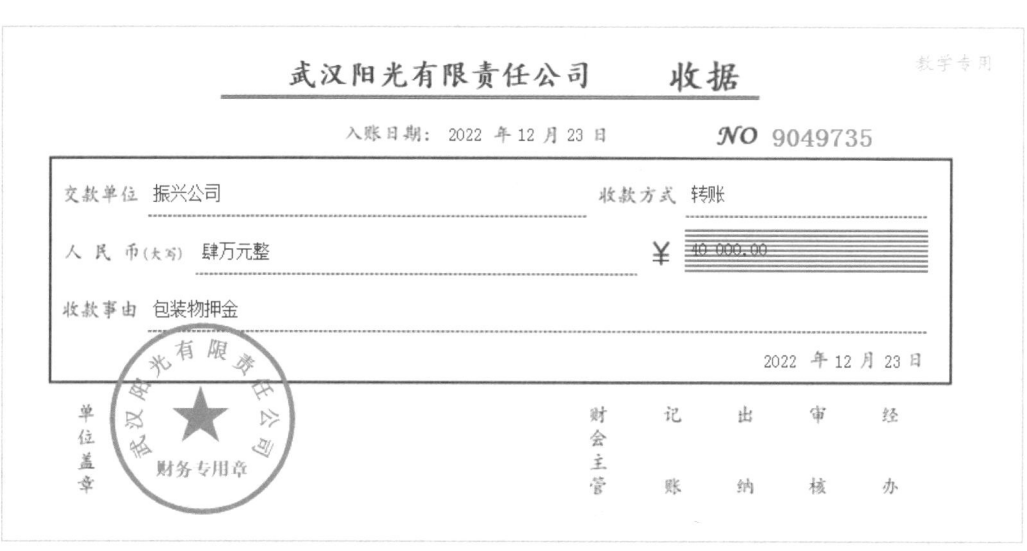

图 1-81 收据(包装物押金)

[**业务37**]　12 月 23 日,向振兴公司销售门套 2 000 个,门扇 2 000 件。门套不含税单价为 1 300 元;适用增值税税率 13%,价款合计 2 600 000 元,增值税税额为 338 000 元。门扇不含税单价为 1 500 元,适用增值税税率 13%,价款合计 3 000 000 元,增值税税额为 390 000 元。12 月 13 日收取合同款项 5 600 000 元,发货并开税票。(销售管理、库存管理、核算管理)相关单据如图 1-82 和图 1-83 所示。

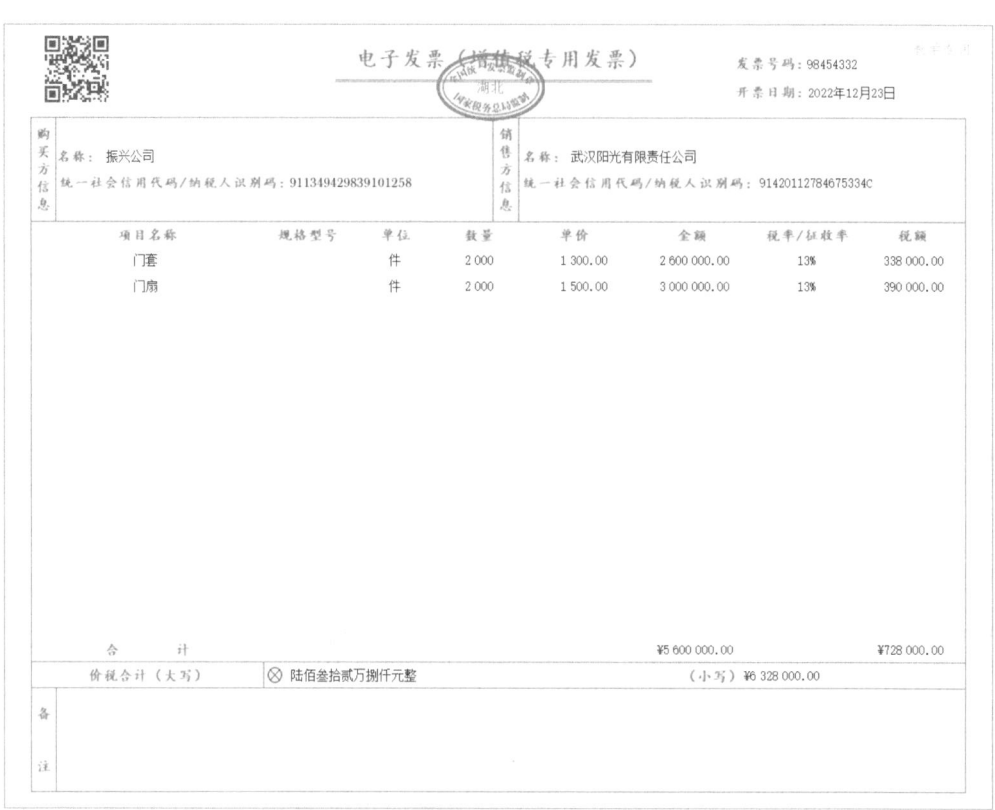

图 1-82　电子发票(增值税专用发票)

图 1-83　出库单

[业务38]　12月23日,向佳明公司销售门套1 000件,不含税单价为1 300元;门扇1 000件,不含税单价为1 500元,其中1 000件门套于12月23日交付,1 000件门扇于12月30日交付。约定验收合格后才能收到全部货款。(销售管理、库存管理、核算管理)相关单据如图1-84至图1-86所示。

业务38

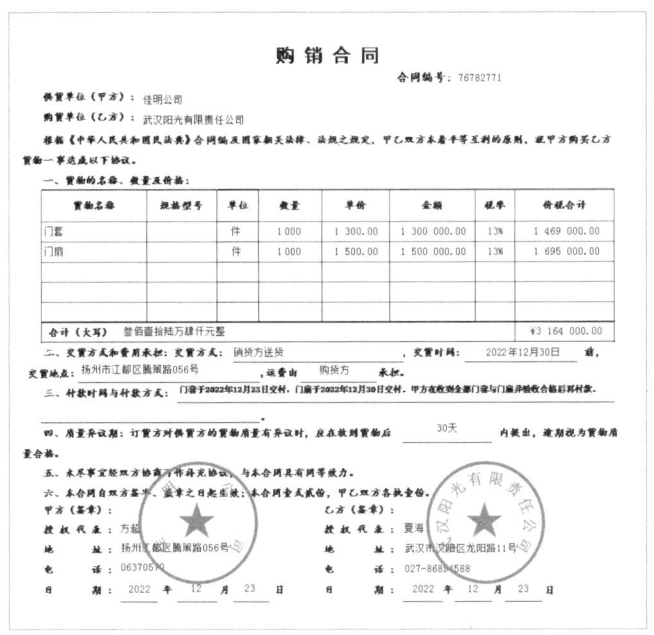

图1-84　购销合同

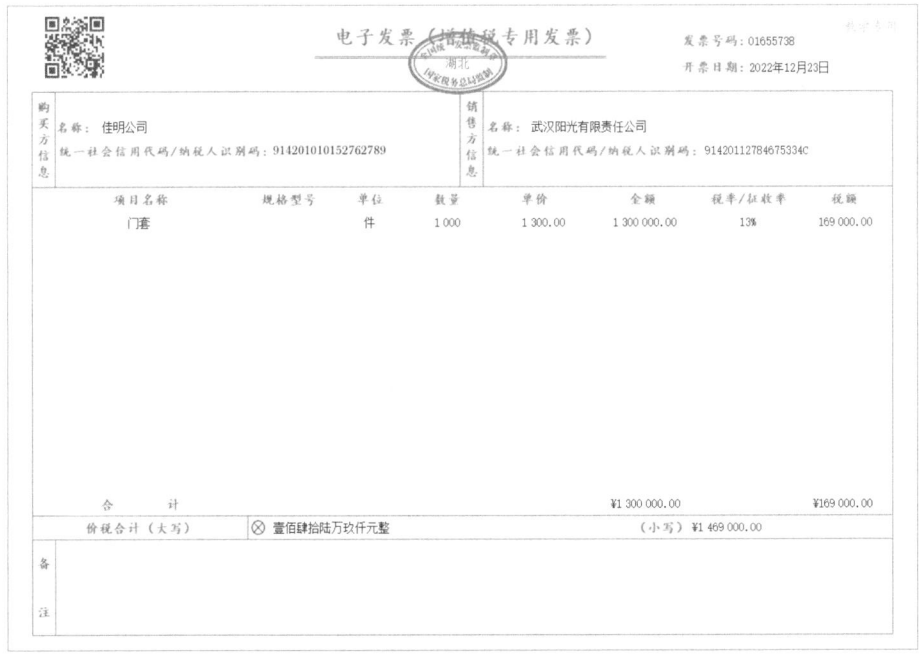

图1-85　电子发票(增值税专用发票)

图 1-86　出库单

业务 39

[业务 39]　12 月 23 日,公司用存于长江证券公司的投资款购入股票 10 000 股,支付价款 180 000 元,手续费 54 元。(总账系统)相关单据如图 1-87 所示。

图 1-87　成交过户交割单

业务 40

[业务 40]　12 月 24 日,财务部出售打印机一台。(固定资产)相关单据如图 1-88 所示。

固定资产处置申请单						
单位名称:	武汉阳光有限责任公司	日期: 2022年12月24日				
固定资产名称	打印机	单位		型号		数量	1台
资产编号		停用时间	2022年12月24日	购建时间		存放地点	财务部
已提折旧月数	20个月	原值	1 500.00	累计折旧		480.00
有效使用年限	5年	月折旧额	24.00	净值		1 020.00
处置原因:	闲置					
财务部门意见:	出售		公司领导意见:	同意		
编制人: 吴月				单位负责人: 夏海		

图 1-88　固定资产处置申请单

[业务41]　12月24日,因发出商品有误,振兴公司将23日购入的门扇退回3件,开出红字发货单发票,款已退。(销售管理、库存管理、核算管理)相关单据如图1-89至图1-91所示。

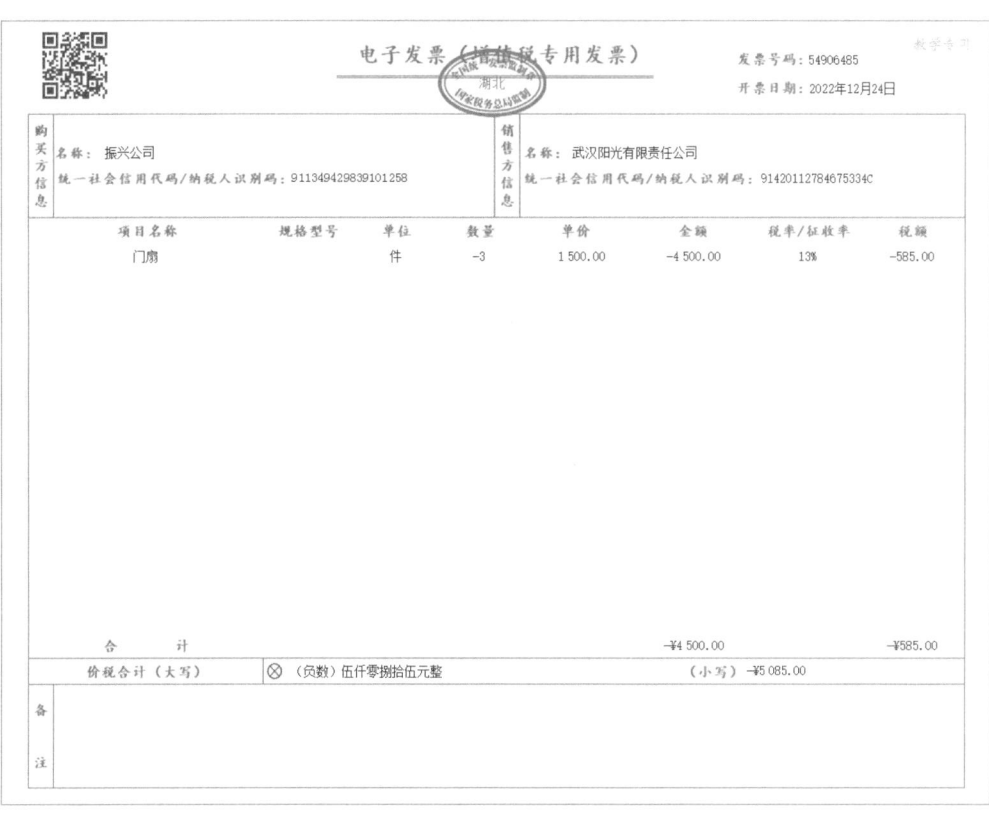

图1-89　电子发票(增值税专用发票)

图1-90　产成品入库单

图 1-91　转账支票存根

业务 42

[业务 42]　12 月 25 日,以现金支付准备租入立新公司仓库押金 800 元。(总账系统)相关单据如图 1-92 所示。

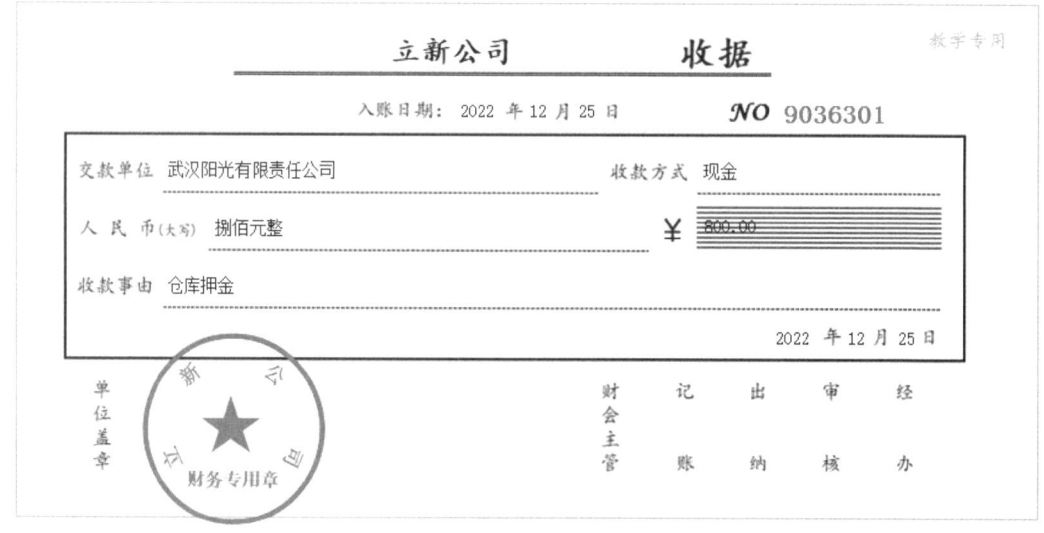

图 1-92　收据(仓库押金)

业务 43

[业务 43]　12 月 26 日,出售一台打印机,售价为 1 100 元,收到银行本票并进账,同时结转固定资产损益。(总账系统)相关单据如图 1-93 和图 1-94 所示。

　　注:取得现金收入在总账系统中完成,销售固定资产在固定资产系统中完成。

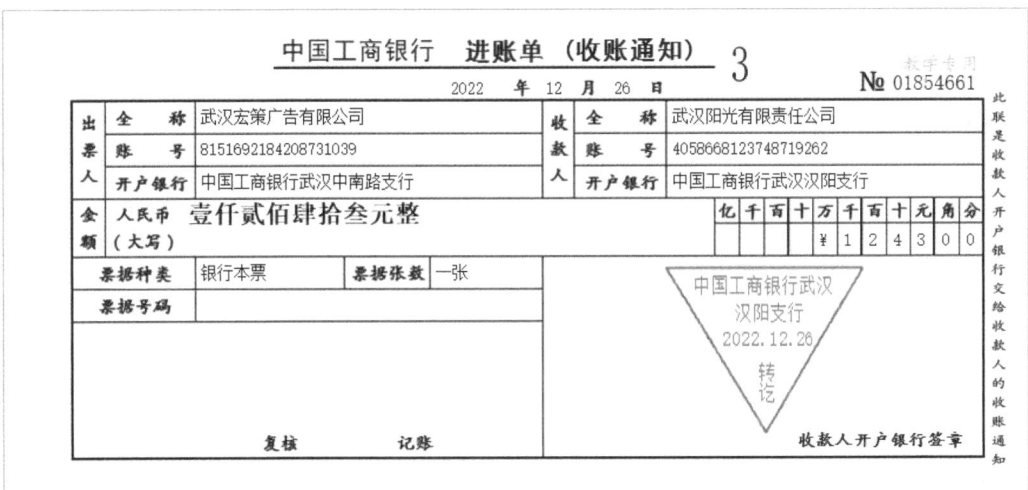

图 1-93　进账单(收账通知)

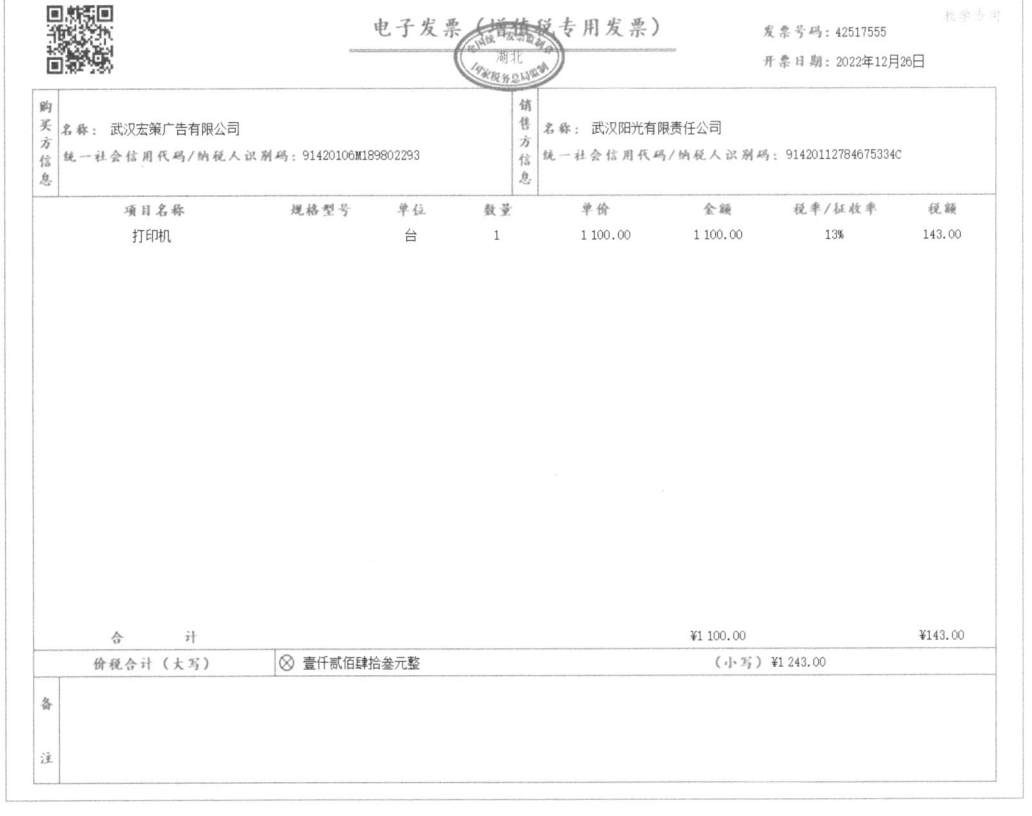

图 1-94　电子发票(增值税专用发票)

[业务 44]　12 月 26 日,生产一部门套完工入成品一库 1 500 件;生产二部门扇完工入成品二库 1 500 件。(库存管理)相关单据如图 1-95 和图 1-96 所示。

图 1-95　产成品入库单(1)

图 1-96　产成品入库单(2)

业务 45

[业务 45] 12 月 27 日,在财产清查过程中发现,企划部盘盈一台台式电脑,重置成本为 30 000 元。按净利润的 10% 提取法定盈余公积,不考虑相关税费及其他因素的影响。使用年限为 5 年,新增为"经营用电子设备"。(固定资产、总账系统)相关单据如图 1-97 所示。

图 1-97　固定资产盘盈盘亏报告单(1)

[业务46] 12月27日,财产清查时发现短缺一台笔记本电脑,原价为10 200元,已计提折旧3 100.8元,购入时增值税税额为1 326元,经查短缺原因为管理不善。(固定资产)相关单据如图1-98所示。

业务46

图 1-98 固定资产盘盈盘亏报告单(2)

[业务47] 12月27日,收到四维公司发出的材料,没有收到相关票据。(采购管理、库存管理)相关单据如图1-99所示。

业务47

图 1-99 材料入库单

[业务48] 12月27日,财产清查时短缺的一台笔记本电脑,保险公司赔偿3 000元,款项尚未收到,其余报经批准转销。(总账系统)相关单据如图1-100所示。

业务48

盘盈盘亏处理报告

教学专用

处理时间：2022年12月27日

处理金额：

发生时间：2022年12月27日

业务性质：管理不善

业务原因：固定资产盘亏
　　　　　企划部盘亏一台笔记本电脑。保险公司赔偿3 000元，其余部分由企业承担。

业务情况：

申请人：何华　　　　　　　　　　批准：夏海

图 1-100　盘盈盘亏处理报告

[业务 49]　12 月 28 日,购买手机 20 台作为职工福利,每台 2 000 元,增值税税额 5 200 元。(总账系统)相关单据如图 1-101 和图 1-102 所示。

业务 49

中国工商银行
转账支票存根

10204220
54414527

附加信息

× × 电务有限公司·× × 专用章

出票日期 2022 年 12 月 28 日

收款人：武汉小米科技有限责任公司

金　额：¥45 200.00

用　途：购买手机

单位主管 夏海　会计 吴月

图 1-101　转账支票存根

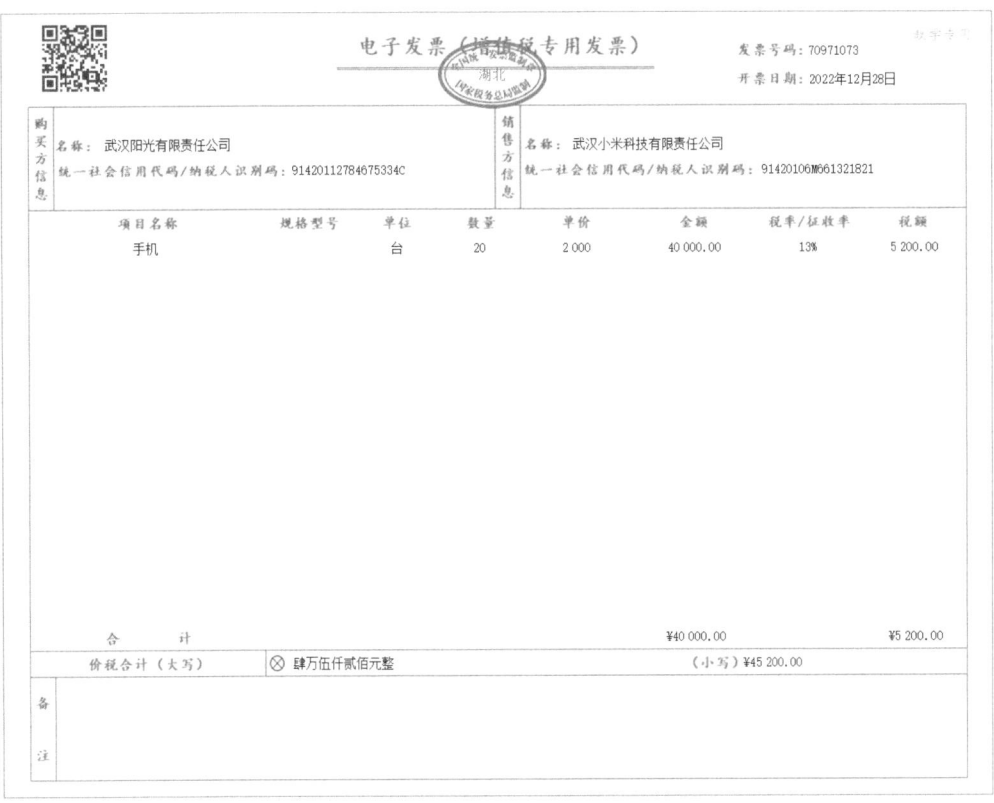

图 1-102　电子发票(增值税专用发票)

[业务 50] 12 月 28 日,手机用于发放福利,并结转福利费用。(总账系统)相关单据如表 1-3 所示。

业务 50

表 1-3　福利费用分配表

部门	人数(人)	分配金额(元)
企划部	2	4 520
财务部	3	6 780
采购部	2	4 520
销售部	2	4 520
生产一部管理人员	1	2 260
生产二部管理人员	1	2 260
生产一部生产工人	4	9 040
生产二部生产工人	5	11 300
合计	20	45 200

[业务 51] 12 月 30 日,按 12 月 23 日同佳明公司签订的合同内容交付门扇,收到银行

业务 51

支票并开出门扇增值税专用发票。(销售管理、库存管理、核算管理)相关单据如图 1-103 至图 1-105 所示。

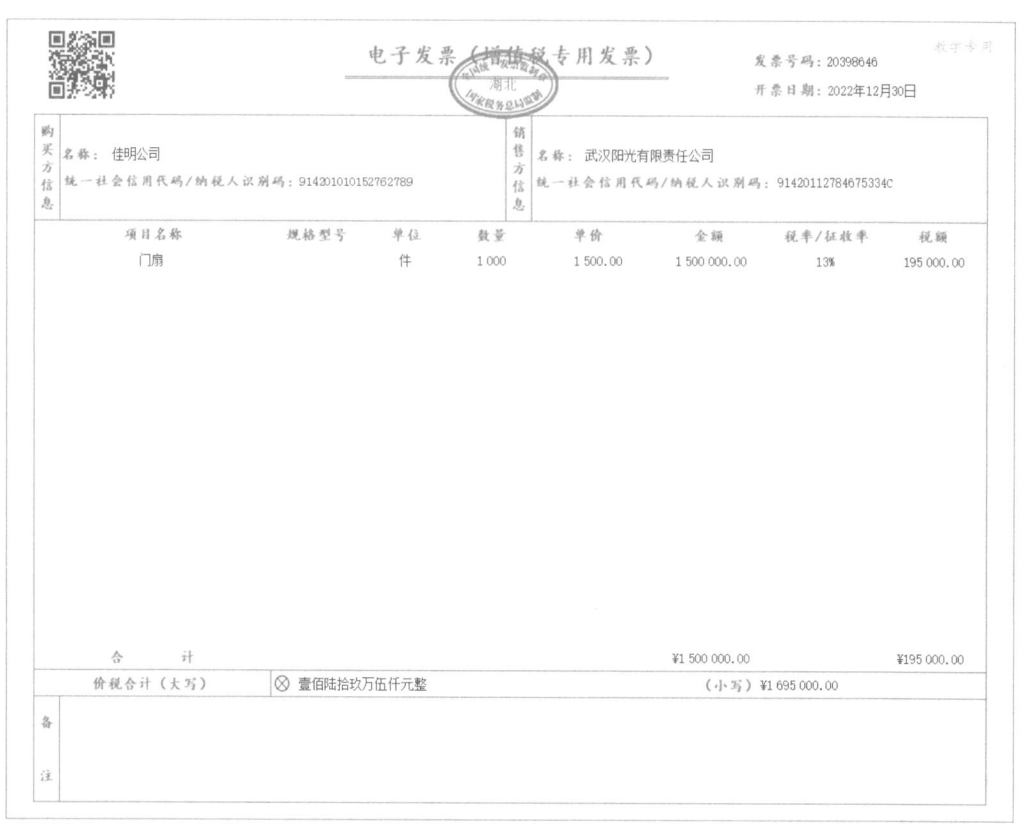

图 1-103　电子发票(增值税专用发票)

图 1-104　出库单

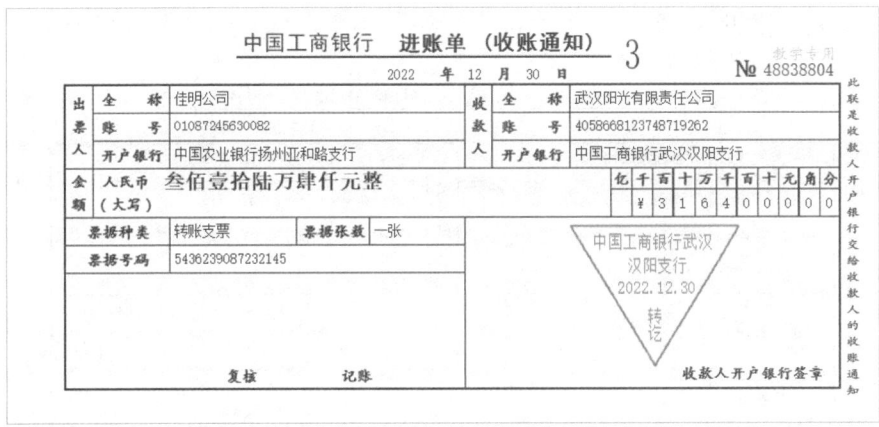

图 1-105 进账单(收账通知)

[业务 52] 12 月 30 日,收到方圆公司的银行承兑汇票,企业资金紧张,申请贴现,贴现率为 6%。(销售管理、核算管理)相关单据如图 1-106 所示。

业务 52

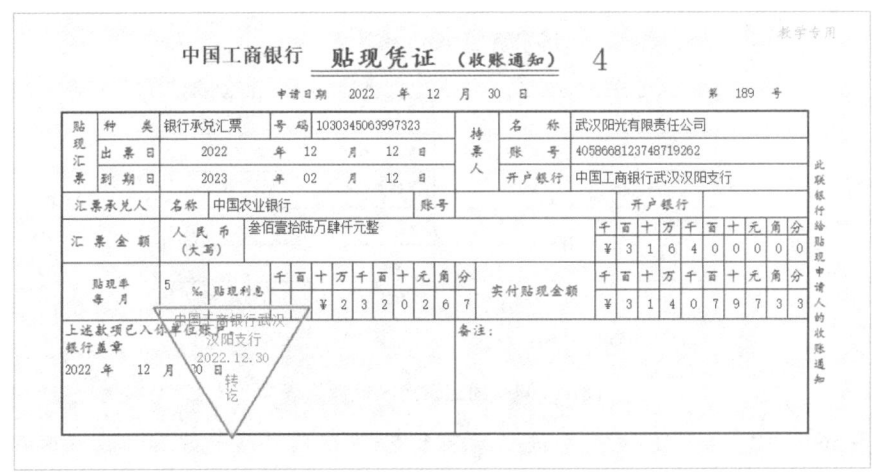

图 1-106 贴现凭证(收账通知)

[业务 53] 12 月 31 日,计提本月借款利息。(总账系统)相关单据如图 1-107 所示。

业务 53

银行借款利息计算表

2022 年 12 月 31 日
单位:元

借款名称	借款金额	计息月份	借款利率	借款利息
长期借款	450 000.00	2022年12月	4.00%	1 500.00
长期借款	300 000.00	2022年12月	4.00%	1 000.00
短期借款	450 000.00	2022年12月	4.00%	1 500.00
短期借款	300 000.00	2022年12月	4.00%	1 000.00
合 计				5 000.00

会计主管:吴月   制单:朱茜   复核:吴月

图 1-107 银行借款利息计算表

[**业务 54**] 12 月 31 日,支付本季借款利息。(总账系统)相关单据如图 1-108 所示。

业务 54

银行（ 短期 贷款） 还款凭证（回单）

2022 年 12 月 31 日　　　原借款凭证银行编号：

还款单位	名 称	中国工商银行武汉汉阳支行	付款单位	名 称	武汉阳光有限责任公司
	往来户账号	4058668123748719262		存款户账号	4058668123748719262
	开户银行	中国工商银行武汉汉阳支行		开户银行	中国工商银行武汉汉阳支行

还款时间　2022年12月31日

| 还款金额 | 货币及金额（大写） | 伍仟伍佰元整 | 亿 | 千 | 百 | 十 | 万 | 千 | 百 | 十 | 元 | 角 | 分 |
| | | | | | | | ¥ | 5 | 5 | 0 | 0 | 0 | 0 |

还款次序

还款原因

图 1-108　银行(短期贷款)还款凭证(回单)

[**业务 55**] 12 月 31 日,发生固定资产减值 10 000 元,分别计提到生产设备 1 和生产设备 2 中。资产评估报告略、(固定资产)相关单据如图 1-109 所示。

业务 55

固定资产减值计算表

2022 年 12 月 31 日

项目	入账价值	累计摊销金额	可收回金额
生产设备1	300 000.00	60 000.00	235 000.00
生产设备2	300 000.00	60 000.00	235 000.00
合 计	600 000.00	120 000.00	470 000.00

制单：朱茜　　　　　　　　审核：吴月

图 1-109　固定资产减值计算表

[**业务 56**] 12 月 31 日,对库存进行期末盘点,发现门套线盘亏 30 米。(库存管理、核算管理)相关单据如图 1-110 所示。

业务 56

原材料盘点汇总表

编制单位：武汉阳光有限责任公司　　　盘点部门：材料仓库　　　2022 年 12 月 31 日　　　　单位：元

原材料名称	计量单位	账存数量	实盘数量	盘亏数	单价	金额	备注
门套线	米	8 650	8 620	30			
合计							

财务经理：高帅　　　　　　　监盘人：孙腾　　　　　　　盘点人：张诺然

图 1-110　原材料盘点汇总表

[**业务57**]　12 月 31 日,按各部门电费耗用比例进行分配。(总账系统)相关单据如图 1-111 所示。

图 1-111　电费分配表

[**业务58**]　12 月 31 日,收到银行转来电费付款凭证,支付电费 5 000 元,增值税税额 650 元。(总账系统)相关单据如图 1-112 和图 1-113 所示。

业务 58

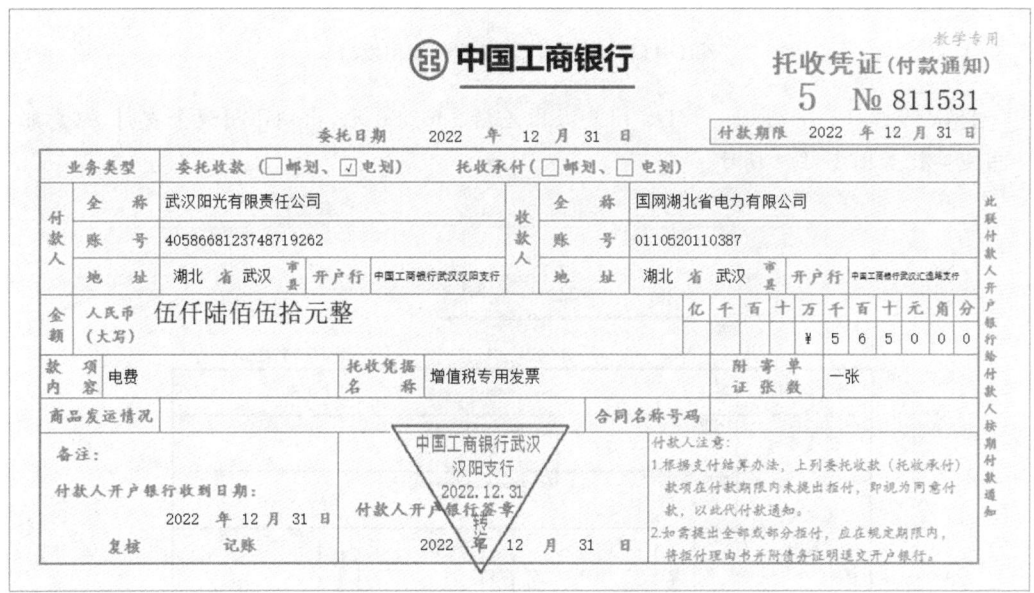

图 1-112　托收凭证(付款通知)

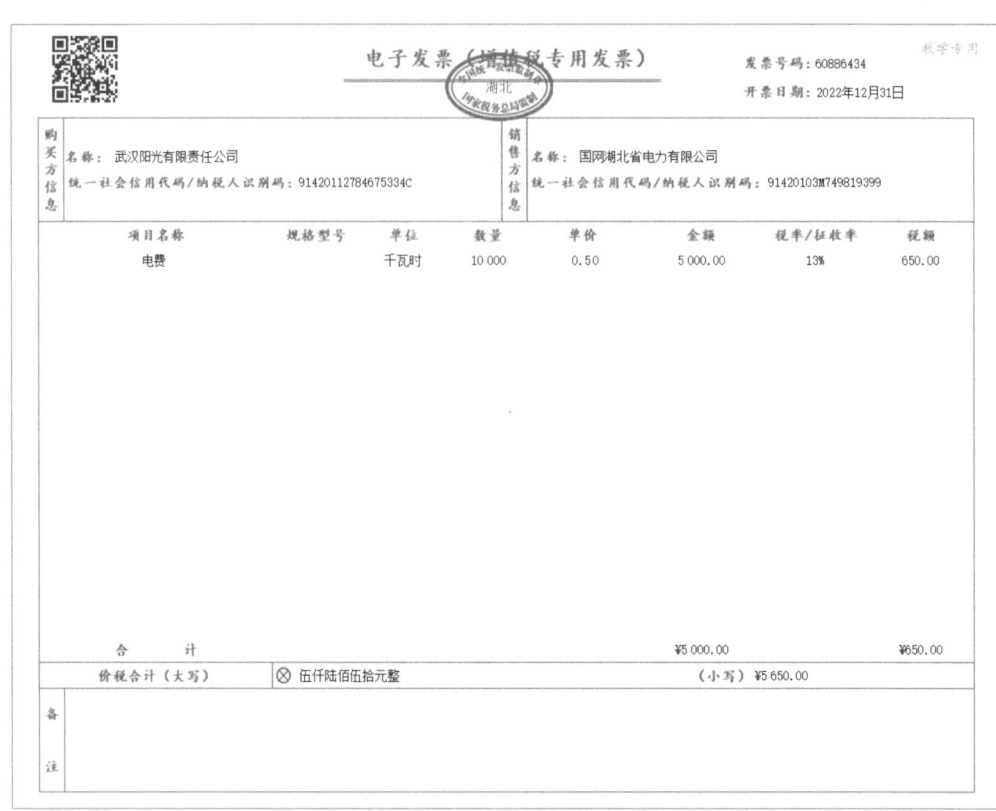

图 1-113　电子发票(增值税专用发票)

业务 59

[**业务 59**]　12 月 31 日,管理部门夏海出差借支 6 000 元,出纳已用现金支付。(总账系统)相关单据如图 1-114 所示。

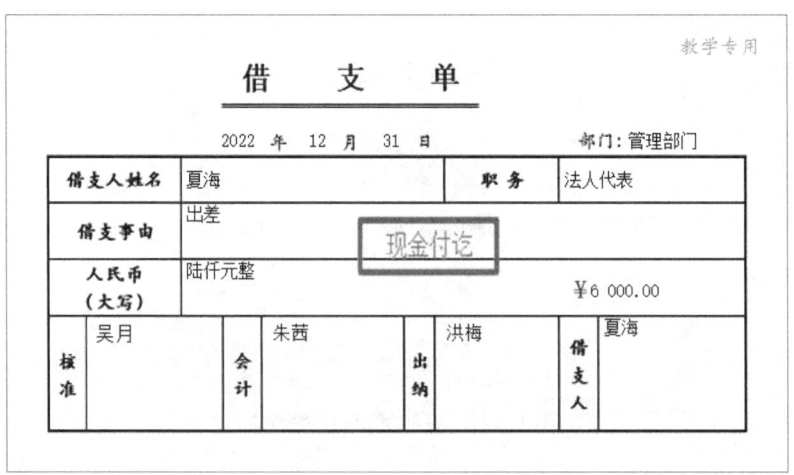

图 1-114　借支单

业务 60

[**业务 60**]　12 月 31 日,收到环保罚款单 1 900 元,用支票支付。(总账系统)相关单据

如图 1-115 和图 1-116 所示。

（收据）

图 1-115　收据（环境保护罚款）

图 1-116　转账支票存根

［**业务 61**］　12 月 31 日，因蕙普公司经营出现问题，30 000 元应收账款无法收回，经总经理批准，该笔应收账款准许确认为坏账，予以注销。（总账系统）相关单据如图 1-117 所示。

业务 61

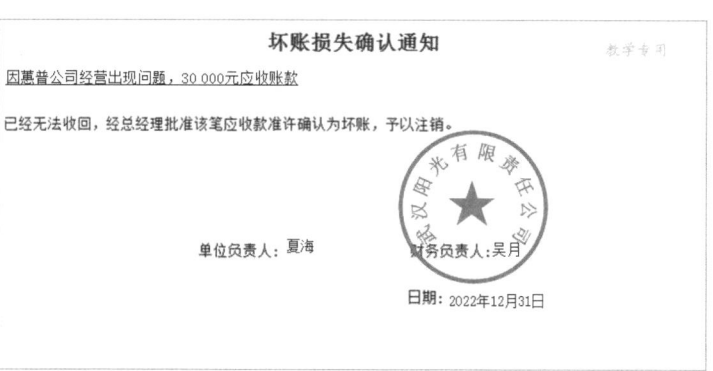

图 1-117　坏账损失确认通知

[业务 **62**] 12 月 31 日,应收取振兴公司包装物租金 20 000 元。(总账系统、库存管理、核算管理)相关单据如图 1-118、图 1-119 和表 1-4 所示。

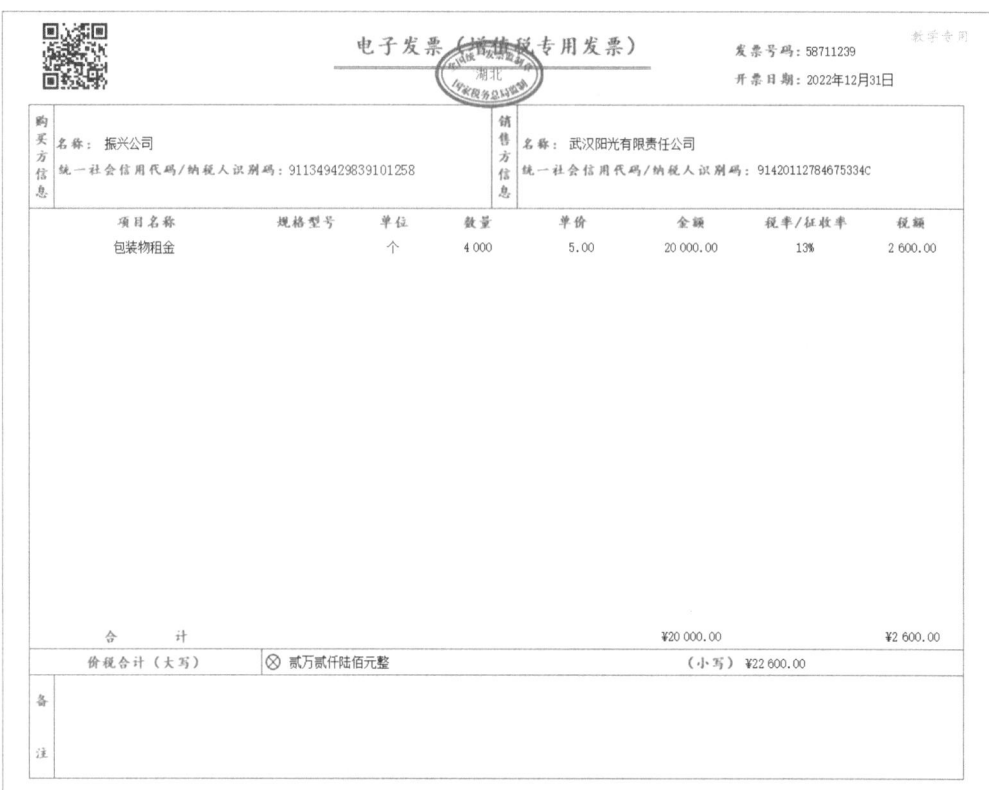

图 1-118　电子发票(增值税专用发票)

图 1-119　出库单

表 1-4　出租包装物摊销计算表　　　　　　　　　　　金额单位:元

出租包装物个数(个)	应摊销金额	摊销次数(共四次)	本次摊销金额	累计摊销金额
4 000	40 000	第一次	10 000	10 000

[**业务 63**]　12 月 31 日,尚未收到四维公司的发票,材料按期初成本暂估入库。(采购管理、库存管理、核算管理)相关单据如图 1-120 所示。

业务 63

材料入库单

图 1-120　材料入库单

[**业务 64**]　12 月 31 日,门套线盘亏系管理不善。保管员张浩然赔偿 400 元,其余做管理费用处理。(总账系统)相关单据如图 1-121 所示。

业务 64

盘盈盘亏处理报告

教学专用

处理时间:2022年12月31日

处理金额:

发生时间:2022年12月31日

业务性质:管理不善

业务原因:门套线盘亏

业务情况:门套线盘亏30米,经查系管理不善造成。保管员张浩然赔偿400元,其余做管理费用。

申请人:刘焕　　　　　　　　　　批准:夏海

图 1-121　盘盈盘亏处理报告

[**业务 65**]　12 月 31 日,因生产需要将财务部的台式电脑 1 移交给生产一部使用。(固定资产)相关单据如表 1-5 所示。

业务 65

表 1-5　固定资产交接单

2022 年 12 月 31 日

移交单位	财务部	接受单位	生产一部
固定资产名称	台式电脑1	数量	1 台
原值	4 200 元	开始使用时间	2021 年 04 月 01 日
移交单位负责人	吴月	接受单位负责人	杨志亮

业务 66

[业务 66]　12 月 31 日,以"应发合计"为基数计算并分配工资,以"月缴费工资"为基数,计提社会保险费、设定提存计划、计提工会经费和职工教育经费,其中生产人员按工时比例分配。(门套工时 4 000 小时,门扇工时 3 000 小时,分配率保留 4 位小数)(工资管理)

业务 67

[业务 67]　计提本月无形资产摊销。(总账系统)相关单据如图 1-122 所示。

图 1-122　无形资产摊销计算表

业务 68

[业务 68]　计提本期坏账,按应收账款余额百分比法计提坏账准备,提取比例为 0.5%。(总账系统)

[业务 69]　12 月 31 日,计提累积带薪缺勤。本公司于 2019 年 12 月 1 日实行累积带薪缺勤制度,公司的管理人员可享受 5 个工作日带薪年休假,未行使的权利只能结转 1 年,超过 1 年未行使的权利将作废,职工离开公司时不会获得现金支付,按照后进先出法计算扣除年假的顺序。(工资管理、总账系统)2022 年职工考勤资料表如表 1-6 所示。

业务 69

表 1-6　2022 年职工考勤资料表　　　　　　　金额单位:元

姓名	部门	属性	标准日工资	本年已享受带薪缺勤天数(天)	未使用带薪缺勤天数(天)	累积带薪缺勤
夏海	企划部	管理人员	227.27	2	3	681.81
刘莹莹	企划部	管理人员	218.18	2	3	654.54

（续表）

姓名	部门	属性	标准日工资	本年已享受带薪缺勤天数(天)	未使用带薪缺勤天数(天)	累积带薪缺勤
吴月	财务部	管理人员	136.36	2	3	409.08
朱茜	财务部	管理人员	127.27	1	4	509.08
洪梅	财务部	管理人员	127.27	3	2	254.54
合计						2 509.05

[业务70]　12月31日,计提本月固定资产折旧费。(固定资产)

[业务71]　12月31日,归集并分配本月的制造费用。(按照工时比例进行分配,分配率保留4位小数)(总账系统)

业务70

业务71

[业务72]　12月31日,按约当产量法计算并结转门套和门扇的完工产品成本和月末在产品成本。原材料在开始生产时一次投入,月末在产品完工程度为50%,门套完工产品为5 000件,月末在产品为500件;门扇完工产品为5 000件,月末在产品为500件。(单位成本保留2位小数)(总账系统、核算管理)

业务72

[业务73]　12月31日,结转各产品销售成本。(采购管理、销售管理、库存管理、核算管理)

业务73

[业务74]　12月31日,计算本月应交增值税并结转本月未交增值税。(总账系统)

[业务75]　12月31日,计算本月应缴纳的城市维护建设税和教育费附加。(总账系统)

业务74

[业务76]　12月31日,结转损益类账户本期发生额,收入费用分开制单。(总账系统)

业务75

[业务77]　12月31日,无其他纳税调整事项,计算并结转本月应交所得税。(总账系统)

[业务78]　12月31日,将本年利润结转到"利润分配——未分配利润"账户。(总账系统)

业务76

[业务79]　12月31日,按税后利润的10%提取法定盈余公积,并结转。(总账系统)

12月31日,以"203洪梅"的身份进行出纳签字。

12月31日,以"201吴月"的身份将所有记账凭证进行审核并记账。

12月31日,以"201吴月"的身份将所有模块进行结账处理。

业务77

三、编制财务报表

12月31日,以会计主管"201吴月"的身份编制资产负债表、利润表和现金流量表。

业务78

四、编制银行存款余额调节表

12月31日,根据银行对账单(表1-7),以会计主管"201吴月"的身份编制银行存款余额调节表。

业务79

表 1-7 银行对账单

单位:阳光有限责任公司   单位:元

2022 年		结算方式		借方	√	贷方	√	余额
月	日	种类	号码					
12	1					贷		4 561 200.00
	1	9				300 000.00		
	1	9		200 000.00				
	1	201	21838997	2 000.00				
	2	202	77633101	111 700.00				
	5	9				24 860.00		
	6	3	57778663			30 500.00		
	7	9				3 108 000.00		
	7	9		23 600.00				
	9	9		3 731 260.00				
	9	9		91 067.00				
	9	9		990 000.00				
	9	9		118 800.00				
	9	9		6 800.00				
	9	9		45 143.00				
	9	202	60139066	30 240.00				
	9	9		2 520.00				
	9	202	14105770	106 000.00				
	13	202	60809751	339 000.00				
	13	9				5 600 000.00		
	15	9				3 390.00		
	20	9				1 000.00		
	20	202	36605237	3 180.00				
	22	202	98070027	5 300.00				
	23	9				40 000.00		
	24	202	93653738	5 085.00				
	28	202	54414527	45 200.00				
	30	9				3 164 000.00		

（续表）

2022 年		结算方式		借方	√	贷方	√	余额
月	日	种类	号码					
	30	9				3 140 797.33		
	31	9		5 500.00				
	31	9		5 650.00				
	31							14 105 702.33

拓展阅读

从十四五规
划看数字化
转型(上)

从十四五规
划看数字化
转型(下)

项目二 系统管理

项目概述

　　系统管理是用友畅捷通 T3 软件的重要组成部分,是系统正常运行的基础,它的主要功能是对用友畅捷通 T3 软件的各个模块进行统一的操作管理和数据维护,具体包括账套管理、数据维护、财务分工、系统安全管理等功能。系统管理的使用者主要包括系统管理员(admin)和账套主管等。

学习目标

1. 了解用友畅捷通 T3 软件系统管理的功能
2. 掌握账套管理、财务分工的基本设置方法
3. 熟练进行账套的建立、备份和恢复的操作
4. 能够熟练增加操作员并完成给操作员赋权的操作

学习要点

1. 建立账套
2. 账套的备份及恢复操作
3. 增加系统操作员以及操作员权限设置

任务一　　系统管理概述

一、系统管理的主要功能

系统管理主要有以下功能:

(1) 账套管理:包括建立账套、修改账套、删除账套、启用系统、对账套数据进行备份(输出)和恢复(引入)。

(2) 操作员及其权限的统一集中管理:设立统一的安全管理机制,包括增加操作员和设置操作员权限。

(3) 年度账管理:包括年度账的建立、备份、恢复、清空年度数据和结转上年数据。一个账套中包含了企业所有的数据,把企业数据按年度进行划分,称为年度账。年度账可以作为系统操作的基本单位,因此,设置年度账主要是考虑到管理上的方便性。

（4）数据备份与管理:允许设置自动备份计划,系统根据这些设置,定期进行自动备份处理,实现账套的自动备份,支持账套备份、年度账备份和增量备份等多种备份方式。

（5）系统任务管理:包括查看当前运行任务、清除指定任务、清除单据锁定、清除系统运行过程中的异常任务、查看上机日志等。

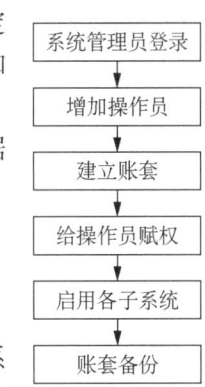

图 2-1　建立账套流程

二、账套管理

1. 建立账套

企业第一次使用用友畅捷通 T3 软件系统（以下简称 T3 系统或系统）时,需要建立企业账套作为企业日常业务运行的平台。建立账套时,需以系统管理员（admin）的身份建立。建立账套流程如图 2-1 所示。

【拓展提示】

系统管理员可以修改、删除账套,为了保证系统的安全性,系统管理员必须设定密码,在"登录"对话框中录入用户名"admin"后,选中[改密码]按钮,打开"设置操作员口令"对话框,在"新密码"和"确认密码"的输入区中输入密码,最后单击[确定]按钮返回。

2. 修改账套

账套建立完成后,在未使用相关信息的基础上,可以根据业务需要,对某些已设定的内容进行调整。如果需要修改账套,则应由账套主管登录系统管理,选择[账套]→[修改]命令,即可对部分账套参数进行修改。

【拓展提示】

（1）只有账套主管才有权限修改本单位账套。

（2）编码方案、数据精度、系统启用项目可以由账套主管在"系统管理|账套|修改账套"中进行修改。以上项目一经在基础档案、日常单据中使用,不能再修改。

（3）账套中部分参数,比如账套编号、账套路径、启用日期、本币代码、科目预制语言、账套主管等信息一经设置不能修改,如果这些参数发生错误,只能删除此账套再重新建立账套。

3. 账套的备份、删除与恢复

1）账套备份

账套备份是将系统产生的数据备份到硬盘或其他存储介质上。它的作用主要体现在以下两个方面:一是保证数据安全;二是解决集团公司数据合并问题。

2）删除账套

如果企业初始建账时产生很多数据错误或者在某些情况下无法再保留企业账套,可以将账套删除。

删除账套会依次将该账套下的所有数据彻底删除,因此执行该操作时应格外慎重。为确保数据安全,系统一般在执行账套删除操作前进行强制备份,并且该操作权限只授予系统管理员。

3)账套恢复

账套备份输出的账套数据,必须通过恢复账套功能引入系统才能使用,因此,账套恢复是账套备份的对应操作。

4)系统启用

系统启用是指设定各个子系统开始使用的日期,只有系统启用后才能登录各子系统进行相应的业务及账务处理。

三、系统管理员与账套主管

系统管理员负责整个系统的总体控制和数据维护工作,管理该系统中所有的账套,主要包括账套的建立、引入和输出;增加操作员;操作员权限设置;指定账套主管;设置和修改用户的密码及权限等。

账套主管负责所选账套的维护工作,主要包括对所选账套参数进行修改、对年度账进行管理(包括年度账的建立、清空、引入、输出和结转上年数据),以及对该账套操作员权限进行设置。

 【拓展提示】

(1)系统管理员和该账套的账套主管都有权进行操作员权限设置,但两者的权限又有所区别。系统管理员可以指定某账套的账套主管,还可以对各个账套的操作员进行权限设置,而账套主管只能对所管辖的账套进行操作员权限设置。

(2)一个账套可以设定多个账套主管,一个操作员也可以担任多个账套的账套主管。

(3)账套主管仅拥有该账套的所有权限。

四、操作员及其权限管理

1. 操作员管理

操作员是指有权登录系统并对系统进行操作的人。操作员每次登录 T3 系统,都要进行操作员身份的合法性检查。

1)增加操作员

只有系统管理员才有权限增加操作员。增加操作员时,必须明确操作员的相关特征信息,包括编号、姓名、口令、确认口令、所属部门。

 【拓展提示】

(1)操作员编号在系统中必须唯一,即使是不同的账套,操作员编号也不能重复。

(2)设置的操作员一旦被引用,就不能被修改和删除。

(3)如果存在两个名字完全一样的操作员,就需要加特殊标记加以区别。

2）修改或删除操作员

操作员设置完成时，可以对其姓名及口令进行更改，一旦操作员使用此身份登录过系统，就不能被删除，只能注销。

2. 权限管理

根据企业内部控制的要求，系统操作员要有严格的岗位分工，不能越权操作。权限设置，就是对允许登录系统的操作员规定操作权限，严禁越权操作行为的发生。

五、年度账管理

1. 建立年度账

新年度到来时，企业应建立新年度核算体系，即建立年度账，再进行与年度账相关的其他操作。

2. 年度账的备份和恢复

年度账操作中的备份和恢复与账套管理中的备份和恢复都是对数据的备份和恢复。但两者的数据范围不同，年度账操作中备份和恢复的不是整个账套的全部数据，而是针对账套中的某一年度的数据。为了区分两种不同类型的备份文件，系统会用特定的文件名或扩展名来进行标识。

3. 清空年度数据

如果年度账中错误太多，或者企业不希望将上年度的余额或其他信息全部转到下一年度，则可使用清空年度数据的功能。清空并不是将年度账的数据全部删除，而是会保留一些信息，如账套基础信息、系统预置的科目、报表等。

4. 结转上年数据

一般情况下，企业是持续经营的，因此企业的会计工作是一个连续性的工作。每到年末，启用新年度账时，需要将上年度相关账户的余额和其他信息结转到新年度账中。

任务二　企业账套

【实训内容】

一、增加系统操作员

系统管理员（admin）增加系统操作员，具体资料如表 2-1 所示。

表 2-1　操作员资料

编码	职　务	姓名
201	会计主管	吴月
202	会计	朱茜
203	出纳	洪梅

二、创建账套

【实训内容】

系统管理员(admin)建立企业账套同时启用系统,相关资料如下:

(1) 账套编码:768

(2) 账套名称:武汉阳光有限责任公司

(3) 简称:阳光公司

(4) 地址:武汉市汉阳区龙阳路 11 号

(5) 法人代表:夏海

(6) 电话及传真:027-86894588

(7) 邮政编码:430000

(8) 纳税人识别号:91420112784675334C

(9) 基础信息:该企业无外币核算,进行经济业务处理时,需对存货进行分类;不需对供应商、客户进行分类

(10) 编码规则:科目编码 4-2-2-2-2;存货分类编码 1-2-2;货位编码 1-2-2;结算方式编码 1-2;部门编码 1-2-2;收发类别编码 1-1-2

(11) 数据精度:单价和数量的小数位均为 2 位

(12) 启用系统:总账、固定资产、核算、购销存、工资

(13) 启用日期:2022 年 12 月 1 日

【实训指导】

1. 增加系统操作员

(1) 双击"系统管理"图标,以系统管理员(admin)的身份登录系统。

(2) 选择[权限]→[操作员]命令,打开"操作员管理"窗口。

(3) 单击[增加]按钮,打开"增加操作员"窗口,输入编号为"201",姓名为"吴月",口令设置为空。以此方法依次增加其他操作员的资料。操作结果如图 2-2 所示。

增加系统
操作员

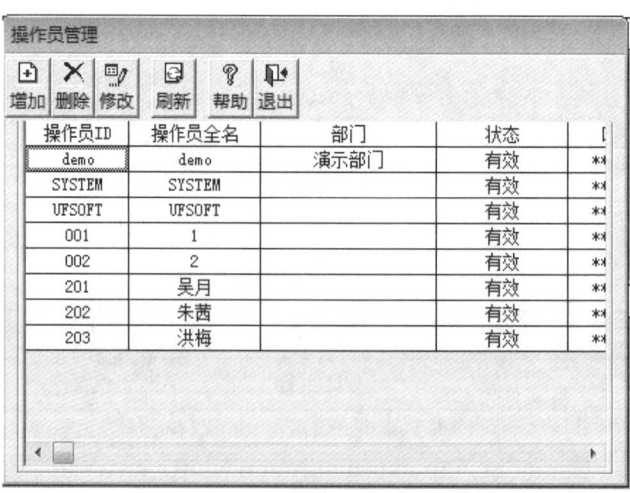

图 2-2 "操作员管理"窗口

【拓展提示】

（1）系统管理员可以为用户设置初始口令，为保密需要，每个用户的口令应由自己在进入企业应用平台后进行修改。

（2）如果操作员调离企业或者岗位变动，不再使用软件，可以通过"修改"功能注销操作员。

2. 建立企业账套

（1）以系统管理员（admin）的身份登录系统，选择［账套］→［建立］命令，打开"创建账套—账套信息"窗口，输入账套号、账套名称、账套路径和启用会计期等信息。

建立企业账套

（2）单击［下一步］按钮，打开"创建账套—单位信息"窗口，输入单位相关信息，操作结果如图 2-3 所示。

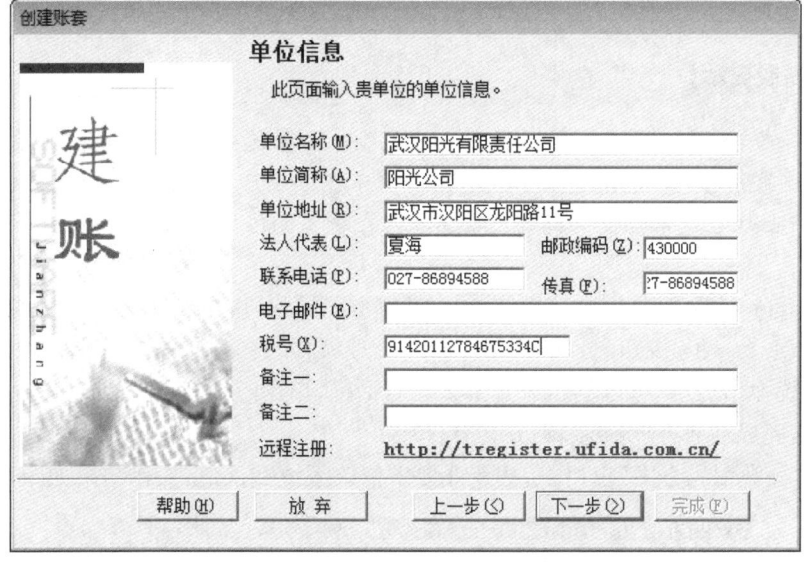

图 2-3 "创建账套"窗口

【拓展提示】

（1）软件支持多个账套，本教材所用的演示版软件最多能建立 999 个账套，账套号不能重复。

（2）账套路径为系统存放当前账套信息的路径，可以修改。

（3）启用会计期为系统启用的日期，也是使用用友畅捷通 T3 软件处理企业业务的开始日期。

（3）单击［下一步］按钮，打开"创建账套—核算类型"窗口，输入企业的核算类型，并选择账套主管为"［201］吴月"，操作结果如图 2-4 所示。

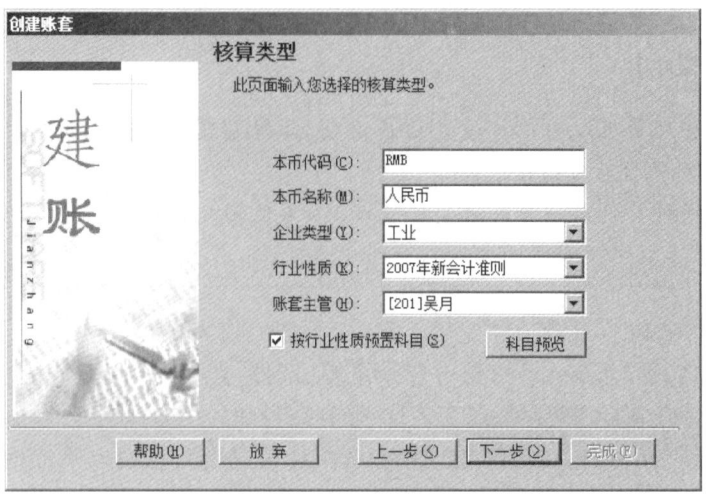

图 2-4 "创建账套"窗口

【拓展提示】

（1）系统支持"工业"和"商业"两种企业类型。如果选择"工业"类型，则系统不能处理受托代销业务；如果选择"商业"类型，则系统不能办理产成品入库和材料领用业务。

（2）行业性质是系统提供科目及报表等基础数据的依据。

（4）单击[下一步]按钮，打开"创建账套—基础信息"窗口，勾选"存货是否分类"复选框。

（5）单击[下一步]按钮，打开"创建账套—业务流程"窗口，采用系统默认设置，单击[完成]按钮，系统弹出提示"可以创建账套了么?"对话框，单击[是]按钮。系统按输入信息建立账套数据库，完成后打开"分类编码方案"窗口。

（6）在"分类编码方案"窗口中，按企业要求修改系统默认值，操作结果如图 2-5 所示。

项目	最大级数	最大长度	单级最大长度	是否分类	第1级	第2级	第3级	第4级	第5级	第6级	第7级	第8级	第9级
科目编码级次	9	15	9	是	4	2	2	2	2				
客户分类编码级次	5	12	9	否	2								
部门编码级次	5	12	9	是	1	2	2						
地区分类编码级次	5	12	9	是	2	3	4						
存货分类编码级次	8	12	9	是	1	2	2						
货位编码级次	8	20	9	是	1	2	2						
收发类别编码级次	3	5	5	是	1	1	2						
结算方式编码级次	2	3	3	是	1	2							
供应商分类编码级次	5	12	9	否	2								

说明：背景色为灰色的，用户不能调整。

图 2-5 "分类编码方案"窗口

【拓展提示】

(1) 编码方案确定了录入基础档案的编码方式,需要认真考虑后再录入。

(2) 编码方案录入完成后,单击[确认]按钮,再单击[取消]按钮,方可进入[数据精度]界面。

(7) 单击[确认]按钮,打开"数据精度定义"窗口,采用系统默认设置。

(8) 单击[确认]按钮,系统弹出提示"创建账套'武汉阳光有限责任公司:[768]成功'"对话框。单击[确认]按钮,系统弹出提示"是否立即启用账套"对话框,单击[是]按钮,打开"系统启用"窗口。

(9) 按企业要求启用总账、固定资产、核算、购销存管理、工资管理等模块,启用日期设为 2022 年 12 月,操作结果如图 2-6 所示。

图 2-6 "系统启用"窗口

任务三　设置操作员权限

【实训内容】

系统管理员(admin)设置操作员权限,相关资料如表 2-2 所示。

表 2-2　操作员权限信息

编码	职务	姓名	权限
201	会计主管	吴月	具有账套全部权限
202	会计	朱茜	总账、固定资产、工资、报表、往来、应收、应付、核算、公用目录设置、采购管理、销售管理、库存管理
203	出纳	洪梅	总账（出纳签字）、现金管理

设置操作员
权限

【实训指导】

（1）以系统管理员（admin）的身份登录管理系统，选择［权限］→［权限］命令，打开"操作员权限"窗口，在账套下拉列表中选择"［768］武汉阳光有限责任公司"选项。

（2）在操作员列表框中选择"201 吴月"，勾选"账套主管"复选框，则吴月拥有该账套的所有权限。

（3）在操作员列表框中选择"202 朱茜"，单击［增加］按钮，按实训资料赋予相关权限，如图 2-7 所示。

（4）以此方法设置"203 洪梅"相关权限。

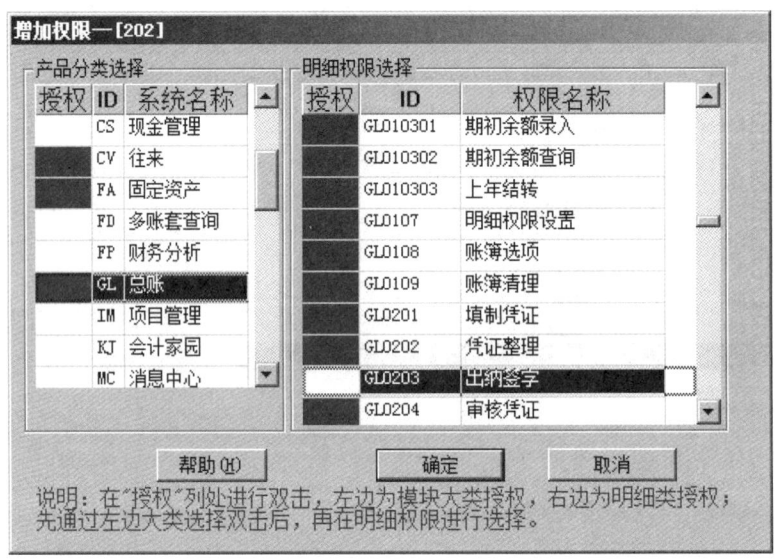

图 2-7　"增加权限—［202］"窗口

任务四　账套的备份与恢复

【实训内容】

一、账套备份

在电脑 E 盘中新建文件夹，命名为"阳光公司系统管理备份 20221201"，将 T3 系统中的武汉阳光有限责任公司账套数据备份到此文件夹中。

二、账套恢复

将 E 盘文件夹"阳光公司系统管理备份 20221201"中的备份账套数据,恢复到 T3 系统中。

【实训指导】

1. 备份账套

(1) 在电脑 E 盘中新建"阳光公司系统管理备份 20221201"的文件夹。

(2) 以系统管理员(admin)的身份登录系统,选择"账套"→"备份"命令,打开"账套输出"对话框。

(3) 从"账套号"下拉列表框中选择要备份的账套"[768]武汉阳光有限责任公司",单击[确认]按钮。

(4) 系统对所要备份的账套数据进行压缩处理,稍后系统压缩完成,打开"选择备份目标"对话框。选择存放账套备份数据的文件夹为"E:\阳光公司系统管理备份 20221201",单击[确认]按钮,系统弹出"硬盘备份完毕!"提示框,如图 2-8 所示。

图 2-8 "硬盘备份完毕!"提示框

2. 恢复账套

(1) 以系统管理员(admin)的身份登录系统,选择[账套]→"恢复"命令,打开"恢复账套数据"对话框。

(2) 选择指定路径下的 UF2kAct. Lst 文件,单击[打开]按钮,系统弹出"此项操作将覆盖[768]账套当前所有的信息,继续吗?"信息提示框。

(3) 单击[是]按钮,系统进行账套数据的恢复,完成后提示"账套[768]恢复成功!",如图 2-9 所示,单击[确定]按钮返回。

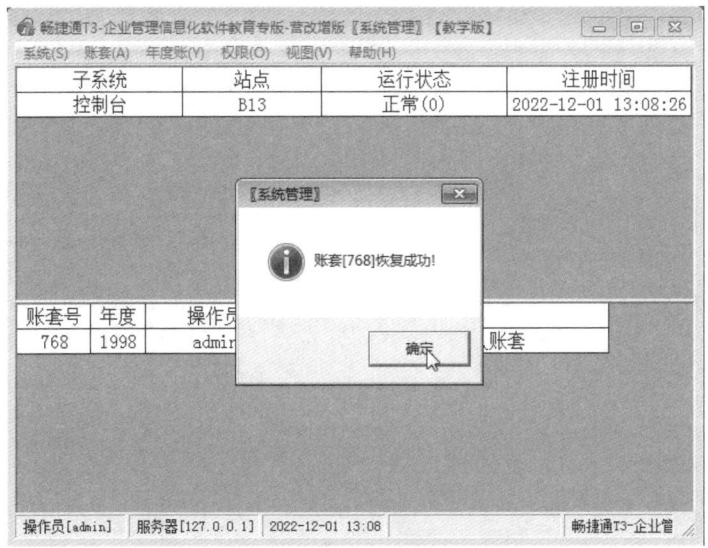

图 2-9 "账套[768]恢复成功"提示框

拓展阅读

2024 年影响中国会计行业的
十大信息技术评选结果发布会综述

项目三 基础档案设置

项目概述

用友畅捷通 T3 软件为各系统的运行提供基础数据管理平台,用于对整个系统的公共任务进行统一维护和管理,如基础档案、单据设置、参数设置、会计科目设置以及结算方式设置等内容。

学习目标

1. 了解用友畅捷通 T3 软件基础档案设置的主要内容
2. 掌握基础档案设置的方法
3. 掌握设置会计科目开展辅助核算的方法
4. 理解信息标准化处理的意义,树立规则意识和规范化管理意识

学习要点

1. 基础档案的设置
2. 会计科目辅助核算的设置
3. 基础档案整理的基本方法

任务一 基础档案设置概述

一、基础档案整理

基础档案是系统日常业务处理必须具备的基础数据资料,是系统运行的基石。一个账套总是由若干个子系统构成,这些子系统共享公用的基础档案信息,可以在"T3 主窗口│基础设置"中设置各系统运行所需要的基础档案信息。

录入基础档案要遵循"增加—输入信息—保存"的操作步骤。如果录入的档案需要定义类别,则要先录入分类,再录入档案。在录入档案编码时,须遵循制定的编码规则。

从实现业务财务一体化管理需求出发,需要整理的基础档案如表 3-1 所示。

表 3-1　基础档案整理

基础档案分类	基础档案目录	档案用途	前提条件
机构设置	部门档案	设置与企业财务核算与管理有关的部门	先设置部门编码方案
	职员档案	设置企业职工信息	先设置部门档案
往来单位设置	客户分类	便于进行业务数据的统计、分析	先确定对客户的分类,然后再确定编码方案
	客户档案	便于进行客户管理和业务数据的输入、统计、分析	先建立客户分类档案
	供应商分类	便于进行业务数据的统计、分析	先确定对供应商的分类,然后再确定编码方案
	供应商档案	便于进行供应商管理和业务数据的输入、统计、分析	先建立供应商分类档案
	地区分类	针对客户/供应商所属地区进行分类,便于进行业务数据的统计、分析	
存货设置	存货分类	便于进行企业存货的输入、统计、分析	先确定对存货的分类,然后再确定编码方案
	存货档案	便于存货核算、统计、分析和实物管理	先确定对存货的分类,然后再确定编码方案

二、机构及人员设置

1. 部门档案设置

这里的"部门"是指与企业财务核算或业务管理相关的职能单位,不一定与企业设置的现存部门——对应。

【拓展提示】

(1) 部门是企业下辖的分别进行财务核算或业务管理要求的单元体,可以是实际中的部门机构,也可以是虚拟的核算单元。

(2) 在录入部门档案时,由于尚未录入"职员档案",所以部门档案中的"负责人"信息此时不能录入。待设置完"职员档案"后,再回到"部门档案"中以"修改"的方式补充设置"负责人"并保存。

(3) 如果部门中有在职人员和未注销的业务员,则该部门不能被撤销。部门撤销时,系统提供人员批量转移的功能。如果不想使用批量转移,可以在人员档案中将人员或业务员手工调整至行政部门或业务部门。

---

2. 职员档案设置

这里的"职员"是指参与业务活动的企业员工。在制作人员工资时,可以将职员档案复制到工资档案中,并进行相关修改。工资人员档案的具体操作详见项目五。

【拓展提示】

（1）录入职员档案时，必须先设置部门档案；职员编码必须唯一，可以和企业人力资源部门设定的人员编码保持一致。

（2）如果增加的人员档案，同时为 T3 系统的操作人员，可以勾选"是否操作员"选项。

（3）人员档案仅录入企业里和财务发生业务往来的人员，如果启用了工资管理模块，则录入需核算工资、考勤的人员信息。

三、往来单位设置

1. 地区分类

如果企业需要对客户或供应商按地区进行统计，应该建立地区分类。

2. 客户分类

当企业的往来客户较多时，可以按照某种分类标准对客户进行分类管理，以便分类汇总统计。客户档案必须建立在最末级客户分类之下。

3. 客户档案

客户是企业的重要资源，在建立计算机管理系统时，需要全面整理客户资料并输入系统，以便有效地管理客户、服务客户。

客户档案按客户信息类别分别在"基本""联系""信用""其他"四个选项卡中存放。

4. 供应商分类

当企业的往来供应商较多时，可以按照某种分类标准对供应商进行分类管理，以便分类汇总统计。

5. 供应商档案

与客户档案相似，供应商档案也包含了与业务处理环节相关的大量信息，分别在"基本""联系""信用""其他"四个选项卡中存放。

【拓展提示】

企业可以根据自身管理的需要对客户进行分类管理，可将客户按行业、地区、产品类别、考核机制等进行划分，以便按类别进行统计分析。

四、存货设置

T3 系统中处理存货业务有两种方法：一是在会计科目"库存商品""主营业务收入""主营业务成本"等科目下设置明细存货科目，通过直接填制记账凭证的方式来处理存货的出入库业务；二是启用购销存管理系统，建立明细的存货档案，通过各种出入库单据来处理出入库业务，这些出入库业务会自动生成记账凭证传递到总账。

如果只启用了总账等财务模块，则不需要设置存货分类、计量单位、存货档案等信息；如果启用了购销存管理系统,则需要在基础档案中进行相应的设置。本教材中启用了购销存管理系统,因此存货基础设置在购销存管理系统初始化中进行设置。

任务二　部门档案设置

【实训内容】

账套主管(201)吴月设置部门档案,相关资料如表 3-2 所示。

表 3-2　部门档案资料

部门编码	部门名称	部门编码	部门名称
1	企划部	5	生产部
2	财务部	501	生产一部
3	采购部	502	生产二部
4	销售部		

【实训指导】

建立企业
部门档案

(1) 以账套主管(201)吴月的身份登录系统,建立企业部门档案。

(2) 选择[基础设置]→[机构设置]→[部门档案]命令,打开"部门档案"窗口。

(3) 单击[增加]按钮,输入部门编码、部门名称后,单击[保存]按钮。操作结果如图 3-1 所示。

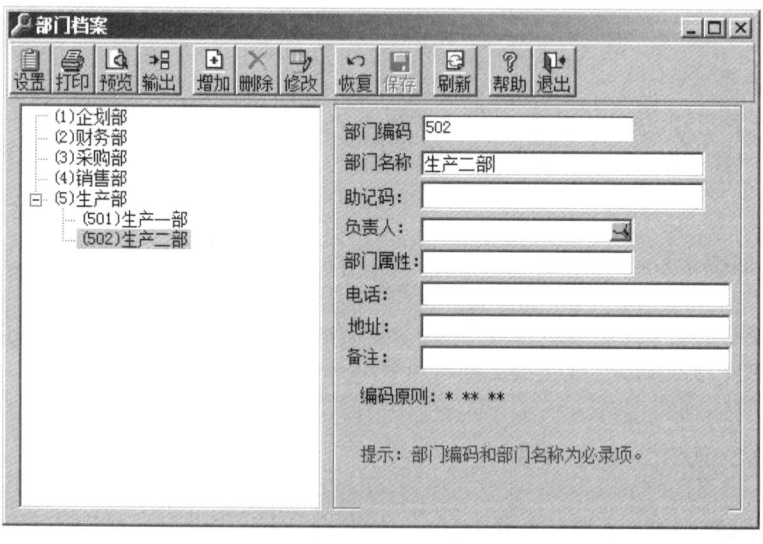

图 3-1　"部门档案"窗口

任务三　人员档案设置

【实训内容】

账套主管(201)吴月设置职员档案,相关资料如表 3-3 所示。

表 3-3　职员档案资料

人员编码	姓名	所在部门
101	夏海	企划部
102	刘莹莹	企划部
201	吴月	财务部
202	朱茜	财务部
203	洪梅	财务部
301	雪芬	采购部
302	朱伟杰	采购部
401	钱蓉	销售部
402	陈雨桐	销售部
501	杨志亮	生产一部
502	苏摩	生产二部
503	林沙	生产一部
504	吴小琴	生产一部
505	阿潘	生产一部
506	于祥	生产一部
507	杨达	生产一部
508	周帅帅	生产二部
509	邓思	生产二部
510	董晓敏	生产二部
511	李颖慧	生产二部

【实训指导】

(1) 以账套主管(201)吴月的身份登录系统,输入企业职员档案。

(2) 选择[基础设置]→[机构设置]→[职员档案]命令,打开"职员档案"窗口。

(3) 单击[增加]按钮,输入职员信息,操作结果如图 3-2 所示。

输入企业
职员档案

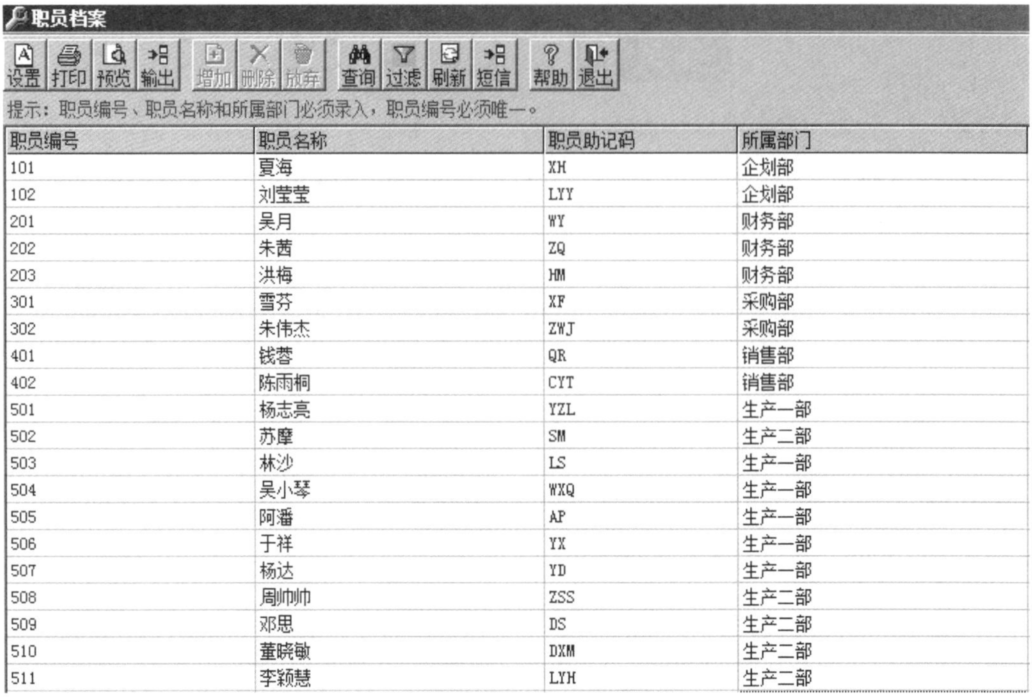

职员编号	职员名称	职员助记码	所属部门
101	夏海	XH	企划部
102	刘莹莹	LYY	企划部
201	吴月	WY	财务部
202	朱茜	ZQ	财务部
203	洪梅	HM	财务部
301	雪芬	XF	采购部
302	朱伟杰	ZWJ	采购部
401	钱蓉	QR	销售部
402	陈雨桐	CYT	销售部
501	杨志亮	YZL	生产一部
502	苏摩	SM	生产二部
503	林沙	LS	生产一部
504	吴小琴	WXQ	生产一部
505	阿潘	AP	生产一部
506	于祥	YX	生产一部
507	杨达	YD	生产一部
508	周帅帅	ZSS	生产二部
509	邓思	DS	生产二部
510	董晓敏	DXM	生产二部
511	李颖慧	LYH	生产二部

图 3-2 “职员档案”窗口

任务四 设置客户、供应商档案

【实训内容】

一、设置客户档案

账套主管(201)吴月设置客户档案，相关资料如表 3-4 所示。

表 3-4 客户档案资料

客户编码	客户名称	客户简称	税号	开户银行	账号
001	方圆公司	方圆公司	914201119897202159	工商银行武汉华农分行	11015189234987
002	振兴公司	振兴公司	911349429839101258	工商银行北京中关村支行	22110003234197
003	华海公司	华海公司	914131425670085367	工商银行武汉新华路支行	22014678956756
004	伟达公司	伟达公司	914200324324293486	工商银行武汉洪山支行	10210499852895
005	蕙普公司	蕙普公司	914201001992553426	工商银行武汉列电新村分行	01081208501036
006	佳明公司	佳明公司	914201010152762789	工商银行武汉花桥支行	01087245630082
007	恒安公司	恒安公司	914201001080625852	工商银行武汉软件园分行	11410262833683

二、设置供应商档案

账套主管(201)吴月设置供应商档案,相关资料如表3-5所示。

表3-5 供应商档案资料

供应商编号	供应商名称	供应商简称	税号	开户银行	账号
001	华宇公司	华宇公司	914201011010853357	工商银行武汉华农分行	0105439821994
002	茂源公司	茂源公司	914201011084354153	工商银行武汉八一路支行	0438289432346
003	四维公司	四维公司	914201011010853759	工商银行武汉杨家湾支行	0105439821998
004	利达公司	利达公司	911201021108435614	工商银行北京建外大街支行	0438289432348
005	国网湖北电力	湖北电力	914201011062260611	工商银行武汉汉阳分行	0110520110387

【实训指导】

1. 输入客户档案

(1) 以账套主管(201)吴月的身份登录管理系统,选择[基础设置]→[往来单位]→[客户档案]命令,打开"客户档案"窗口。

(2) 根据相关资料填写客户(方圆公司)档案卡片,如图3-3所示。

(3) 以此方法,设置其他客户档案信息,操作结果如图3-4所示。

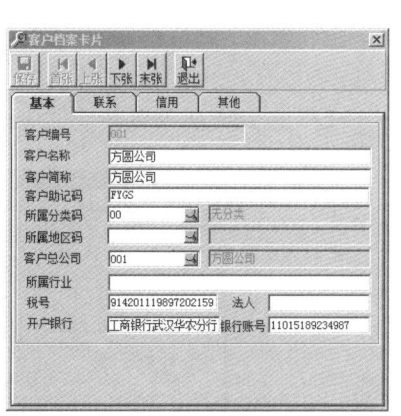

输入客户档案

图3-3 "客户档案卡片"窗口

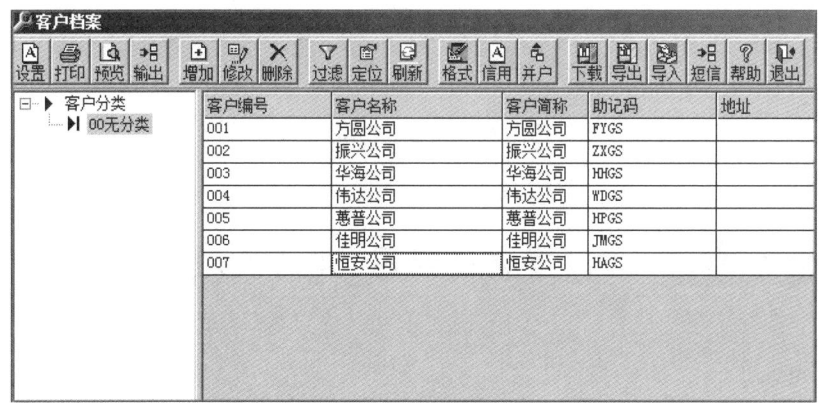

图3-4 "客户档案"窗口

输入供应商档案

2. 输入供应商档案

(1) 以账套主管(201)吴月的身份登录管理系统,选择[基础设置]→[往来单位]→[供应商档案]命令，打开"供应商档案"窗口。

（2）根据相关资料填写供应商（华宇公司）档案卡片，如图 3-5 所示。

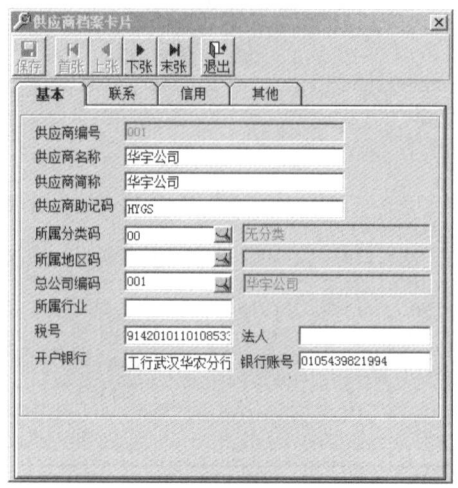

图 3-5 "供应商档案卡片"窗口

（3）以此方法设置其他供应商档案信息，操作结果如图 3-6 所示。

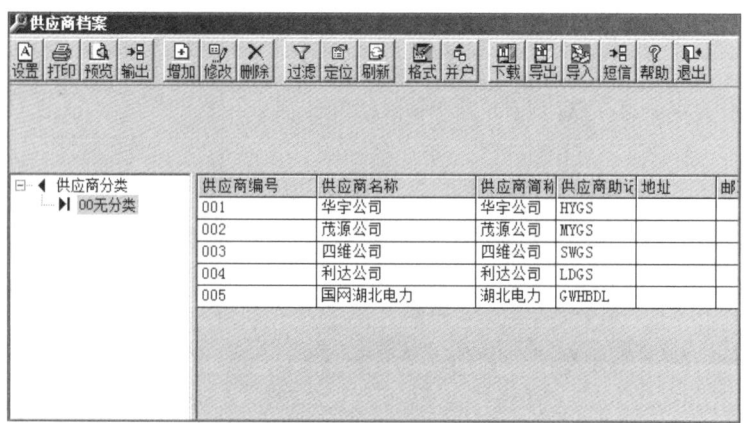

图 3-6 "供应商档案"窗口

任务五　设置会计科目、凭证类别和结算方式

【实训内容】

一、设置会计科目

账套主管（201）吴月利用增加、修改、删除等功能完成对会计科目的编辑。

二、指定会计科目

账套主管(201)吴月指定"库存现金"科目为现金总账科目,指定"银行存款"科目为银行总账科目;指定"库存现金""银行存款""其他货币资金"下明细科目为现金流量科目。

三、设置凭证类别

账套主管(201)吴月设置凭证类别为记账凭证。

四、设置项目目录

账套主管(201)吴月设置项目目录,相关资料如表3-6所示。

表3-6 项目目录资料

项目大类	项目大类:产品	
项目分类		
核算科目	自制产成品	
项目	01 门套	02 门扇
1405 库存商品	是	
500101 直接材料	是	
500102 直接人工	是	
500103 制造费用	是	
500104 生产成本转出	是	
6001 主营业务收入	是	
6401 主营业务成本	是	

五、设置现金流量项目目录

账套主管(201)吴月设置现金流量项目目录,相关资料如表3-7所示。

表3-7 现金流量项目目录资料

项目大类	项目大类:现金流量项目 (一般企业新准则)
项目分类	
核算科目	账套预设
项目	账套预设
1001 库存现金	是
1002 银行存款	是
1012 其他货币资金	是
101201 存出投资款	是

(续表)

项目大类	项目大类:现金流量项目 (一般企业新准则)
项目分类	
核算科目	账套预设
项目	账套预设
101202 银行汇票存款	是
101203 银行承兑汇票保证金	是

六、设置结算方式

账套主管(201)吴月设置结算方式,相关资料如表 3-8 所示。

表 3-8 结算方式资料

结算方式编码	结算方式名称	票据管理
1	现金结算	否
2	支票结算	否
201	现金支票	是
202	转账支票	是
3	银行汇票	是
4	商业汇票	否
401	商业承兑汇票	是
402	银行承兑汇票	是
5	电汇	否
9	其他	否

七、设置付款条件

账套主管(201)吴月设置付款条件,相关资料如表 3-9 所示。

表 3-9 企业付款条件资料

付款条件编码	付款条件名称	信用天数 (天)	优惠天数 (天)1	优惠率%	优惠天数 (天)2	优惠率%
01	2/10、1/20、N/30	30	10	2	20	1

八、设置开户银行

账套主管(201)吴月设置开户银行,相关资料如表 3-10 所示。

表 3-10　企业开户银行资料

编号	银行账号	币种	开户银行
001	4058668123748719262	人民币	中国工商银行武汉汉阳支行

【实训指导】

1. 新增会计科目

（1）以账套主管（201）吴月的身份登录管理系统，选择［基础设置］→［财务］→［会计科目］命令，打开"会计科目"窗口。

（2）单击［增加］按钮，打开"会计科目_新增"窗口，输入科目编码为"101201"，科目中文名称为"存出投资款"，单击［确定］按钮，如图 3-7 所示。

（3）以此方法依次修改、增加其他相关会计科目。

新增会计科目

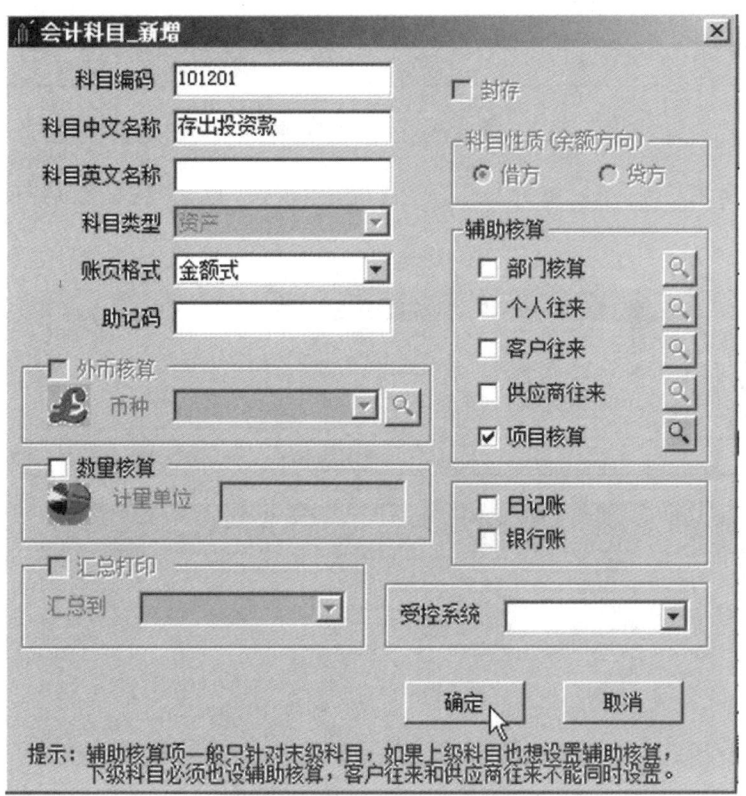

图 3-7　"会计科目_新增"窗口

2. 指定会计科目

单击［编辑］→［指定科目］命令，设置"库存现金"为现金总账科目，如图 3-8 所示；设置"银行存款"为银行总账科目；设置"库存现金""银行存款""其他货币资金"为现金流量科目。

指定会计科目

3. 设置凭证类别

（1）以账套主管（201）吴月的身份登录管理系统，选择［基础设置］→［财务］→［凭证类别］命令，打开"凭证类别"窗口。

设置凭证类别

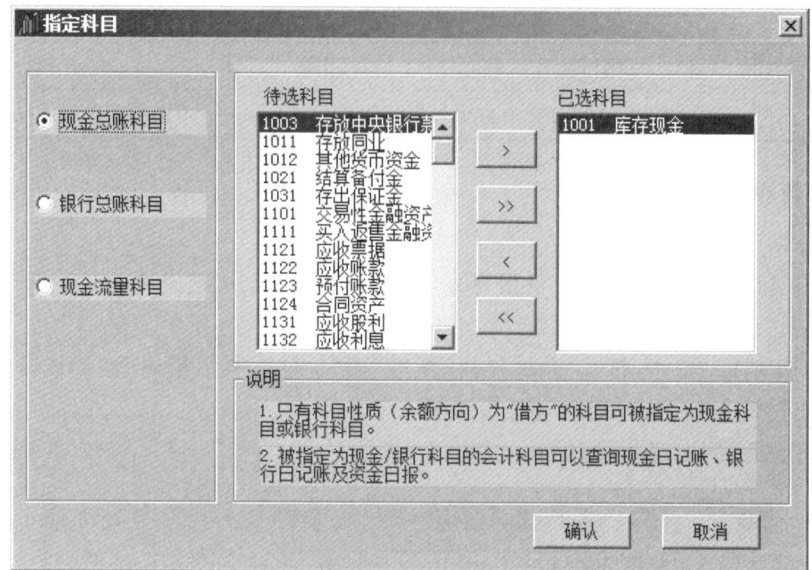

图 3-8　"指定科目"窗口

（2）选择分类方式为"记账凭证"，单击［确定］按钮，打开"凭证类别"窗口，如图 3-9所示。

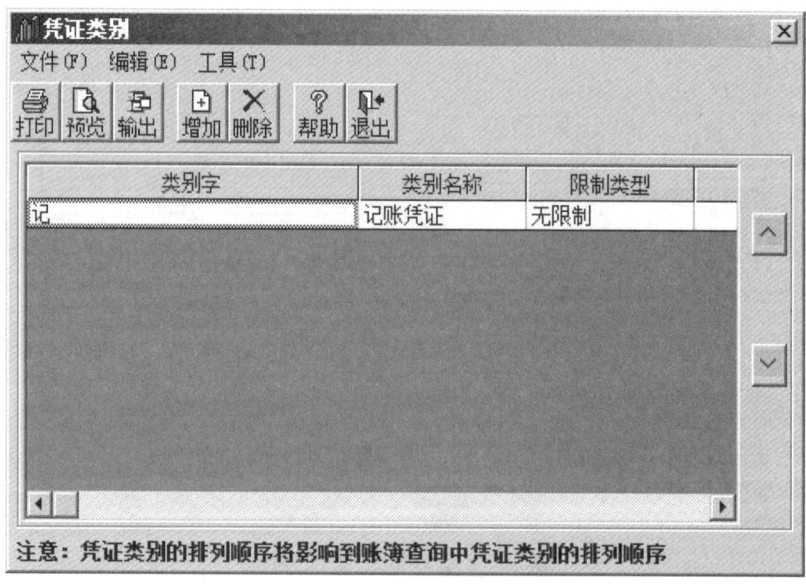

图 3-9　"凭证类别"窗口

设置项目
目录

4. 设置项目目录

（1）以账套主管（201）吴月的身份登录管理系统，选择［基础设置］→［财务］→［项目目录］命令，打开"项目档案"窗口。

（2）单击［增加］按钮，输入项目大类为"产品"，单击［下一步］→［下一步］→［完成］按钮。

（3）选择"核算科目"单选框，单击[∨]按钮，选择相关科目，操作结果如图 3-10 所示。

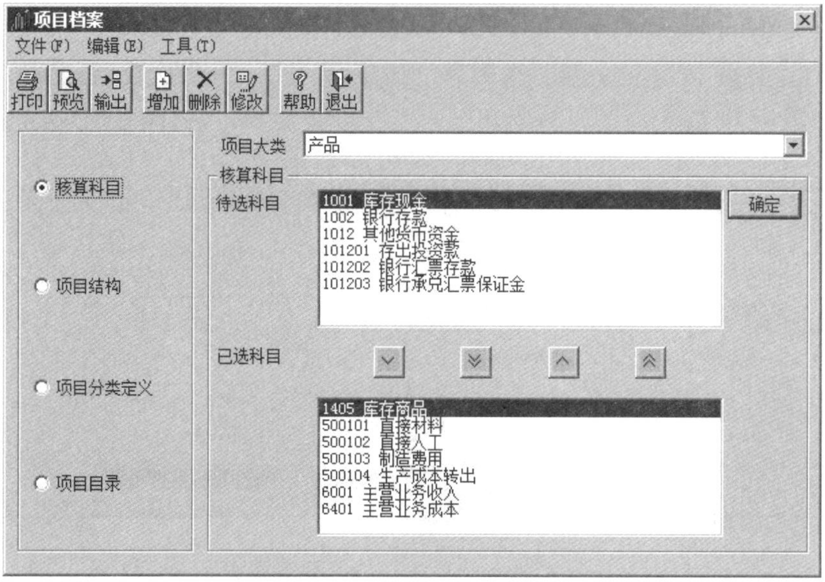

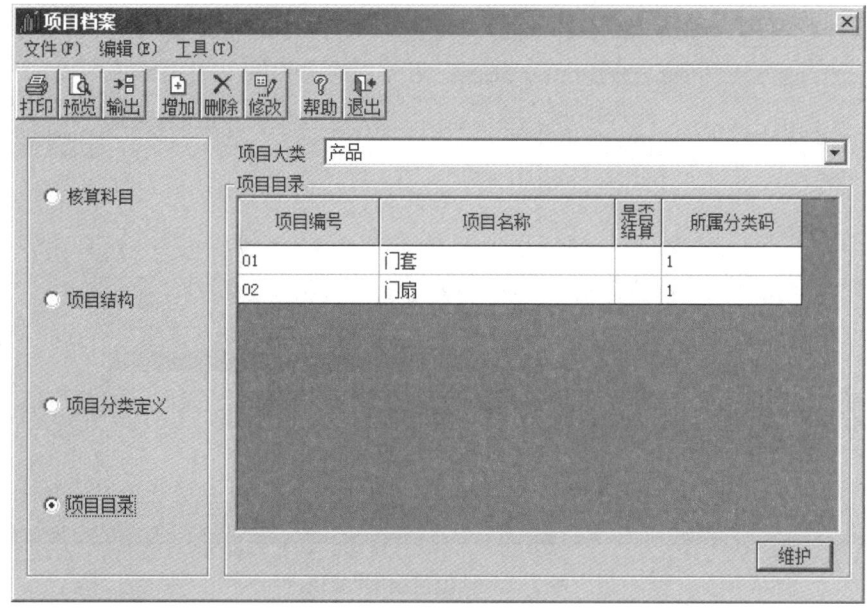

图 3-10 "项目档案"窗口

（4）选择"项目分类定义"单选框，输入分类编码为"1"，分类名称为"自制产成品"，单击[确定]按钮。

（5）选择"项目目录"单选框，单击右下[维护]按钮，打开"项目目录维护"窗口，单击[增加]按钮，输入项目编号为"01"；项目名称为"门套"，所属分类码为"1"。以此方法增加门扇项目，操作结果如图 3-11 所示。

图 3-11 "项目档案"窗口

5. 设置现金流量项目目录

（1）以账套主管（201）吴月的身份登录管理系统，选择［基础设置］→［财务］→［项目目录］命令，打开"项目档案"窗口。

（2）单击［增加］按钮，选择项目大类为"现金流量项目——一般企业（新准则）"，单击［完成］按钮，如图 3-12 所示。

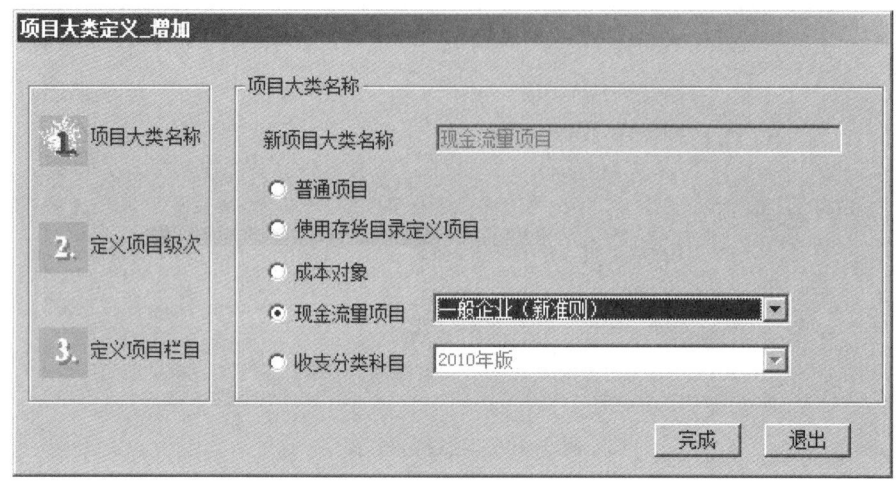

图 3-12　"项目大类定义_增加"窗口

（3）选择"核算科目"单选框，单击［⩗］按钮，选择相关科目，操作结果如图 3-13 所示。

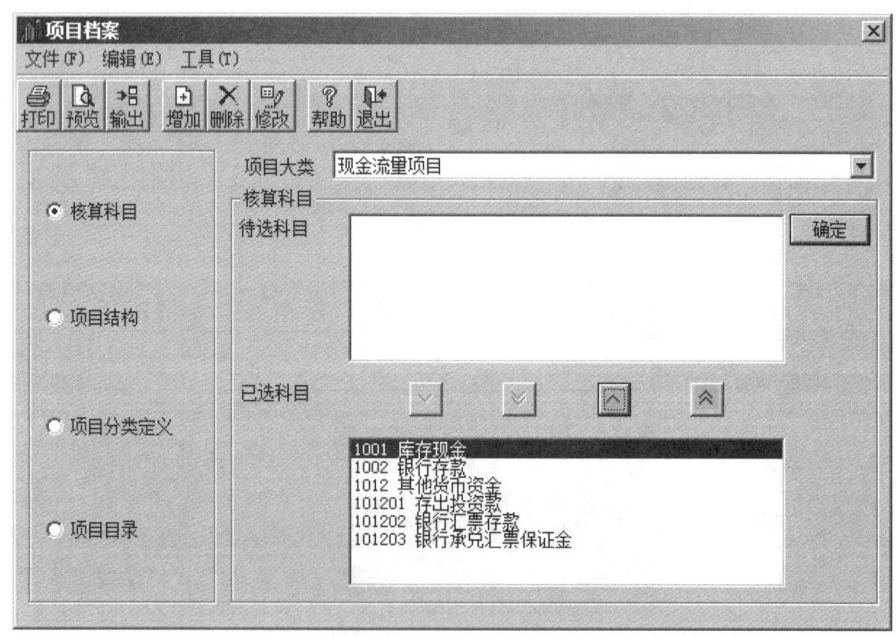

图 3-13　"项目档案"窗口

6. 设置结算方式

(1) 以账套主管(201)吴月的身份登录管理系统,选择[基础设置]→[收付结算]→[结算方式]命令,打开"结算方式"窗口。

(2) 单击[增加]按钮,输入类别编码为"1",类别名称为"现金结算",单击[保存]按钮。

(3) 以此方法依次输入其他结算方式,单击[保存]按钮,操作结果如图 3-14 所示。

设置结算方式

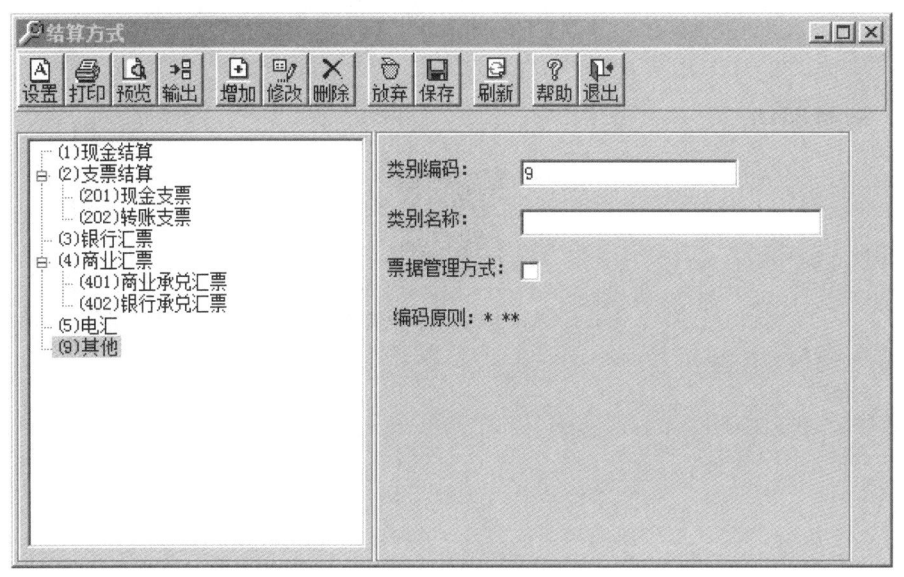

图 3-14 "结算方式"窗口

7. 设置付款条件

(1) 以账套主管(201)吴月的身份登录管理系统,选择[基础设置]→[收付结算]→[付款条件]命令,打开"付款条件"窗口。

(2) 单击[增加]按钮,输入付款条件编码为"01",信用天数为"30",优惠天数 1 为"10",优惠率 1 为"2",优惠天数 2 为"20",优惠率 2 为"1"。操作结果如图 3-15 所示。

设置付款条件

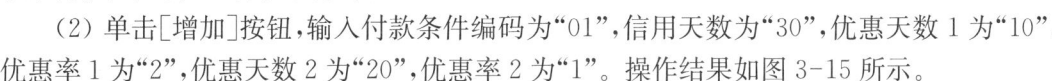

图 3-15 "付款条件"窗口

8. 设置开户银行

(1) 以账套主管(201)吴月的身份登录管理系统,选择[基础设置]→[收付结算]→[开户银行]命令,打开"开户银行"窗口。

(2) 单击[增加]按钮,输入编号为"001",开户银行为"中国工商银行武汉汉阳支行",银行账号为"4058668123748719262"。操作结果如图 3-16 所示。

设置开户银行

图 3-16　"开户银行"窗口

 拓展阅读

工业和信息化部关于印发
《推动企业上云实施指南
（2018—2020 年）》的通知

项目四　总账子系统初始化

项目概述

　　总账子系统初始设置是总账系统的基础工作,是由用户根据企业的需要建立适合本单位的账务应用环境。总账系统初始化包括总账参数设置、期初余额录入等。

学习目标

1. 了解总账子系统的主要功能和操作流程
2. 理解总账系统与其他子系统之间的相互关系
3. 理解总账、出纳、会计主管等不同岗位的职责与权限
4. 具备信息化环境下总账管理的基本能力,提升责任意识

学习要点

1. 总账参数设置
2. 为会计科目设置辅助核算和指定科目
3. 总账系统期初余额录入并试算平衡

任务一　总账子系统概述

一、总账子系统与其他子系统之间的关系

　　总账系统是财务管理软件的核心系统,适用于各行各业进行账务处理及管理工作,因此也称为账务处理系统。总账系统既可以独立运行,也可以与其他系统集成应用。

　　总账系统不仅可以直接输入记账凭证,而且可以接收来自各管理系统传递过来的凭证,进行总分类核算。它不仅汇集了一个单位全面的经济活动数据,进行处理并提供综合性和总括性的会计信息,还为会计报表和财务分析等系统提供有关数据和信息,以满足投资者、债权人、管理人员和政府部门等企业内外各方面对会计信息的需求,总账子系统与其他子系统的数据关系,如图 4-1 所示。

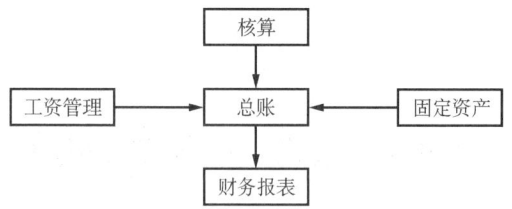

图 4-1 总账子系统和其他子系统之间的数据关联

二、总账子系统的操作流程

总账子系统的操作流程指示了正确使用总账子系统的操作顺序,有助于帮助企业实现快速应用。总账子系统的操作流程如图 4-2 所示。

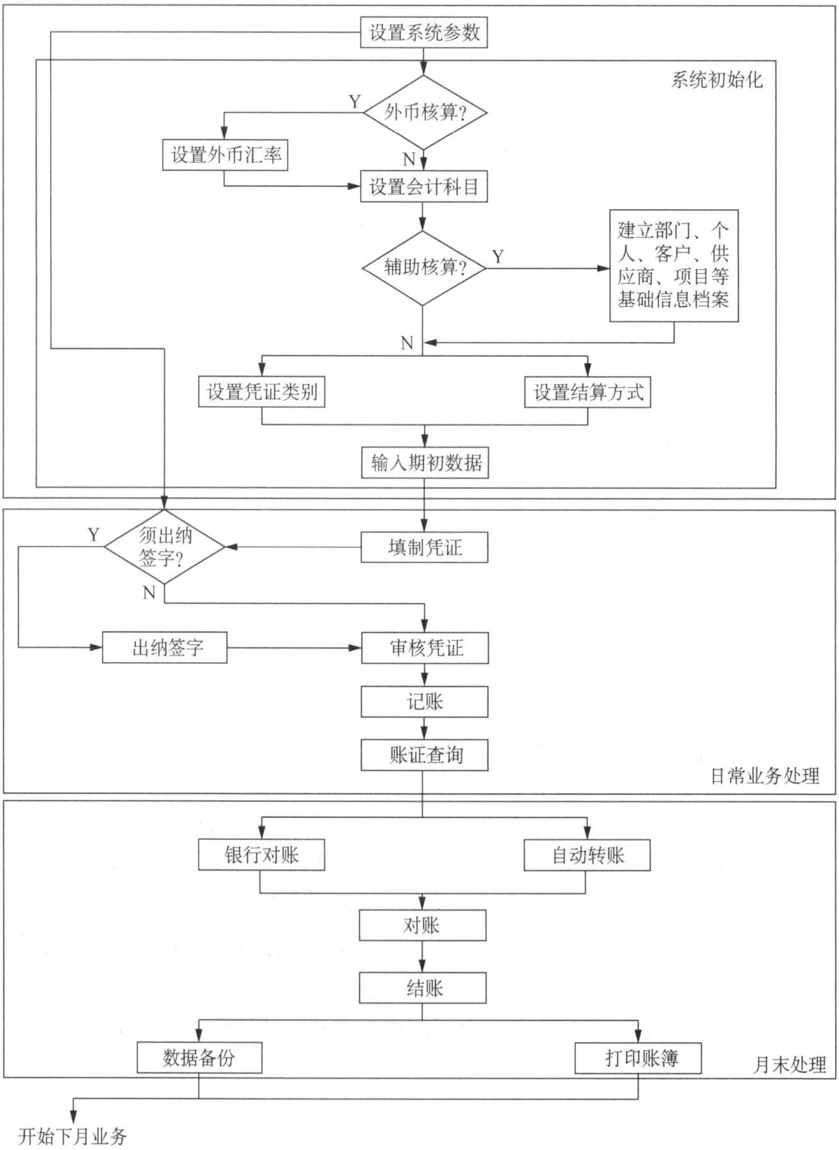

图 4-2 总账子系统的操作流程

三、总账子系统的主要功能

总账子系统的主要功能包括总账子系统初始化、凭证管理、现金管理、往来管理、项目管理、账簿管理和月末处理。

1. 总账子系统初始化

总账子系统初始化是由企业用户根据自身的行业特性和管理需求,将通用的总账子系统设置为适合企业自身特点的专用系统的过程。总账子系统初始化主要包括系统选项设置和期初数据输入两项内容。

2. 凭证管理

凭证是记录企业各项经济业务发生的载体,凭证管理是总账子系统的核心功能,主要包括填制凭证、出纳签字、审核凭证、记账查询、打印凭证等。

3. 现金管理

现金管理为出纳人员提供了一个集成办公环境,可完成现金日记账、银行存款日记账的查询和打印,随时提供最新资金日报表,进行银行对账并生成银行存款余额调节表。

4. 往来管理

往来管理主要是企业管理企业和客户、供应商之间的业务往来,包括设置客户、供应商档案和客户、供应商往来业务查询。

5. 项目管理

项目管理是总账子系统提供的特别功能,以方便企业按特定项目对象进行收入费用的归集。

6. 账簿管理

总账子系统提供了强大的账证查询功能,可以查询或打印总账、明细账、日记账、发生额余额表、多栏账、序时账等。总账子系统不仅可以查询到已记账凭证的数据,而且查询的账表中也可以包含未记账凭证的数据,从而可以轻松地实现总账、明细账、日记账和凭证的联查。

7. 月末处理

总账子系统月末处理主要包括自动转账凭证的定义、自动转账凭证的生成、对账和结账等内容。

 【拓展提示】

如果在总账子系统中设置了出纳凭证必须经由出纳签字,则在凭证处理流程中就必须经过出纳签字环节。出纳签字和凭证审核没有先后次序之分。

四、总账子系统初始化的内容

初始设置是每个子系统的基础工作,初始设置中的参数设置构建了子系统的应用环境,决定了软件的运行方向,也是将通用软件配置成企业个性化软件的过程。总账子系统的初始设置包括参数设置和期初余额录入。

1.参数设置

在总账系统中常见的参数设置包括制单控制、凭证控制、权限控制等。比如对于凭证控制,可以设置是否允许操作人员修改他人凭证、出纳凭证是否必须经过出纳签字、是否对资金及往来科目实行赤字提示、制单是否要序时控制等。

常用参数含义如下:

(1)制单序时控制:选择此项制单时,凭证编号必须按日期顺序排列。

(2)允许使用其他系统受控科目:如果科目为其他系统的受控科目,为了防止重复制单,总账系统制单时不能使用。如果希望在总账也能使用这些科目填制凭证,则应当勾选此项。

2.期初余额录入

在初次使用总账子系统时,需要将旧系统中各科目的期初余额及发生额等相关数据录入系统中。如果用户是在年初建账,则输入的期初余额就是年初余额,如果用户是在会计年度中期建账,则应输入建账月份的月初余额和月初到此时的各科目借、贷方累计发生额,系统自动计算出年初余额。

余额和累计发生额的录入要从最末级会计科目开始,上级科目的余额和累计发生额数据由系统自动计算。红字余额应输入"－"号,一般情况下,系统中资产类科目的余额方向为借方,负债类及所有者权益类科目的余额方向为贷方,对于备抵类科目如"坏账准备""累计折旧"等科目的余额方向,同类科目余额方向相反。

如果会计科目设有辅助核算,还应输入各辅助账的期初余额。

如果系统在启用总账系统时还启用了购销存管理子系统,可以在购销存子系统应收应付款管理中录入各客户、供应商的明细期初余额。在总账模块,通过"引入"功能将应收应付款的期初余额引入到总账期初余额中,以保持两者数据一致。

期初余额录入完毕后,用户应当进行试算平衡,以检查期初余额是否输入正确。如果试算报告提示有误,必须在更正错误后再进行后续工作。

任务二　总账参数设置

【实训内容】

账套主管(201)吴月设置总账系统控制参数,相关资料如表4-1所示。

表4-1　总账系统控制参数资料

选项卡	控制对象	参数设置
凭证	制单控制	制单序时控制 支票控制 资金及往来赤字控制 允许修改、作废他人填制的凭证 可以使用其他系统受控科目
	凭证控制	打印凭证页脚姓名 出纳凭证必须经由出纳签字

（续表）

选项卡	控制对象	参数设置
凭证	凭证编号方式	凭证编号方式采用系统编号
	外币核算	外币核算采用固定汇率
	预算控制	进行预算控制
账簿	打印位数宽度	账簿打印位数每页打印行数按软件的标准设定
	明细账打印方式	明细账打印按年排页
会计日历		会计日历为1月1日—12月31日
其他	排序方式	部门、个人、项目按编码方式排列

【实训指导】

以账套主管(201)吴月的身份登录管理系统，选择[总账]→[设置]→[选项]命令，打开"选项"窗口，根据资料要求依次勾选相关选项后，单击[确定]按钮。操作结果如图 4-3 所示。

设置总账
参数

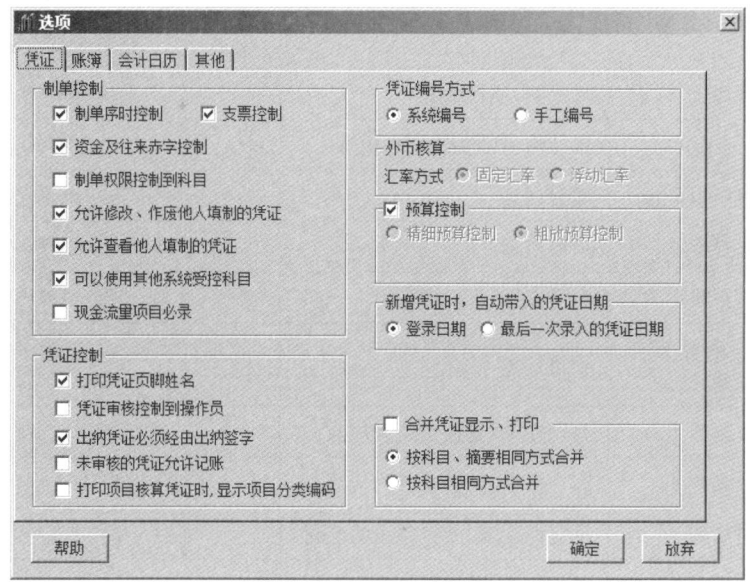

图 4-3　"选项"窗口

【拓展提示】

（1）在"凭证"页签，可以设置制单、查询、修改权限，可以设置凭证是否由出纳签字、是否由主管签字。

（2）在"其他"页签，可以设定部门、个人、项目、日记账、序时账的排序方式，便于快速查找所需数据。

（3）凭证、账簿打印的行数、页数、页面大小，可以在"凭证"和"账簿"页签中设置。

（4）如果在"指定科目"时指定了现金流量科目，可以通过勾选"凭证"页签中"现金流量项目必录"来生成现金流量表所需的数据。

（5）总账系统的参数设置将决定总账系统的输入控制、处理方式、数据流向、输出格式等，设定后一般不能随意修改。

任务三　期初余额录入

【实训内容】

账套主管(201)吴月录入总账系统期初余额，相关资料如表 4-2 至表 4-7 所示。

表 4-2　期初余额表

2022 年 12 月 1 日的期初余额　　　　　　　　　　　　　　金额单位:元

编码	账户名称	辅助核算/账页	币别/计量单位	期初余额	
				借方金额	贷方金额
1001	库存现金	日记账、项目核算		49 800.00	
1002	银行存款	银行账、日记账、项目核算		4 561 200.00	
1012	其他货币资金	项目核算		200 000.00	
101201	存出投资款	项目核算		200 000.00	
101202	银行汇票存款	项目核算			
101203	银行承兑汇票保证金	项目核算			
1121	应收票据	客户往来/受控系统为应收		2 712 000.00	
1122	应收账款	客户往来/受控系统为应收		1 679 180.00	
1123	预付账款	供应商往来/受控系统为应付			
1124	合同资产	客户往来/受控系统为应收			
1221	其他应收款			3 000.00	
122101	个人借款	个人往来		3 000.00	
122102	存出保证金				
1231	坏账准备				8 395.90
1401	材料采购				
1402	在途物资				
1403	原材料			2 117 000.00	

（续表）

编码	账户名称	辅助核算/账页	币别/计量单位	期初余额	
				借方金额	贷方金额
140301	门套线	数量核算/数量金额式	米	200 000.00	
				10 000/20.00	
140302	门套墙体板	数量核算/数量金额式	米	325 000.00	
				5 000/65.00	
140303	门扇骨架	数量核算/数量金额式	立方米	192 000.00	
				40/4 800.00	
140304	门扇饰面	数量核算/数量金额式	平方米	1 400 000.00	
				10 000/140.00	
1405	库存商品	项目核算		2 272 000.00	
1411	周转材料			106 000.00	
141101	包装物			100 000.00	
14110101	包装箱	数量核算/数量金额式	个	100 000.00	
				10 000/10.00	
141102	低值易耗品			6 000.00	
14110201	工作服	数量核算/数量金额式	套	6 000.00	
				50/120.00	
1601	固定资产			1 835 600.00	
1602	累计折旧				152 234.80
1604	在建工程			750 000.00	
1701	无形资产			210 000.00	
1702	累计摊销				36 750.00
1901	待处理财产损溢				
190101	待处理流动资产损溢				
190102	待处理非流动资产损溢				
2001	短期借款				450 000.00
2201	应付票据	供应商往来/受控系统为应付			
2202	应付账款	供应商往来/受控系统为应付			452 000.00
220201	应付款	供应商往来/受控系统为应付			452 000.00
220202	暂估应付款	供应商往来			

（续表）

编码	账户名称	辅助核算/账页	币别/计量单位	期初余额	
				借方金额	贷方金额
2203	预收账款	客户往来/受控系统为应收			
2204	合同负债	客户往来/受控系统为应收			
2211	应付职工薪酬				185 850.00
221101	短期薪酬				164 808.00
22110101	工资				126 000.00
22110102	社会保险费				11 088.00
22110103	住房公积金				15 120.00
22110104	工会经费				2 520.00
22110105	职工教育经费				10 080.00
22110106	职工福利费				
22110107	短期带薪缺勤				
22110108	累积带薪缺勤				
22110109	非累积带薪缺勤				
22110110	非货币性福利				
221102	离职后福利				
22110201	养老保险				
22110202	失业保险				
221103	设定提存计划				21 042.00
2221	应交税费				2 389 200.00
222101	应交增值税				
22210101	进项税额				
22210102	销项税额				
22210103	进项税额转出				
22210104	转出未交增值税				
22210105	已交税金				
22210106	减免税款				
222102	未交增值税				990 000.00
222103	预交增值税				
222104	待抵扣进项税额				
222105	待认证进项税额				

（续表）

编码	账户名称	辅助核算/账页	币别/计量单位	期初余额	
				借方金额	贷方金额
222106	应交所得税				1 273 600.00
222107	应交城市维护建设税				69 300.00
222108	应交个人所得税				6 800.00
222109	应交教育费附加				29 700.00
222110	应交地方教育附加				19 800.00
2231	应付利息				3 000.00
2241	其他应付款				345 274.00
224101	社会保险费				13 013.00
224102	住房公积金				15 120.00
224103	存入保证金				317 141.00
224104	上级工会				
2501	长期借款				810 500.00
250101	本金				750 000.00
250102	利息				60 500.00
4001	实收资本				7 000 000.00
4002	资本公积				
400201	资本溢价				
4101	盈余公积				266 864.55
410101	法定盈余公积				266 864.55
4103	本年利润				1 030 005.95
4104	利润分配				3 365 704.80
410401	未分配利润				3 365 704.80
410402	应付现金股利				
410409	提取法定盈余公积				
5001	生产成本				
500101	直接材料	项目核算			
500102	直接人工	项目核算			
500103	制造费用	项目核算			

（续表）

编码	账户名称	辅助核算/账页	币别/计量单位	期初余额	
				借方金额	贷方金额
500104	生产成本转出	项目核算			
5101	制造费用				
510101	工资及附加				
510102	折旧费				
510103	办公费				
510104	水电费				
510105	福利费				
510106	其他				
6001	主营业务收入	项目核算			
6051	其他业务收入				
6301	营业外收入				
630101	非流动资产处置收益				
6401	主营业务成本	项目核算			
6402	其他业务成本				
6403	税金及附加				
6601	销售费用				
660101	工资及附加	部门核算			
660102	广告费				
660103	水电费				
660104	折旧费	部门核算			
660105	办公费				
660106	福利费				
660107	其他				
6602	管理费用				
660201	工资及附加	部门核算			
660202	办公费				
660203	差旅费	部门核算			
660204	物料消耗	部门核算			
660205	咨询费				
660206	水电费				

（续表）

编码	账户名称	辅助核算/账页	币别/计量单位	期初余额	
				借方金额	贷方金额
660207	折旧费	部门核算			
660208	无形资产摊销				
660209	福利费				
660210	其他				
6603	财务费用				
660301	利息支出				
660302	手续费				
660303	现金折扣				
660304	利息收入				
6605	资产处置损益				
6701	资产减值损失				
6702	信用减值损失				
6711	营业外支出				
671101	非流动资产处置损失				
671102	捐赠支出				
671103	罚款支出				
6801	所得税费用				
	合计			16 495 780.00	16 495 780.00

表 4-3 应收票据(1121)期初余额表　　　　金额单位:元

日期	凭证号	客户	摘要	方向	金额
2022-11-02	记-12	方圆公司	期初	借	2 712 000.00

表 4-4 应收账款(1122)期初余额表　　　　金额单位:元

日期	凭证号	客户	摘要	方向	金额
2022-11-12	记-25	华海公司	期初余额	借	1 638 500.00
2022-10-25	记-32	惠普公司	期初余额	借	40 680.00

表 4-5 其他应收款-个人借款(122101)期初余额表　　　　金额单位:元

日期	凭证号	部门	个人	摘要	方向	金额
2022-11-30	记-15	财务部	吴月	出差借款	借	3 000.00

表 4-6   应付账款-应付款(220201)期初余额表   金额单位:元

日期	凭证号	供应商	摘要	方向	金额
2022-10-30	记-55	四维公司	期初余额	贷	452 000.00

表 4-7   库存商品(1405)期初余额表   金额单位:元

产品	数量	单位成本	金额	合计
门套	1 600	670.00	1 072 000.00	2 272 000.00
门扇	1 500	800.00	1 200 000.00	

【实训指导】

录入期初
余额

（1）以账套主管(201)吴月的身份登录管理系统,选择[总账]→[设置]→[期初余额]命令,根据期初余额以及资料中明细余额对应录入,录入完成后单击[试算]按钮,操作结果如图 4-4 所示。

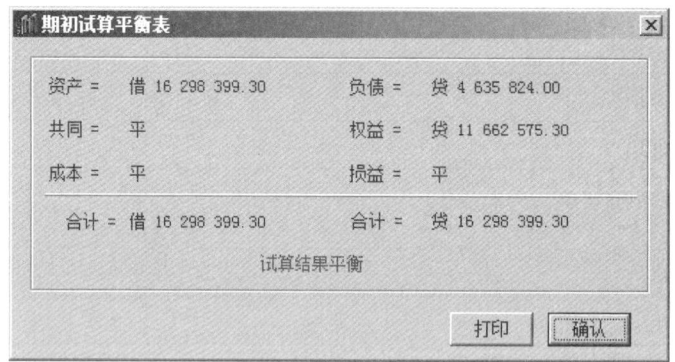

图 4-4   "期初试算平衡表"窗口

（2）明细余额录入方式:双击"应收票据"期初余额的蓝色条框,打开"客户往来期初"窗口,单击[增加]按钮,根据资料表格录入信息,操作结果如图 4-5 所示。

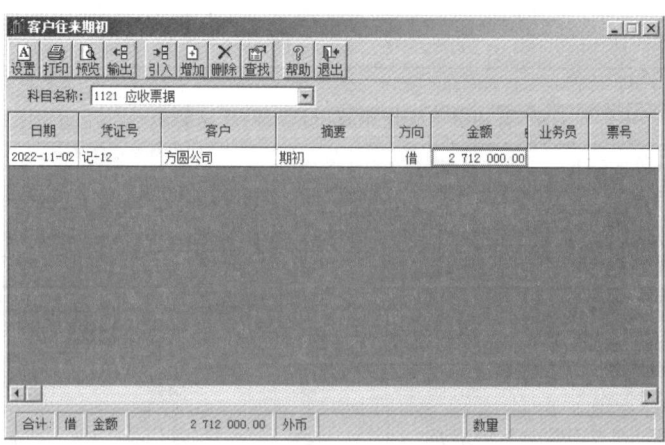

图 4-5   "客户往来期初"窗口

拓展阅读

我国制造业高质量发展
面临的挑战与对策

项目五　工资管理子系统初始化

项目概述

　　企业的工资费用是企业产品成本的重要组成部分,加强薪资管理可以有效降低产品成本。工资管理子系统初始化设置主要包括建立工资账套和基础信息设置两部分。

学习目标

1. 了解工资管理子系统的主要功能、操作流程及与其他子系统之间的关系
2. 掌握工资管理子系统初始设置的方法
3. 掌握工资项目设置和工资计算公式的设置

学习要点

1. 工资管理子系统的初始化流程
2. 建立工资账套、增加工资类别的操作
3. 工资项目设置和工资计算公式设置

任务一　工资管理子系统概述

　　在所有单位的会计核算中,工资核算是最基本的业务。企业的工资费用是产品成本的重要组成部分,加强工资管理,可以有效地控制工资费用在成本中的比例,降低产品成本。

一、工资管理子系统的主要功能

　　工资管理子系统的工作任务是以职工个人的工资原始数据为基础,计算应发工资、扣款和实发工资等,编制工资结算单;按部门和人员类别进行汇总,进行个人所得税计算;提供对工资相关数据的多种方式的查询和分析,进行工资费用的分配和计提,并实现自动转账处理。

　　工资管理子系统的主要功能包括工资类别管理、人员档案管理、工资数据管理、工资报表管理等。

　　1. 工资类别管理

　　工资管理子系统提供了处理多个工资类别的功能。

（1）如果公司有多种不同类别（部门）的人员，工资发放项目不同，计算公式也不同，但需要进行统一工资核算管理，应选择建立多个工资类别。

（2）如果单位中所有人员的工资统一管理，而人员的工资项目、工资计算公式全部相同，则需要建立单个工资类别，以便提高系统的运行效率。

2．人员档案管理

人员档案管理可以设置人员的基础信息并对人员变动进行调整，另外系统也提供了设置人员附加信息的功能。

3．工资数据管理

工资数据管理可以根据不同企业的需要设计工资项目和计算公式；管理所有人员的工资数据，并对平时发生的工资变动进行调整；自动计算个人所得税，结合工资发放形式进行扣零处理或向代发工资的银行传输工资数据；自动计算、汇总工资数据；自动完成工资分摊、计提、转账业务。

4．工资报表管理

工资报表管理提供多层次、多角度的工资数据查询。

二、工资管理子系统与其他子系统的关系

工资管理子系统可以进行工资核算，提取关于各种费用、工资、应交个人所得税等业务的记账凭证，并将其上传至总账模块，以便用户审核登记应付职工薪酬及相关成本费用账簿。此外，工资管理还可以向核算子系统传递相关的人工费用合计数据。工资管理子系统与其他子系统的关系如图 5-1 所示。

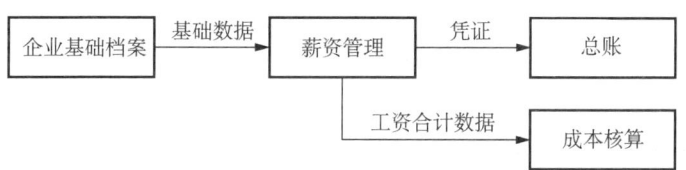

图 5-1　薪资管理子系统与其他系统之间的关系

三、工资管理子系统的操作流程

工资管理子系统的操作流程可以分为三个部分：初始设置、日常业务处理和期末处理，多工资类别核算管理的企业操作流程如图 5-2 所示。

初次使用工资管理子系统时，我们应当先建立工资账套，再设置工资核算的类别，选定基本参数，设置工资项目与各项目的关系，设置个人所得税税率，进行与总账系统的关联设置。

如果已经使用工资管理子系统，则到了年末应进行数据的结转，以便开始下一年度的工作。

在新的会计年度开始时，我们可以在"设置"菜单中选择所需要修改的内容，如人员附加信息、人员类别、工资项目、部门等。这些设置只有在新的会计年度的第一个会计月中，删除所涉及的工资数据和人员档案后才可进行修改。

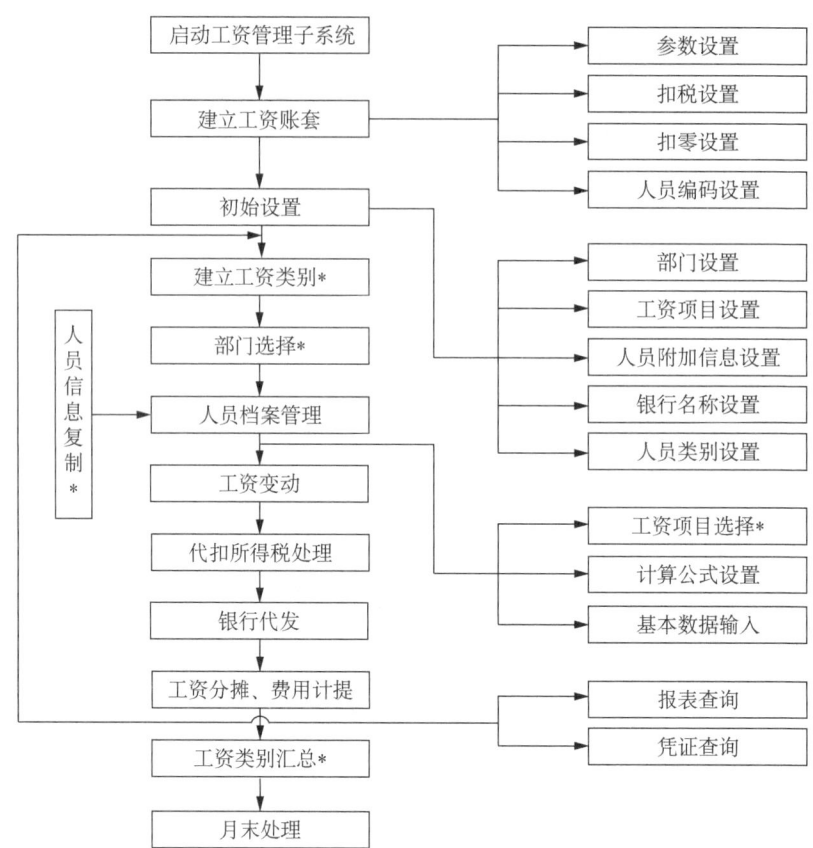

图 5-2   多工资类别核算管理的企业操作流程

四、工资管理子系统初始化的内容

初次使用工资管理子系统时,应进行初始设置,如部门、人员类别、工资项目、公式、个人工资、个人所得税设置、银行代发设置、各种表样的定义等,以后每月只需要对有变动的地方进行修改,系统就会自动进行计算,汇总生成各种报表。工资管理子系统初始设置包括建立工资账套和基础信息设置两个部分。

1. 建立工资账套

工资账套与系统管理中的账套是不同的概念,系统管理中的账套是针对整个核算子系统的,而工资账套只针对工资管理子系统。建立工资账套时可以根据建账向导分 4 步进行,即参数设置、扣税设置、扣零设置和人员编码设置。

2. 基础信息设置

工资账套建立完成后,要对整个系统运行所需的一些基础信息进行设置。

(1)部门设置。员工工资一般是按部门进行管理的。

(2)人员类别设置。人员类别与工资费用的分配、分摊有关,以便按人员类别进行工资汇总计算。

(3)人员附加信息设置。可增加人员信息(如性别、民族、婚否等),丰富人员档案的内容,便于对人员进行更加有效的管理。

(4)工资项目设置。工资项目设置即定义工资项目的名称、类型、宽度、小数、增减项。系统中有一些固定项目,是工资账中必不可少的,如应发合计、扣款合计、实发合计等,这些项目不能删除和重命名;其他项目可根据实际情况定义或参照增加,如基本工资、奖励工资、请假天数等。在此设置的工资项目是针对所有工资类别的全部工资项目。

(5)银行名称设置。企业可以针对所有工资类别设置多个发放工资的银行。

任务二　工资管理子系统期初建账

一、设置工资账套

【实训内容】

账套主管(201)吴月设置工资系统控制参数,相关资料如表5-1所示。

表5-1　工资系统控制参数资料

控制参数	参数设置	控制参数	参数设置
参数设置	工资类别个数:单个	扣零设置	不扣零
扣税设置	从工资中代扣个人所得税	人员编码设置	3

【实训指导】

(1)以账套主管(201)吴月的身份登录管理系统,单击[工资]菜单,打开"建立工资套"窗口。

(2)在"建立工资表—参数设置"窗口中,选择工资类别个数为"单个",如图5-3所示,单击[下一步]按钮。

设置工资
账套

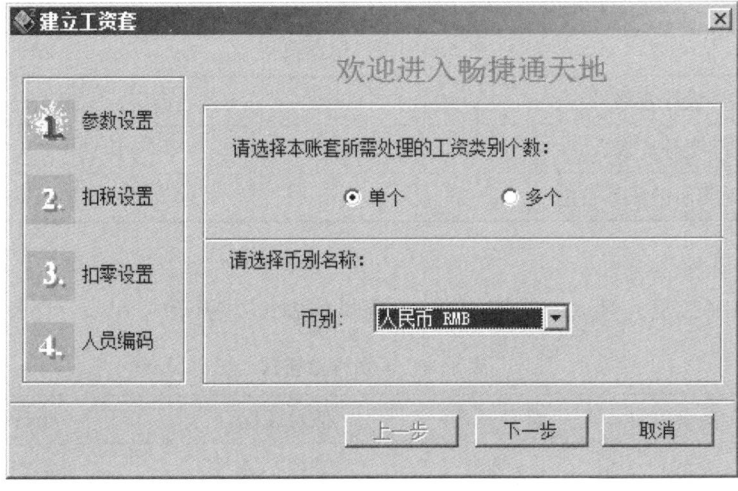

图5-3　"建立工资套"窗口

（3）在"建立工资套—扣税设置"窗口中，勾选"是否从工资中代扣个人所得税"复选框，单击[下一步]按钮。

（4）在"建立工资套—扣零设置"窗口中，取消勾选"扣零"复选框，单击[下一步]按钮。

（5）在"建立工资套—人员编码"窗口中，输入人员编码长度为"3"，单击[完成]按钮。

【拓展提示】

如果单位中所有人员的工资是按照统一的标准进行管理的，而且人员的工资项目、工资计算公式全部相同，我们就可以选择工资类别个数为"单个"，这有助于提高系统的运行效率。

二、基础信息设置

【实训内容】

设置人员
类别

1. 设置人员类别

账套主管（201）吴月设置人员类别，相关资料如表5-2所示。

表 5-2　人员类别信息

序号	人员类别	序号	人员类别
1	管理人员	4	车间管理人员
2	采购人员	5	生产人员
3	销售人员		

设置银行
档案

2. 设置银行档案

账套主管（201）吴月设置银行档案，相关资料如表5-3所示。

表 5-3　银行档案资料

银行名称	中国工商银行龙阳支行
账号长度	11
自动带出的账号长度	9

录入人员
档案

3. 录入人员档案

账套主管（201）吴月录入人员档案，相关资料如表5-4所示。

表 5-4　人员档案资料

编码	姓名	部门属性	职员属性	银行账号
101	夏海	企划部	管理人员	20220611001
102	刘莹莹	企划部	管理人员	20220611002

（续表）

编码	姓名	部门属性	职员属性	银行账号
201	吴月	财务部	管理人员	20220611003
202	朱茜	财务部	管理人员	20220611004
203	洪梅	财务部	管理人员	20220611005
301	雪芬	采购部	采购人员	20220611006
302	朱伟杰	采购部	采购人员	20220611007
401	钱蓉	销售部	销售人员	20220611008
402	陈雨桐	销售部	销售人员	20220611009
501	杨志亮	生产一部	车间管理人员	20220611010
502	苏摩	生产二部	车间管理人员	20220611011
503	林沙	生产一部	生产人员	20220611012
504	吴小琴	生产一部	生产人员	20220611013
505	阿潘	生产一部	生产人员	20220611014
506	于样	生产一部	生产人员	20220611015
507	杨达	生产一部	生产人员	20220611016
508	周帅帅	生产二部	生产人员	20220611017
509	邓思	生产二部	生产人员	20220611018
510	董晓敏	生产二部	生产人员	20220611019
511	李颖慧	生产二部	生产人员	20220611020

【实训指导】

1．设置人员类别

（1）以账套主管（201）吴月的身份登录管理系统，选择[工资]→[设置]→[人员类别设置]命令，打开"类别设置"窗口。

（2）输入类别为"管理人员"，单击[增加]按钮。

（3）以此方法依次设置其他人员类别，操作结果如图 5-4 所示。

2．设置银行档案

（1）以账套主管（201）吴月的身份登录管理系统，选择[工资]→[设置]→[银行名称设置]命令，打开"银行名称设置"窗口。

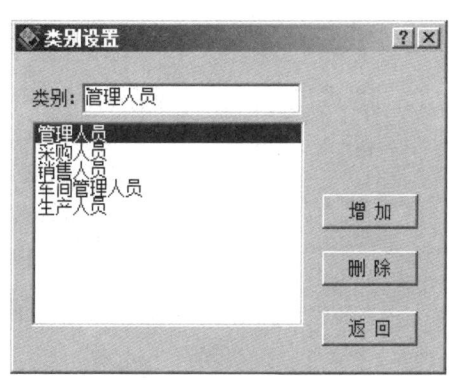

图 5-4　"类别设置"窗口

（2）单击[增加]按钮，输入银行名称为"中国工商银行龙阳支行"，账号长度为"11"，录入时需要自动带出的账号长度为"9"，操作结果如图 5-5 所示。

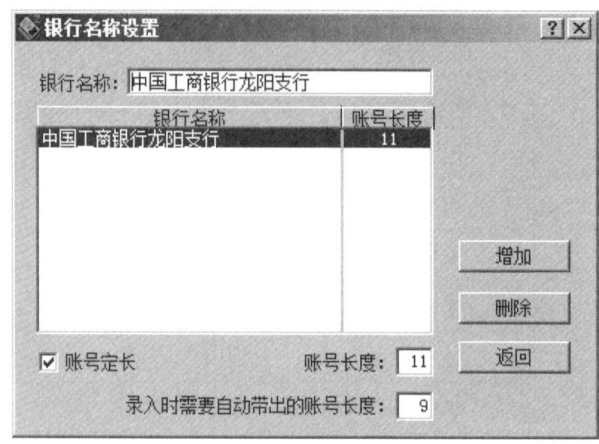

图 5-5 "银行名称设置"窗口

3. 录入人员档案

（1）以账套主管（201）吴月的身份登录管理系统，选择［工资］→［设置］→［人员档案］命令，打开"人员类别"窗口。

（2）单击［批增］按钮，打开"人员批量增加"窗口，逐一单击［部门］栏前的［选择］栏，引入人员档案信息。

（3）单击［确定］按钮，返回"人员档案"窗口。

（4）单击［修改］按钮，打开"基本信息"窗口，选择人员姓名为"夏海"，人员类别为"管理人员"，银行名称为"中国工商银行龙阳支行"，输入银行账号为"20220611001"。

（5）单击［确认］按钮，系统弹出"写入该人员档案信息吗？"提示框，如图 5-6 所示，单击［确认］按钮。

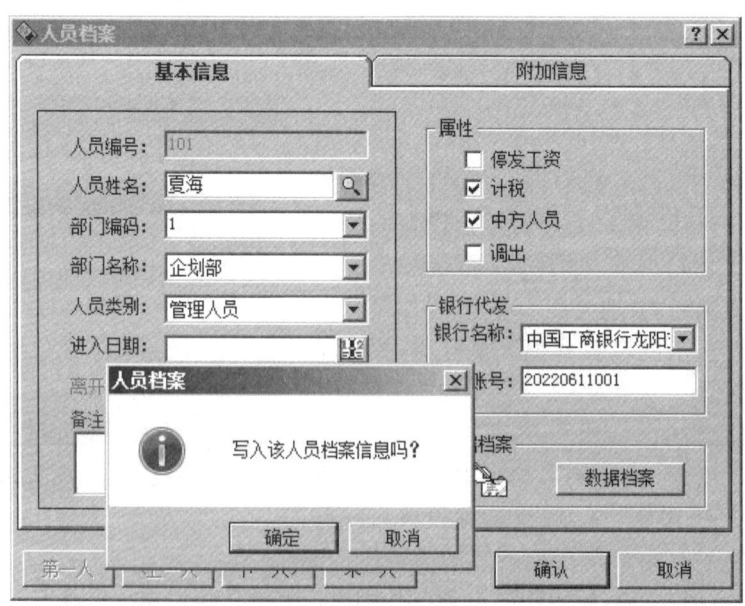

图 5-6 "写入该人员档案信息吗？"提示框

（6）以此方法依次设置其他人员档案，操作结果如图 5-7 所示。

图 5-7　"人员档案"窗口

三、工资项目和公式设置

【实训内容】

1. 设置工资项目

账套主管（201）吴月设置工资项目，相关资料如表 5-5 所示。

设置工资
项目

表 5-5　工资项目资料

项目名称	类型	长度	小数位数	增减项
基本工资	数字	8	2	增项
岗位工资	数字	8	2	增项
交通补贴	数字	8	2	增项
应发合计	数字	10	2	增项
请假扣款	数字	8	2	减项
养老保险	数字	8	2	减项
失业保险	数字	8	2	减项
医疗保险	数字	8	2	减项
大额医疗保险	数字	8	2	减项
住房公积金	数字	8	2	减项
扣款合计	数字	10	2	减项

（续表）

项目名称	类型	长度	小数位数	增减项
实发合计	数字	10	2	增项
代扣税	数字	10	2	减项
请假天数	数字	4	2	其他
计税基数	数字	8	2	其他
月缴费工资	数字	8	2	其他
标准日工资	数字	8	2	其他
累积已享受带薪缺勤天数	数字	8	2	其他
未使用带薪缺勤天数	数字	8	2	其他
预计本年带薪缺勤工资额	数字	8	2	其他
预计下年带薪缺勤工资额	数字	8	2	其他
上年结转带薪缺勤天数	数字	8	2	其他
结转下年缺勤天数	数字	8	2	其他
累积带薪缺勤	数字	8	2	其他

设置工资
计算公式

2. 设置工资计算公式

账套主管(201)吴月设置工资计算公式,相关资料如表 5-6 所示。

表 5-6　工资计算公式资料

项目名称	公式定义
岗位工资(用 iff 定义)	企划部 3 500 元 财务部 3 000 元 采购部 2 600 元 销售部 2 800 元 其他部门为 2 000 元
交通补贴(用 iff 定义)	采购部和销售部为 800 元 其他部门为 400 元
请假扣款	请假天数×30
计税基数	应发合计－养老保险－医疗保险－失业保险－住房公积金
月缴费工资	基本工资＋岗位工资＋交通补贴
实发合计	计税基数－代扣税
应发合计	月缴费工资－请假扣款
养老保险	月缴费工资×0.08
失业保险	月缴费工资×0.003

（续表）

项目名称	公式定义
医疗保险	月缴费工资×0.02+7
住房公积金	月缴费工资×0.12
累积带薪缺勤	标准日工资×未使用带薪缺勤天数
标准日工资	基本工资/22

3. 设置工资权限

账套主管(201)吴月设置工资权限,将操作员朱茜的权限修改为工资类别主管。

【实训指导】

1. 设置工资项目

(1) 以账套主管(201)吴月的身份登录管理系统,选择[工资]→[设置]→[工资项目设置]命令,打开"工资项目设置"窗口。

(2) 单击[增加]按钮,单击右侧的"名称参照"下拉列表框,选择"基本工资"选项。

(3) 双击[类型]栏,选择类型为"数字",长度为"8"。

(4) 双击[小数]栏,选择小数位为"2"。

(5) 双击[增减项]栏,选择"增项"选项。

(6) 单击[增加]按钮,依次设置其他工资项目。

(7) 单击[确认]按钮,操作结果如图 5-8 所示。

图 5-8　"工资项目设置"窗口

【拓展提示】

（1）如果在建立账套时选择"是否核算计件工资""代扣个人所得税""扣零"等处理，则系统自动提供相应工资项目，这些项目是不能删除或重命名的。

（2）如果工资项目设置为"增项"，则该工资项目自动成为应发合计的组成项目；如果设置为"减项"，则该工资项目自动成为扣款合计的组成项目；如果设置为"其他"，则该工资项目的数据既不会被计入应发合计，也不会被计入扣款合计。

2. 设置工资计算公式

（1）选择［工资］→［工资项目］→［公式设置］命令，单击［增加］按钮，在"工资项目"列表框中增加一空行，在列表框中选择"岗位工资"选项。单击［函数公式向导输入］按钮，打开"函数向导——步骤之1"对话框，从"函数名"列表框中选择"iff"选项，如图5-9所示。单击［下一步］按钮，打开"函数向导——步骤之2"对话框。

（2）单击逻辑表达式［参照］按钮，打开"参照"对话框，在"参照列表"下拉列表中选择"部门名称"选项，再在下面的列表框中选择"企划部"选项，如图5-10所示。单击［确认］按钮。

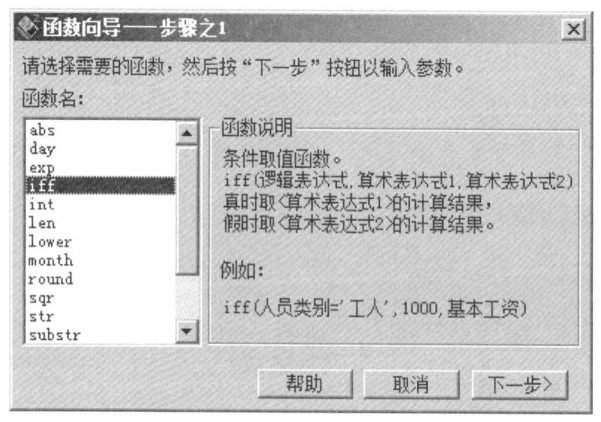

图5-9 "函数向导——步骤1"窗口

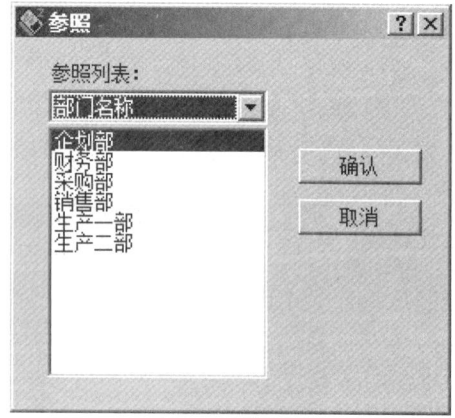

图5-10 "参照"窗口

（3）输入算术表达式1为"3 500"，算术表达式2为空，单击［完成］按钮。在刚输入的函数中将光标移动到反括号前面，再次单击［函数公式向导输入］按钮，以同样的方式增加剩余部门，增加到销售时输入算术表达式1为"2 800"，算术表达式2为"2 000"，操作结果如图5-11所示。

（4）以此方法设置"交通补贴"公式。选择函数名为"iff"，部门为"采购部"，在"逻辑表达式"文本框中输入［空格］+［or］+［空格］，再次单击"逻辑表达式"文本框右侧的［参照］按钮，选择部门为"销售部"选项，然后单击［确认］按钮，返回"函数向导——步骤之2"对话框。

输入算术表达式1为"800"，算术表达式2为"400"，操作结果如图5-12所示。

（5）设置"请假扣款"公式。选择工资项目为"请假天数"，运算符为" * "，输入数字"30"，单击［公式确认］按钮，如图5-13所示。

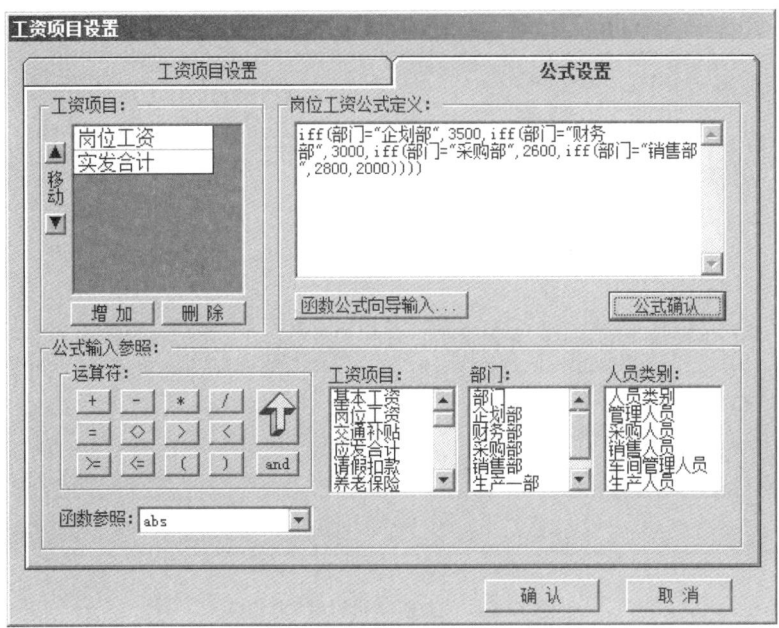

图 5-11　"工资项目设置"窗口 1

图 5-12　"工资项目设置"窗口 2

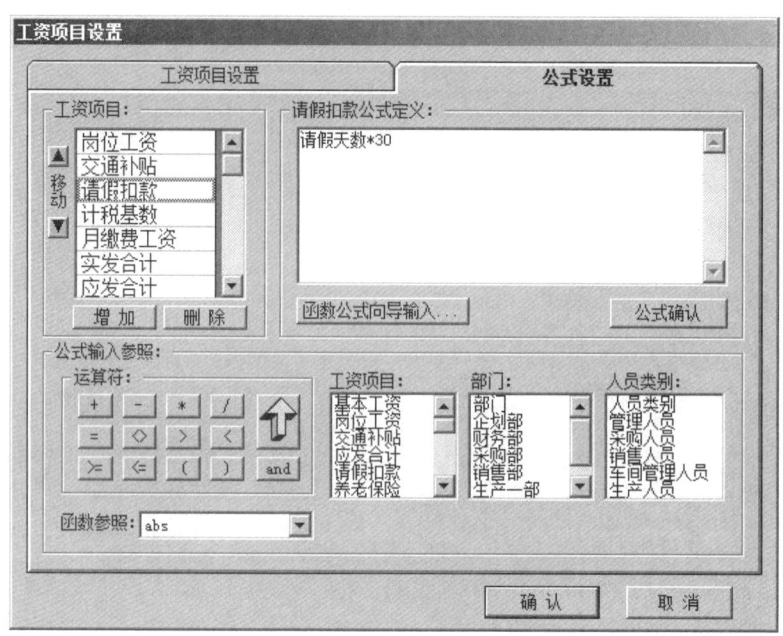

图 5-13　"工资项目设置"窗口 3

（6）以此方法设置其他项目公式。

【拓展提示】

（1）工资项目不能手动输入，只能在整体初始化的工资项目基础上进行参照选择。

（2）在公式定义完成之后，单击[公式确认]按钮，将对公式进行逻辑合法性检测。对不符合逻辑的公式，系统将给出错误提示。

（3）系统是按照"工资项目"列表中的排列顺序先后进行工资计算的，因此用户必须注意公式的排列顺序。正确的顺序为：先得到的数字应排列在靠前的位置，后得到的数字排在靠后的位置，应发合计、扣款合计和实发合计这三个系统预制公式应排在最后，实发合计的公式排在所有公式的最后面。通过窗口左侧的[上移][下移]按钮来调整公式的顺序。

设置工资
权限

3. 设置工资权限

选择[工资管理]→[设置]→[权限设置]命令，修改"202 朱茜"权限为拥有工资类别主管，如图 5-14 所示。

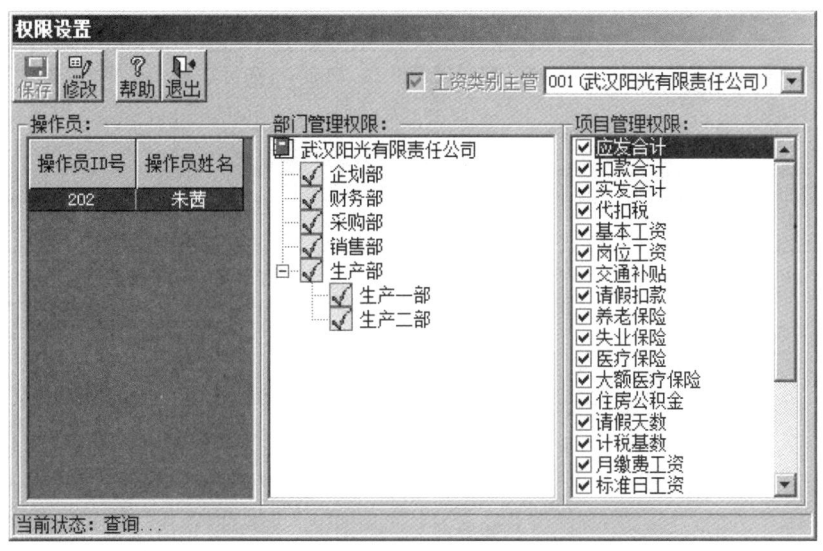

图 5-14　"权限设置"窗口

四、个人所得税的设置

【实训内容】

1. 设置扣缴个人所得税

账套主管(201)吴月设置扣缴个人所得税,其中计税基数"5 000",附加费用"2 000"。个人所得税税率表如表 5-7 所示。

表 5-7　个人所得税税率表

级数	全月应纳税所得额	税率	速算扣除数(元)
1	不超过 3 000 元的部分	3%	0
2	超过 3 000 元至 12 000 元的部分	10%	210
3	超过 12 000 元至 25 000 元的部分	20%	1 410
4	超过 25 000 元至 35 000 元的部分	25%	2 660
5	超过 35 000 元至 55 000 元的部分	30%	4 410
6	超过 55 000 元至 80 000 元的部分	35%	7 160
7	超过 80 000 元的部分	45%	15 160

2. 录入工资变动

账套主管(201)吴月录入基本工资,相关资料如表 5-8 所示。

表 5-8　人员工资资料

姓名	部门属性	职员属性	银行账号	基本工资(元)
夏海	企划部	管理人员	20220611001	5 000

（续表）

姓名	部门属性	职员属性	银行账号	基本工资(元)
刘莹莹	企划部	管理人员	20220611002	4 800
吴月	财务部	管理人员	20220611003	3 000
朱茜	财务部	管理人员	20220611004	2 800
洪梅	财务部	管理人员	20220611005	2 800
雪芬	采购部	采购人员	20220611006	3 400
朱伟杰	采购部	采购人员	20220611007	3 400
钱蓉	销售部	销售人员	20220611008	4 000
陈雨桐	销售部	销售人员	20220611009	4 000
杨志亮	生产一部	车间管理人员	20220611010	3 500
苏摩	生产二部	车间管理人员	20220611011	3 500
林沙	生产一部	生产人员	20220611012	3 000
吴小琴	生产一部	生产人员	20220611013	3 000
阿潘	生产一部	生产人员	20220611014	3 000
于样	生产一部	生产人员	20220611015	3 000
杨达	生产一部	生产人员	20220611016	3 000
周帅帅	生产二部	生产人员	20220611017	3 000
邓思	生产二部	生产人员	20220611018	3 000
董晓敏	生产二部	生产人员	20220611019	3 000
李颖慧	生产二部	生产人员	20220611020	3 000

【实训指导】

1. 扣缴个人所得税设置

以账套主管(201)吴月的身份登录管理系统,选择[工资]→[扣缴个人所得税]命令,将"对应工资项目"设为"计税基数",单击[确定]按钮,系统弹出"是否重算数据?"窗口,单击[是]按钮,点击菜单栏"税率",修改基数为"5 000",附加费用为"2 000",按照表格修改相关数据,操作结果如图5-15所示。

扣缴个人
所得税设置

【拓展提示】

所得税扣缴应在"工资变动"前进行,但如果先进行工资变动处理,再修改个人所得税的计提基础,操作者就需要到工资变动功能中进行重新计算,否则系统的数据状态将保持不变。

图 5-15　"个人所得税申报表——税率表"窗口

2. 录入工资变动

根据资料录入基本工资,录入完毕后,单击[汇总]按钮,如图 5-16 所示。

录入工资
变动

人员编号	姓名	部门	人员类别	基本工资	岗位工资	交通补贴	应发合计	请假扣款
101	夏海	企划部	管理人员	5 000.00	3 500.00	400.00	8 900.00	
102	刘莹莹	企划部	管理人员	4 800.00	3 500.00	400.00	8 700.00	
201	吴月	财务部	管理人员	3 000.00	3 000.00	800.00	6 800.00	
202	朱茜	财务部	管理人员	2 800.00	3 000.00	800.00	6 600.00	
203	洪梅	财务部	管理人员	2 800.00	3 000.00	800.00	6 600.00	
301	雪芬	采购部	采购人员	3 400.00	2 600.00	400.00	6 400.00	
302	朱伟杰	采购部	采购人员	3 400.00	2 600.00	400.00	6 400.00	
401	钱蓉	销售部	销售人员	4 000.00	2 800.00	800.00	7 600.00	
402	陈雨桐	销售部	销售人员	4 000.00	2 800.00	800.00	7 600.00	
501	杨志亮	生产一部	车间管理人	3 500.00	2 000.00	400.00	5 900.00	
502	苏摩	生产二部	车间管理人	3 500.00	2 000.00	400.00	5 900.00	
503	林沙	生产一部	生产人员	3 000.00	2 000.00	400.00	5 400.00	
504	吴小琴	生产一部	生产人员	3 000.00	2 000.00	400.00	5 400.00	
505	阿潘	生产一部	生产人员	3 000.00	2 000.00	400.00	5 400.00	
506	于祥	生产一部	生产人员	3 000.00	2 000.00	400.00	5 400.00	
507	杨达	生产一部	生产人员	3 000.00	2 000.00	400.00	5 400.00	
508	周帅帅	生产二部	生产人员	3 000.00	2 000.00	400.00	5 400.00	
509	邓思	生产二部	生产人员	3 000.00	2 000.00	400.00	5 400.00	
510	董晓敏	生产二部	生产人员	3 000.00	2 000.00	400.00	5 400.00	
511	李颖慧	生产二部	生产人员	3 000.00	2 000.00	400.00	5 400.00	

图 5-16　"工资变动-(工资类别:武汉阳光有限责任公司)"窗口

拓展阅读

全国一体化大数据中心协同
创新体系算力枢纽实施方案

项目六　固定资产管理子系统初始化

 项目概述

固定资产管理子系统是所有会计信息化软件的重要组成部分,以固定资产卡片和固定资产明细账为基础,具备台账管理、财务核算、折旧计提和分配、变动管理等功能。基于固定资产管理子系统,操作者可以按类别、使用情况、所属部门和价值结构对企业所有的固定资产进行查询、统计以及分析。该系统与其他系统相互联系,便于数据传输与核算。在第一次启用固定资产子系统时,需要进行系统初始化。初始化的过程就是设置一套符合本企业标准、适合本企业需要的参数的过程。

 学习目标

1. 了解固定资产管理子系统的主要功能及操作流程
2. 了解固定资产管理子系统与其他子系统的关系
3. 掌握固定资产管理子系统初始化设置的内容

 **学习要点**

1. 固定资产管理子系统参数设置
2. 固定资产管理子系统基础信息设置
3. 设置固定资产类别、部门对应折旧科目、增减方式的操作
4. 录入固定资产原始卡片的基本操作

任务一　**固定资产管理子系统概述**

一、固定资产管理子系统的主要功能

固定资产管理子系统的主要功能包括初始设置、日常业务处理、凭证处理、信息查询、期末处理等。

1. 初始设置

初始设置主要包括核算单位的建立,固定资产卡片项目、卡片样式、折旧方法、使用部门、使用状况、增减方式、资产类别等信息的设置,以及固定资产原始卡片的输入。

2. 日常业务处理

日常业务处理主要是当固定资产发生增加、减少、原值变动、使用部门转移等变动情况时，更新固定资产卡片，并根据设定的折旧计算方法自动计算折旧，生成折旧清单和折旧分配表。

3. 凭证处理

固定资产管理子系统根据使用状况和部门对应折旧科目的设置来进行转账凭证的定义。转账凭证可以根据固定资产的业务处理自动生成。转账凭证经过确认后会自动传递到总账子系统等待进一步处理。

4. 信息查询

固定资产管理子系统输出的账表主要有固定资产卡片、固定资产增减变动表、固定资产分类统计表、固定资产折旧计算表、转账数据汇总表等。

5. 期末处理

固定资产管理子系统的期末处理主要包括对账和月末结账两部分。

二、固定资产管理子系统和其他子系统之间的数据关联

固定资产的日常变动数据和计提折旧的数据通过生成的转账凭证传递到总账子系统。同时，固定资产子系统可以与总账子系统针对固定资产和累计折旧进行对账，保证固定资产明细与总账的一致性。财务报表子系统可以通过函数调用固定资产管理子系统的核算数据编制相关财务报表。

三、固定资产管理子系统的业务处理流程

固定资产管理子系统的业务处理流程大致包括初始设置和日常业务处理两部分：初始设置主要完成系统参数和基础信息的设置；日常业务处理包括进行固定资产增减变动、计提折旧、凭证处理等工作。相关业务处理完成后输出固定资产账簿和统计分析报表，并进行月末结账。固定资产子系统的业务处理流程如图 6-1 所示。

四、固定资产管理子系统初始化的内容

固定资产管理子系统初始化的主要内容包括建立固定资产账套、设置基础信息和输入期初数据。

1. 建立固定资产账套

建立固定资产账套是根据企业的具体情况，在已经建立的企业会计核算账套的基础上，设置企业进行固定资产核算的必需参数，包括关于固定资产折旧计算的一些约定及说明、启用月份、折旧信息、编码方式、账务接口等。

建账完成后，当需要对账套中的某些参数进行修改时，可以通过"设置"中的"选项"命令修改。有些参数无法通过"选项"命令修改而又必须修改时，只能通过重新初始化功能实现。重新初始化将清空对该固定资产账套做过的一切操作。

2. 设置基础信息

1）资产类别的设置

固定资产种类繁多，规格不一，为强化固定资产管理，及时准确地进行固定资产核算，需

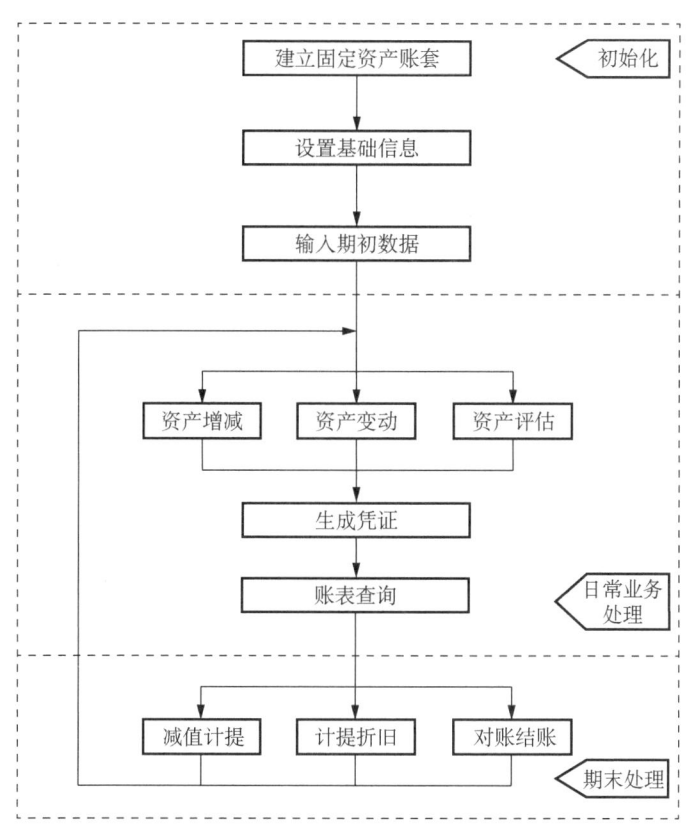

图 6-1　固定资产子系统的业务处理流程

要建立科学的资产分类核算体系,为固定资产的核算和管理提供依据。企业可以根据自身的特点和要求,参照国家标准,设定较为合理的资产分类方法。

2) 部门对应折旧科目的设置

固定资产计提折旧后,需要将折旧费用分配到相应的成本或费用中去。根据不同企业的情况,可以按照部门或类别进行汇总。固定资产折旧费用的分配去向与其所属部门密切相关,如果给每个部门设定对应折旧科目,则属于该部门的固定资产在计提折旧时,折旧费用将对应分配到其所属的部门。

3) 增减方式的设置

固定资产增减方式的设置即确定固定资产增加的来源和减少的去向。固定资产增减方式包括增加方式和减少方式两大类,可根据用户的需要自行增加。在固定资产增减方式的设置中还可以定义不同增减方式的对应入账科目,配合固定资产和累计折旧的入账科目使用,以便当发生相应的固定资产增减变动时可以快速生成转账凭证,减少手工输入数据的工作量。

4) 使用状况的设置

固定资产的使用状况一般分为使用中、未使用和不需用三大类,不同的使用状况决定了固定资产计提折旧与否。因此,正确定义固定资产的使用状况是准确计算累计折旧,进行资产数据统计分析和提高固定资产管理水平的重要依据。

5）折旧方法的设置

固定资产折旧的计算是固定资产管理子系统的重要功能,固定资产折旧的计提由系统根据用户选择的折旧方法自动计算得出。因此,折旧方法的定义是计算固定资产折旧的重要基础。

6）卡片项目和卡片样式设置

固定资产卡片是固定资产子系统中重要的管理工具,卡片项目是固定资产卡片上用来记录固定资产资料的栏目,如原值、资产名称、所属部门、使用年限、折旧方法等是卡片上最基本的项目。

3. 输入期初数据

固定资产管理子系统的初始数据是指系统投入使用前企业现存固定资产的全部有关数据,主要是与固定资产原始卡片有关的数据。为了保证所输入原始卡片数据的准确无误,应该在开始输入前对固定资产进行全面的清查盘点,做到账实相符。

任务二　固定资产管理子系统设置

一、建立固定资产账套

【实训内容】

设置固定资产控制参数

设置固定资产控制参数（设置补充参数）

账套主管(201)吴月设置固定资产控制参数,相关资料如表 6-1 所示。

表 6-1　固定资产系统控制参数

控制参数	参数设置
约定与说明	我同意
启用年月	2022 年 12 月 1 日
折旧信息	本账套计提折旧 折旧方法:平均年限法(二) 折旧汇总分配周期:1 个月 当(月初已计提月份＝可使用月份－1)时,将剩余折旧全部提足(工作量法除外)
编码方式	固定资产编码长度:2112 固定资产编码方式:按"类别＋部门＋序号"自动编码;卡片序号长度为 3
财务接口	与账务系统进行对账; 可纳税调整的增加方式:直接购入 固定资产对账科目:1601,固定资产 折旧对账科目:1602,累计折旧 可抵扣税额入账科目:22210101,进项税额
补充参数	业务发生后立即制单 在对账不平情况下不允许月末结账 月末结账前一定完成制单业务 固定资产缺省入账科目:1601,固定资产;累计折旧缺省入账科目:1602,累计折旧入账科目

【实训指导】

（1）以账套主管（201）吴月的身份登录管理系统，单击［固定资产］菜单，弹出系统提示"这是第一次打开此账套……是否进行初始化？"对话框。

（2）单击［是］按钮，打开初始化向导，认真仔细阅读相关条款，选中［我同意］按钮。单击［下一步］选项按钮，打开"固定资产初始化向导—账套启用月份"窗口，"账套启用月份"选择"2022 年 12 月 1 日"。

（3）单击［下一步］按钮，打开"固定资产初始化向导—折旧信息"窗口，勾选"本账套计提折旧"复选框，选择折旧方法为"平均年限法（二）"，折旧分配周期为"1 个月"；勾选"当（月初已计提月份＝可使用月份－1）时，将剩余折旧全部提足（工作量法除外）"复选框，如图 6-2 所示。

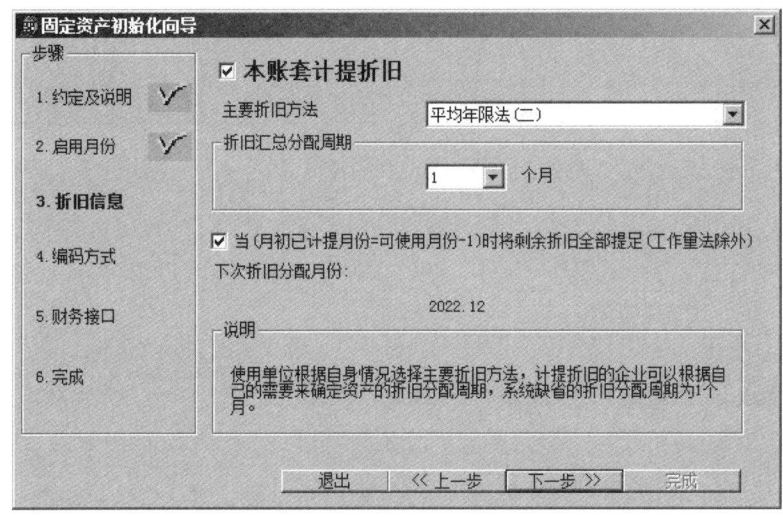

图 6-2　"固定资产初始化向导"窗口 1

（4）单击［下一步］按钮，打开"固定资产初始化—编码方式"窗口，确定固定资产编码长度为 2112；选中"自动编码"单选框，选择固定资产编码方式为"类别＋部门＋序号"，选择序号长度为 3。

（5）单击［下一步］按钮，打开"固定资产初始化向导—财务接口"窗口，勾选"与财务系统进行对账"复选框；选择固定资产对账科目为"1601，固定资产"，累计折旧对账科目为"1602，累计折旧"。

（6）单击［下一步］按钮，打开"固定资产初始化向导"窗口，如图 6-3 所示。

（7）单击［完成］按钮，完成本账套的初始化，系统弹出"已完成了新账套的所有设置工作。是否确定所设置的信息完全正确并保存对新账套的所有设置？"对话框。

（8）单击［是］按钮，系统弹出"已成功初始化本固定资产账套！"对话框，单击［确定］按钮。

（9）选择［固定资产］→［设置］→［选项］命令，打开"选项"窗口。

（10）单击［与财务系统接口］标签，勾选"业务发生后立即制单""月末结账前一定完成制单业务"复选框，取消勾选"在对账不平情况下允许固定资产月末结账"复选框，选择可纳

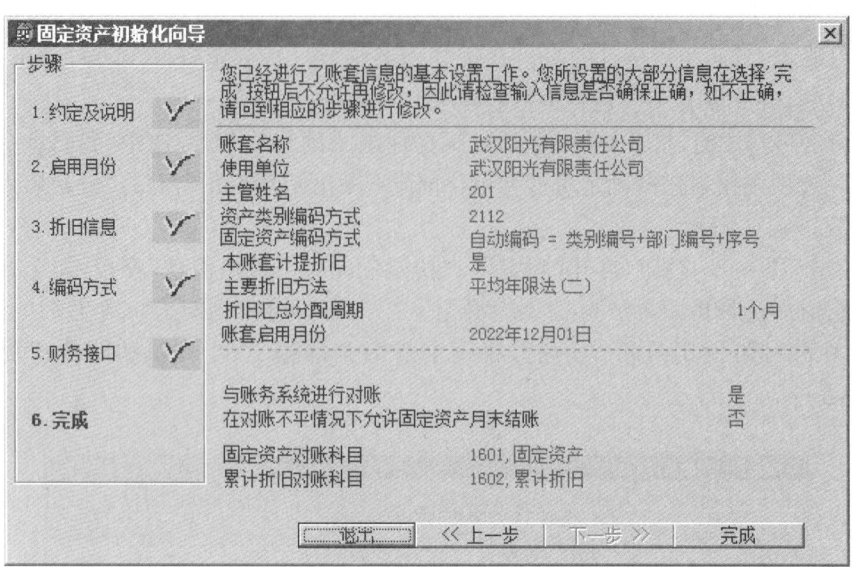

图 6-3   "固定资产初始化向导"窗口 2

税调整的增加方式为"直接购入",选择[固定资产]缺省入账科目为"1601,固定资产",[累计折旧]缺省入账科目为"1602,累计折旧",可抵扣税额入账科目为"22210101,进项税额",如图 6-4 所示,单击[确定]按钮。

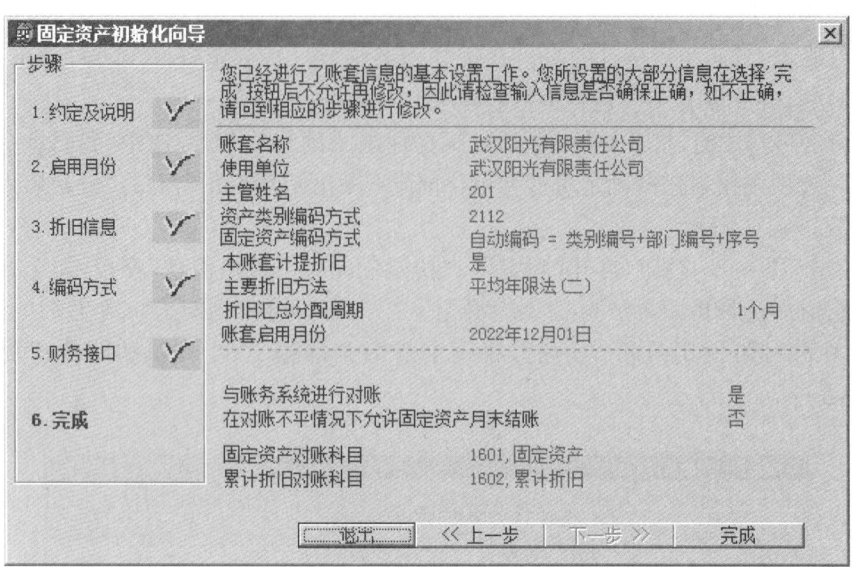

图 6-4   "选项"窗口

【拓展提示】

（1）如果是行政事业单位，不勾选"本账套计提折旧"复选框，则账套内所有与折旧有关的功能屏蔽，该参数在初始化完成后不能修改。

（2）虽然这里选择了某种折旧方法，但在设置固定资产类别或定义具体固定资产时可以更改设置。

二、基础信息设置

【实训内容】

1. 设置资产类别

账套主管(201)吴月设置资产类别，相关资料如表6-2所示。

表6-2　资产类别信息

编码	类别名称	净残值率	计提属性
01	房屋建筑物	2%	正常计提
011	经营用设备	2%	正常计提
012	非经营用设备	2%	正常计提
02	电子设备及通信设备	4%	正常计提
021	经营用设备	4%	正常计提
022	非经营用设备	4%	正常计提
03	交通运输设备	4%	正常计提
031	经营用设备	4%	正常计提
032	非经营用设备	4%	正常计提

2. 设置部门及对应折旧科目

账套主管(201)吴月设置部门及对应折旧科目，相关资料如表6-3所示。

表6-3　部门对应折旧科目

部门	对应折旧科目
企划部，财务部，采购部	管理费用/折旧费
销售部	销售费用/折旧费
生产部	制造费用/折旧费

3. 设置增减方式的对应入账科目

账套主管(201)吴月设置增减方式的对应入账科目，相关资料如表6-4所示。

表 6-4   增减方式的对应入账科目信息

增减方式目录	对应入账科目
增加方式	
直接购入	101202,银行汇票存款
在建工程转入	1604,在建工程
减少方式	
出售	1606,固定资产清理
盘亏	190102,待处理非流动资产损溢

4. 录入固定资产原始卡片

账套主管(201)吴月录入固定资产原始卡片,相关资料如表 6-5 所示。

表 6-5   固定资产原始卡片资料   金额单位:元

固定资产名称	类别编号	所在部门	增加方式	可使用年限	开始使用日期	原值	累计折旧	对应折旧科目名称
厂房 1	11	生产一部	直接购入	50	2021-04-01	210 000.00	6 517.00	制造费用/折旧费
厂房 2	11	生产二部	直接购入	50	2021-04-01	210 000.00	6 517.00	制造费用/折旧费
办公楼 1	12	企划部	直接购入	50	2021-04-01	162 000.00	5 027.40	管理费用/折旧费
办公楼 2	12	财务部	直接购入	50	2021-04-01	162 000.00	5 027.40	管理费用/折旧费
办公楼 3	12	销售部	直接购入	50	2021-04-01	162 000.00	5 027.40	销售费用/折旧费
办公楼 4	12	采购部	直接购入	50	2021-04-01	162 000.00	5 027.40	管理费用/折旧费
生产设备 1	21	生产一部	直接购入	10	2021-04-01	300 000.00	45 600.00	制造费用/折旧费
生产设备 2	21	生产二部	直接购入	10	2021-04-01	300 000.00	45 600.00	制造费用/折旧费
笔记本电脑	22	企划部	直接购入	5	2021-05-01	10 200.00	2 937.60	管理费用/折旧费
传真打印一体机	22	企划部	直接购入	5	2022-10-01	3 500.00	56.00	管理费用/折旧费
台式电脑 1	22	财务部	直接购入	5	2021-04-01	4 200.00	1 276.80	管理费用/折旧费
台式电脑 2	22	财务部	直接购入	5	2021-04-01	4 200.00	1 276.80	管理费用/折旧费
打印机 1	22	财务部	直接购入	5	2021-04-01	1 500.00	456.00	管理费用/折旧费
货车 1	31	生产一部	直接购入	10	2021-04-01	144 000.00	21 888.00	制造费用/折旧费

设置资产
类别

【实训指导】

1. 设置固定资产类别

(1) 以账套主管(201)吴月的身份登录管理系统,选择[固定资产]→[设置]→[资产类别]命令,打开"类别编码表"窗口。

（2）单击[增加]按钮，输入类别名称为"房屋建筑物"，选择计提属性为"正常计提"，并增加其下级类别"经营用设备"和"非经营用设备"，单击[保存]按钮。

（3）以此方法依次设置其他资产类别，操作结果如图 6-5 所示。

类别编码	类别名称	使用年限	净残值率(%)
	固定资产分类编码表		
01	房屋建筑物		2.00
02	电子设备及通信设备		4.00
03	交通运输设备		4.00

图 6-5 "固定资产分类编码表"窗口

【拓展提示】

（1）固定资产类别编码不能重复，同一级的类别名称不能相同。

（2）类别编码名称、计提属性、卡片样式不能为空。

（3）已使用的类别不能设置新下级。

设置部门
及对应折
旧科目

2. 设置部门及对应折旧科目

（1）以账套主管(201)吴月的身份登录管理系统，选择[固定资产]→[设置]→[部门对应折旧科目]命令，打开"部门编码表"窗口。

（2）选择部门为"企划部"，单击[操作]按钮，选择折旧科目为"660207，折旧费"，如图 6-6 所示。

（3）以此方法依次设置其他部门对应的折旧科目。

图 6-6 "固定资产部门编码目录"窗口

【拓展提示】

　　如果一个部门下有多个下属部门,且对应的折旧科目相同,则可以将折旧科目设置在此部门下,在保存后单击[刷新]按钮,其下属部门将自动继承。

设置增减
方式的对应
入账科目

　　3. 设置增减方式的对应入账科目

　　(1) 以账套主管(201)吴月的身份登录管理系统,选择[固定资产]→[设置]→[增减方式]命令,打开"增减方式"窗口。

　　(2) 在列表框中,选择增加方式为"直接购入",单击[操作]按钮,输入对应入账科目为"101202,银行汇票存款",单击[保存]按钮。

　　(3) 以此方法依次设置其他增减方式的对应入账科目,操作结果如图6-7所示。

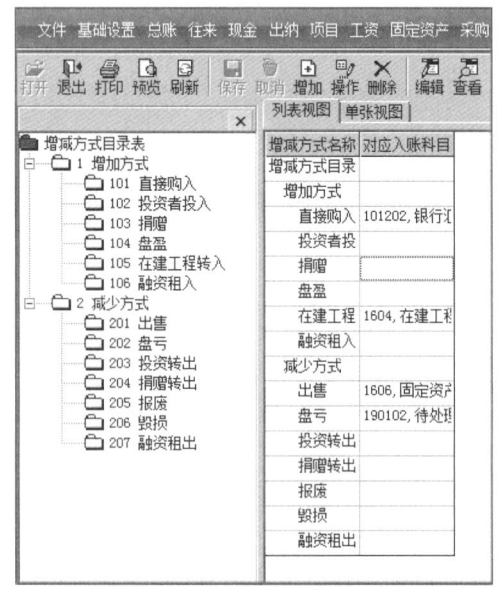

图6-7　"增减方式目录表"窗口

录入固定
资产原始
卡片

　　4. 录入固定资产原始卡片

　　(1) 以账套主管(201)吴月的身份登录管理系统,选择[固定资产]→[卡片]→[录入原始卡片]命令,打开"资产类别参照"窗口,选择固定资产类别为"011 经营用设备",单击[确定]按钮,打开"固定资产卡片"窗口。

　　(2) 输入固定资产名称为"厂房1",选择部门名称为"生产一部",增加方式为"直接购入",使用状况为"在用";输入使用年限为"50 年 0 月",开始使用日期为"2021-04-01",原值为"210 000.00";累计折旧为"6 517.00",其他信息由系统自动算出,如图6-8所示。

　　(3) 单击[保存]按钮,系统弹出提示"数据保存成功!"对话框,单击[确定]按钮。

　　(4) 以此方法依次录入其他原始卡片信息,单击[退出]按钮。

　　(5) 全部原始卡片录入完成后,选择[固定资产]→[处理]→[对账]命令,将目前固定资产明细账与总账进行对账,以确保固定资产明细账与总账相符,对账结果如图6-9所示。

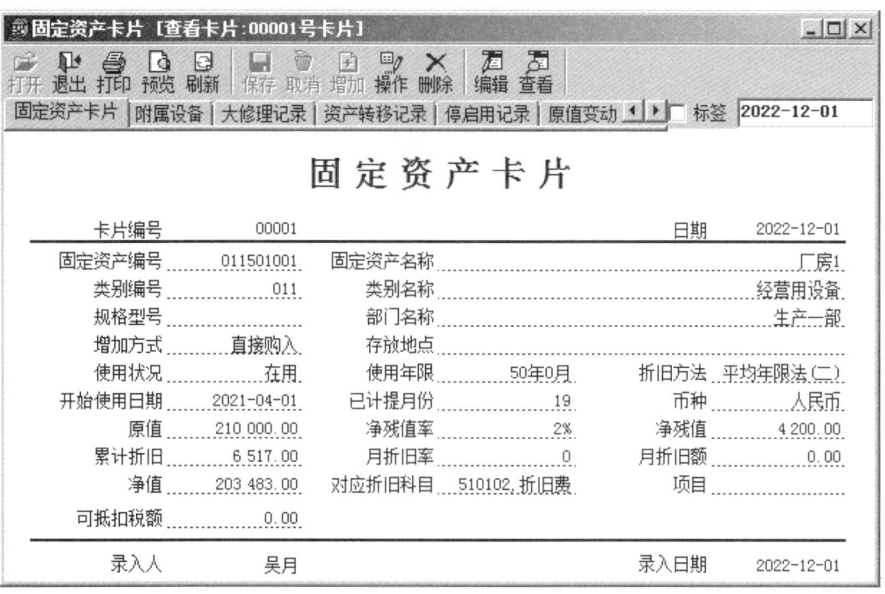

图 6-8　"固定资产卡片[查看卡片:00001 号卡片]"窗口

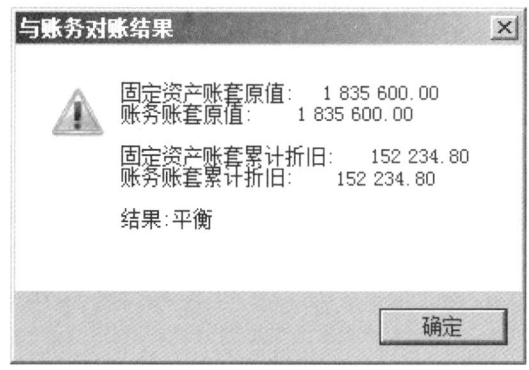

图 6-9　"与账务对账结果"提示框

【拓展提示】

（1）系统根据初始化时定义的编码方案自动设置卡片编号，不能修改。如果删除一张卡片，而又不是最后一张，则系统将保留空号。

（2）系统将根据开始使用日期自动算出已计提月份，但可以修改，应将使用期间停用等不计提折旧的月份扣除。

（3）与计算折旧有关的项目输入后，系统会按照输入的内容自动算出月折旧率和月折旧额，并显示在相应项目内。可与手工计算的值比较，核对是否有错误。

拓展阅读

固定资产加速折旧涉税政策

项目七　购销存管理子系统初始化

项目概述

购销存管理是指企业内部的采购、销售和库存管理,购销存管理子系统初始化包括购销存管理子系统建账、基础信息设置和期初数据输入等工作。

学习目标

1. 理解购销存管理子系统初始设置的内容并掌握初始设置的方法
2. 会进行购销存管理子系统的各项参数设置
3. 熟练完成购销存管理子系统中基础信息的设置
4. 能熟练录入购销存管理子系统的期初数据
5. 具备信息化环境下购销存管理子系统初始设置的能力

学习要点

1. 购销存管理子系统控制参数的设置
2. 购销存管理子系统基础信息的设置
3. 购销存管理子系统业务科目的设置
4. 购销存管理子系统期初数据录入并记账

任务一　购销存管理子系统概述

一、购销存管理子系统

1. 购销存管理子系统的构成

购销存管理子系统以企业购销存业务环节中的各项活动为对象,记录各项业务的发生,有效跟踪其发展过程,以便为财务核算、业务分析、管理决策提供依据,主要由采购管理、销售管理、库存管理、核算管理子系统组成。

1) 采购管理子系统

采购是企业物资供应部门按已确定的物资供应计划,通过市场采购、加工定制等各种渠道,取得企业生产经营活动所需的各种物资的经济活动。采购管理追求的目标是:保持与供应商的关系,保障供给,降低采购成本。

2）销售管理子系统

销售是企业生产经营成果的实现过程,是企业经营活动的中心。通过各种营销方式实现销售,使生产经营中的耗费及时得到补偿,企业才能实现良性运转。

3）库存管理子系统

库存是指企业在生产经营过程中为销售或耗用而储备的各种资产,包括商品、产成品、半成品、在产品,以及各种材料、燃料、包装物、低值易耗品等。

4）核算管理子系统

核算是指从资金的角度管理存货的出入库业务,掌握存货耗用情况,及时准确地把各类存货成本归集到各成本项目和成本对象上。

2. 购销存管理子系统应用方案

购销存管理子系统的每个子系统既可以单独应用,也可以与相关子系统联合应用。购销存管理子系统的数据流程如图 7-1 所示。

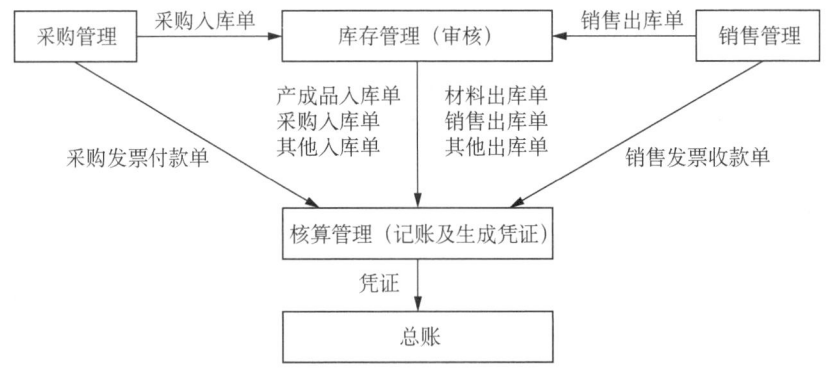

图 7-1　购销存管理子系统的数据流程

二、购销存管理子系统初始化的内容

购销存管理子系统初始化包括购销存管理子系统建账、基础信息设置和期初数据输入等工作。

1. 购销存管理子系统建账

企业建账过程在系统管理中已有描述,在这里只需要启用相关子系统即可。为了能更清晰地了解各项参数和业务之间的关系,参数设置在业务处理时一并介绍。

2. 基础信息设置

在本项目之前的实训中,都有基础信息的设置,但基本限于与财务相关的信息。除此以外,购销存管理子系统还需要增设与业务处理、查询统计、财务连接相关的基础信息。

1）基础信息

存货分类:存货分类是指按照存货固有的特征或属性将存货划分为不同的类别,以便分类核算和统计。

计量单位:企业中存货种类繁多,不同的存货存在不同的计量单位,因此在开展企业日常业务之前,需要定义存货的计量单位。

存货档案:在"存货档案卡片"对话框中包括"基本""成本""控制""其他"四个选项卡。

(1) 在"基本"选项卡中,有"销售""外购""生产耗用""自制""在制""劳务费用"6 个存货属性。

销售:用于发货单、销售发票、销售出库单等与销售有关的单据参照使用,表示该存货可用于销售。

外购:用于购货所填制的采购入库单、采购发票等与采购有关的单据参照使用。在采购发票、运费发票上一起开具的采购费用,也应设置为外购属性。

生产耗用:用于存货在生产过程被领用、消耗。生产产品耗用的原材料、辅助材料等在开具材料领料单时参照。

自制:用于由企业生产自制的存货,如产成品、半成品等,主要用于开具产成品入库单时参照。

在制:用于尚在制造加工中的存货。

劳务费用:用于在采购发票上开具的运输费、包装费等采购费用及开具在销售发票或发货单上的应税劳务、非应税劳务等。

(2) 在"成本"选项卡中,可以设定计划价/售价、参考成本、参考售价、最新成本、最低售价、最低批发价、最高进价、主要供货单位等参数。

(3) 在"控制"选项卡中,有"是否批次管理""是否保质期管理"两个复选框。

是否批次管理:用于对存货是否按批次进行出入库管理。该复选框必须在库存管理子系统账套选项设置中选中"有批次管理"复选框后方可设置。

是否保质期管理:使有保质期管理的存货必须有批次管理。因此,该复选框也必须在库存管理子系统账套选项设置中选中"有批次管理"复选框后方可设置。

(4) 在"其他"选项卡中,可以设定单位重量、体积、启用日期、停用日期和质量要求。

仓库档案:存货一般是存放在仓库进行保管的,因而要对存货进行核算管理,就必须建立仓库档案。

收发类别:收发类别用来表示存货的出入库类型,以便于对存货的出入库情况进行分类汇总统计。

采购类型/销售类型:定义采购类型和销售类型后,能够按采购、销售类型对采购、销售业务数据进行统计和分析。采购类型和销售类型均不分级次,根据实际需要设立。

产品结构:产品结构用来定义产品的组成,包括组成成分和数量关系,以便用于配比出库、组装拆卸、消耗定额、产品材料成本、采购计划、成本核算等引用。产品结构中引用的物料必须先在存货档案中定义。

费用项目:销售过程中有很多不同的费用发生,如代垫费用、销售支出等,在系统中将其设为费用项目,可以方便记录和统计。

2) 设置库存管理子系统业务科目

设置存货科目:存货科目是设置生成凭证所需的各种存货科目和差异科目。存货科目既可以按仓库,也可以按存货分类分别进行设置。

设置对方科目:对方科目是设置生成凭证所需的存货对方科目,可以按收发类别设置。

3. 期初数据输入

在购销存管理子系统中,期初数据输入是一个非常关键的环节。购销存管理子系统期初数据如表 7-1 所示。

表 7-1 购销存管理子系统期初数据

系统名称	操作	内容	说明
采购管理	输入	期初暂估入库 期初在途存货	暂估入库是指货到票未到 在途存货是指票到货未到
	期初记账	采购期初数据	没有期初数据也要执行期初记账,否则不能开始日常业务处理
销售管理	输入并审核	期初发货单 期初委托代销发货单 期初分期收款发货单	已发货、出库,但未开票 已发货未结算的数量 已发货未结算的数量
库存管理	输入(取数)审核	库存期初余额 不合格品期初	库存和存货共用期初数据 未处理的不合格品结存量
核算管理	输入(取数)记账	存货期初余额 期初分期收款发出商品余额	

任务二 购销存管理子系统初始设置

一、购销存管理子系统建账

【实训内容】

账套主管(201)吴月对采购管理系统、销售管理系统、库存管理系统、核算管理系统进行初始化设置,相关资料如表 7-2 至表 7-5 所示。

表 7-2 采购管理系统参数

项目	选项	项目	选项
启用外币管理	否	是否有供应商否分类	否
存货使用辅计量单位	否	启用月份	12 月
是否有存货分类	是	专用发票默认税率	13%

表 7-3 销售管理系统参数

项目	选项	项目	选项
存货有无辅助计量单位	无	报价是否含税	否
是否允许零出库	允许	是否有最低售价控制	否
是否有存货分类	是	显示现金折扣	是
是否有客户分类	否	启用月份	12 月
有无外币业务	否		

表 7-4　库存管理系统参数

项目	选项	项目	选项
存货有无辅助计量单位	无	有无批次管理	无
是否允许零出库	允许	有无组装拆卸业务	无
有无成套件管理	无	有无形态转换业务	无
是否有存货分类	是	是否有最高最低库存报警	有
是否有客户分类	否	启用月份	12 月
是否有供应商分类	否		

表 7-5　核算管理系统参数

项目	选项	项目	选项
有辅助计量单位	无	客户是否分类	否
允许零出库	允许	供应商是否分类	否
成套件管理	无	存货暂估方式	单到回冲
存货是否分类	是	启用月份	12 月

【实训指导】

（1）以账套主管（201）吴月的身份登录管理系统，选择［采购］→［采购业务范围设置］命令，系统弹出"采购系统选项设置"窗口，按表 7-2 所给的参数进行设置，如图 7-2 所示。

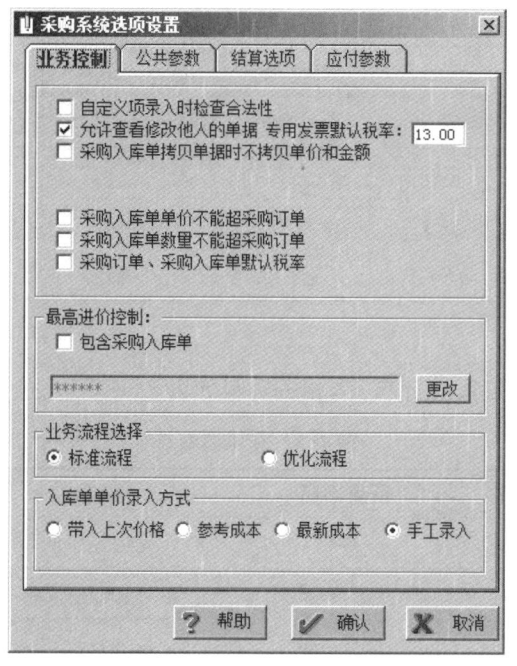

图 7-2　"采购系统选项设置"窗口

（2）以此方法依次完成"销售管理系统公共参数设置""库存管理系统参数设置"以及"核算管理系统参数设置"。

二、基础信息设置

【实训内容】

1. 设置存货分类

账套主管（201）吴月设置存货分类，相关资料如表7-6所示。

表7-6 存货分类表

分类编码	类别名称	分类编码	类别名称
1	原材料	3	周转材料
2	库存商品	4	运输费用

2. 设置存货档案

账套主管（201）吴月设置存货档案，相关资料如表7-7所示。

表7-7 存货档案表

存货分类	存货编码	存货代码	存货名称	计量单位	存货属性
1	101	C01	门套线	米	外购、生产耗用、销售
1	102	C02	门套墙体板	米	外购、生产耗用
1	103	C03	门扇骨架	立方米	外购、生产耗用
1	104	C04	门扇饰面	平方米	外购、生产耗用
2	201	K01	门套	件	生产耗用、销售、自制
2	202	K02	门扇	件	生产耗用、销售、自制
3	301	B01	包装物	个	外购、生产耗用、销售
3	302	D01	工作服	套	外购、生产耗用
4	401	YS001	运输费用	元	外购、劳务费用

3. 设置仓库档案

账套主管（201）吴月设置仓库档案，相关资料如表7-8所示。

表7-8 仓库档案表

仓库编码	仓库名称	所属部门	计价方式	是否货位管理
01	材料仓库	采购部	先进先出法	否
02	成品一库	生产一部	全月加权平均法	否
03	成品二库	生产二部	全月加权平均法	否

4. 设置收发类别

账套主管(201)吴月设置存货收发类别,相关资料如表7-9所示。

表7-9　存货收发类别表

入库类型编码	采购类型名称	出库类别编码	出库类型名称
17	盘盈入库	26	盘亏出库
		27	在建工程领用

5. 设置费用项目

账套主管(201)吴月设置运杂费项目,相关资料如表7-10所示。

表7-10　运杂费项目表

运杂费项目编码	运杂费项目名称	运杂费项目编码	运杂费项目名称
01	运输费	03	保险费
02	包装费		

6. 设置存货对方科目

账套主管(201)吴月设置存货对方科目,相关资料如表7-11所示。

表7-11　存货对方科目表

收发类别编码	收发类别名称	存货分类编码	存货分类名称	存货编码	存货名称	对方科目编码	对方科目名称
11	采购入库	1	原材料	101	门套线	1402	在途物资
11	采购入库	1	原材料	102	门套墙体板	1402	在途物资
11	采购入库	1	原材料	103	门扇骨架	1402	在途物资
11	采购入库	1	原材料	104	门扇饰面	1402	在途物资
12	产成品入库	2	库存商品	201	门套	500104	生产成本转出
12	产成品入库	2	库存商品	202	门扇	500104	生产成本转出
17	盘盈入库					190101	待处理流动资产损溢
22	材料领用出库	1	原材料	101	门套线	500101	直接材料
22	材料领用出库	1	原材料	102	门套墙体板	500101	直接材料
22	材料领用出库	1	原材料	103	门扇骨架	500101	直接材料
22	材料领用出库	1	原材料	104	门扇饰面	500101	直接材料
21	销售出库	2	库存商品	201	门套	6401	主营业务成本
21	销售出库	2	库存商品	202	门扇	6401	主营业务成本
26	盘亏出库					190101	待处理流动资产损溢

7. 设置客户往来科目

账套主管(201)吴月设置客户往来科目,相关资料如表 7-12 所示。

表 7-12   客户往来基本科目表

序号	基本科目名称	科目编码
1	销售收入科目	6001
2	应收科目	1122
3	应交增值税科目	22210102
4	预收科目	2203
5	现金折扣科目	660303

8. 设置供应商往来科目

账套主管(201)吴月设置供应商往来科目,相关资料如表 7-13 所示。

表 7-13   供应商往来基本科目表

序号	基本科目名称	科目编码
1	采购科目	1402
2	应付科目	220201
3	采购税金科目	22210101
4	预付科目	1123

9. 设置结算方式科目

账套主管(201)吴月设置结算方式科目,相关资料如表 7-14 所示。

表 7-14   结算方式科目设置

结算方式	币种	应付科目
现金结算	人民币	1001
现金支票	人民币	1002
转账支票	人民币	1002

设置存货
分类

设置存货
档案

【实训指导】

1. 设置存货分类

(1) 以账套主管(201)吴月的身份登录管理系统,选择[基础设置]→[存货]→[存货分类]命令,打开"存货分类"窗口。

(2) 单击[增加]按钮,输入类别编码为"1",类别名称为"原材料",单击[保存]按钮。

(3) 以此方法依次设置其他存货分类,操作结果如图 7-3 所示。

2. 设置存货档案

(1) 以账套主管(201)吴月的身份登录管理系统,选择[基础设置]→[存货]→[存货档

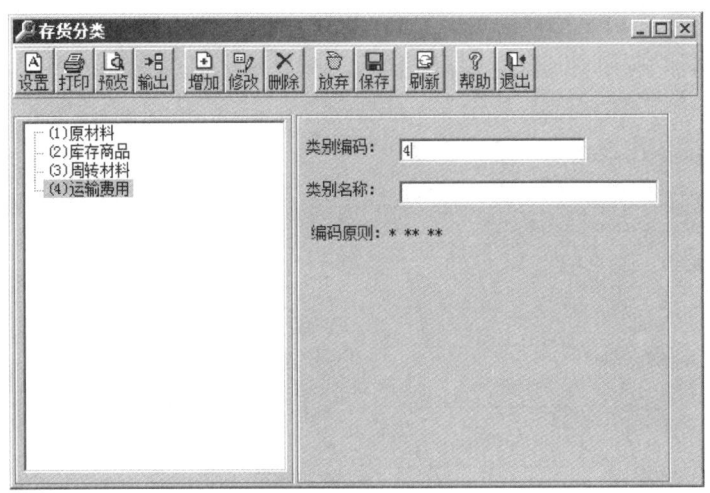

图 7-3　"存货分类"窗口

案]命令,打开"存货档案"窗口。

(2) 在左侧列表中选择"1 原材料",单击[增加]按钮,打开"存货档案卡片"窗口。

(3) 选择"基本"选项卡,输入存货编码为"101",存货代码为"C01",存货名称为"门套线",计量单位为"米",税率为"13％",所属分类码为"1",勾选"销售""外购""生产耗用"复选框,如图 7-3 所示。

(4) 以此方法依次设置其他存货档案。

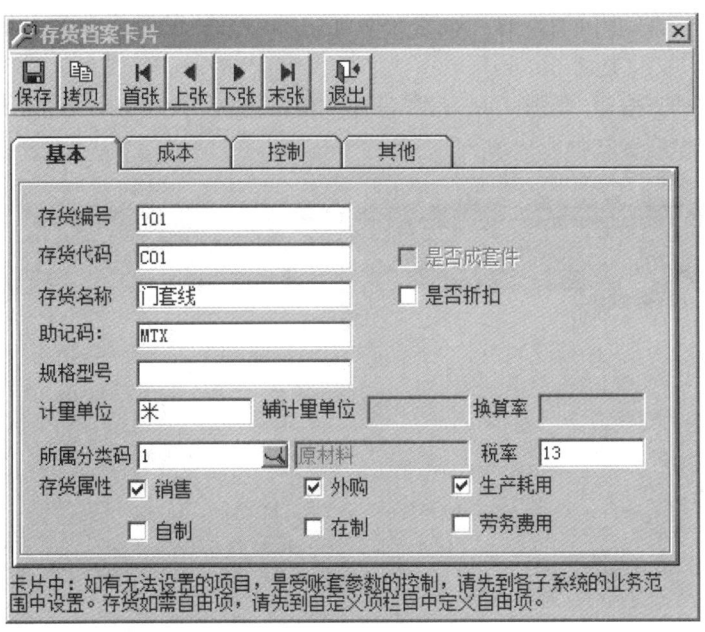

图 7-4　"存货档案卡片"窗口

3. 设置仓库档案

(1) 以账套主管(201)吴月的身份登录管理系统,选择[基础设置]→[购销存]→[仓库

设置仓库
档案

档案]命令,打开"仓库档案"窗口。

　　(2)单击[增加]按钮,打开"仓库档案卡片"窗口,输入仓库编码为"01",仓库名称为"材料仓库",选择计价方式为"先进先出法",如图7-5所示。

　　(3)以此方法依次设置其他仓库档案。

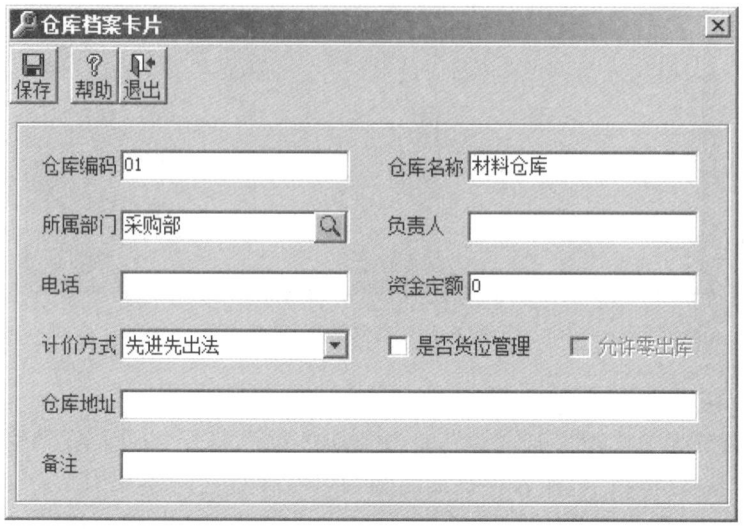

图7-5　"仓库档案卡片"窗口

设置收发
类别

4. 设置收发类别

　　(1)以账套主管(201)吴月的身份登录管理系统,选择[基础设置]→[购销存]→[收发类别]命令,打开"收发类别"窗口。

　　(2)单击[增加]按钮,增加入库方式"盘盈入库",如图7-6所示,单击[保存]按钮。

　　(3)以此方法设置其他出库类别。

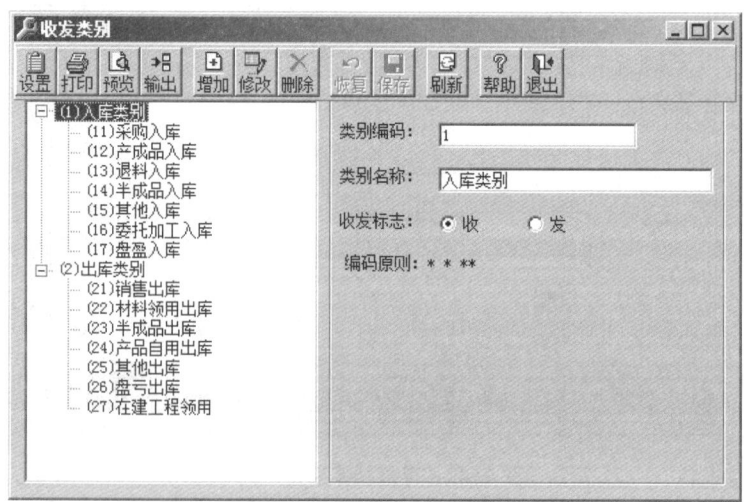

图7-6　"收发类别"窗口

设置费用
项目

5. 设置费用项目

(1) 以账套主管(201)吴月的身份登录管理系统,选择[基础设置]→[购销存]→[费用项目]命令,打开"费用项目"窗口。

(2) 输入费用项目编码为"01",费用项目名称为"运输费",单击[增加]按钮。

(3) 以此方法依次设置其他费用项目,操作结果如图 7-7 所示。

费用项目编号	费用项目名称
01	运输费
02	包装费
03	保险费

图 7-7 "费用项目"窗口

6. 设置存货对方科目

(1) 以账套主管(201)吴月的身份登录管理系统,选择[核算]→[科目设置]→[存货对方科目]命令,打开"存货对方科目"窗口。

设置存货
对方科目

(2) 单击[增加]按钮,按照表 7-11 资料输入存货对方科目,操作结果如图 7-8 所示。

对 方 科 目 设 置

收发类别编码	收发类别名称	存货分类编码	存货分类名称	存货编码	存货名称	对方科目编码	对方科目名称
11	采购入库	1	原材料	101	门套线	1402	在途物资
11	采购入库	1	原材料	102	门套墙体板	1402	在途物资
11	采购入库	1	原材料	103	门扇骨架	1402	在途物资
11	采购入库	1	原材料	104	门扇沛面	1402	在途物资
12	产成品入库	2	库存商品	201	门套	500104	生产成本转出
12	产成品入库	2	库存商品	202	门扇	500104	生产成本转出
17	盘盈入库					190101	待处理流动资产损益
22	材料领用出库	1	原材料	101	门套线	500101	直接材料
22	材料领用出库	1	原材料	102	门套墙体板	500101	直接材料
22	材料领用出库	1	原材料	103	门扇骨架	500101	直接材料
22	材料领用出库	1	原材料	104	门扇沛面	500101	直接材料
21	销售出库	2	库存商品	201	门套	6401	主营业务成本
21	销售出库	2	库存商品	202	门扇	6401	主营业务成本
26	盘亏出库					190101	待处理流动资产损益

图 7-8 "对方科目设置"窗口

7. 设置客户往来科目

(1) 以账套主管(201)吴月的身份登录管理系统,选择[核算]→[科目设置]→[客户往来科目]命令,打开"客户往来科目设置"窗口。

设置客户
往来科目

(2) 在"基本科目设置"中输入对应科目,应收科目本币为"1122",销售收入科目为"6001",应交增值税科目为"22210102",预收科目本币为"2203",现金折扣科目为"660303",

如图 7-9 所示。

图 7-9 "客户往来科目设置"窗口

8. 设置供应商往来科目

（1）以账套主管（201）吴月的身份登录管理系统，选择［核算］→［科目设置］→［供应商往来科目］命令，打开"供应商往来科目设置"窗口。

（2）在"基本科目设置"中输入对应科目，应付科目本币为"220201"，采购科目为"1402"，采购税金科目为"22210101"，预付科目本币为"1123"，如图 7-10 所示。

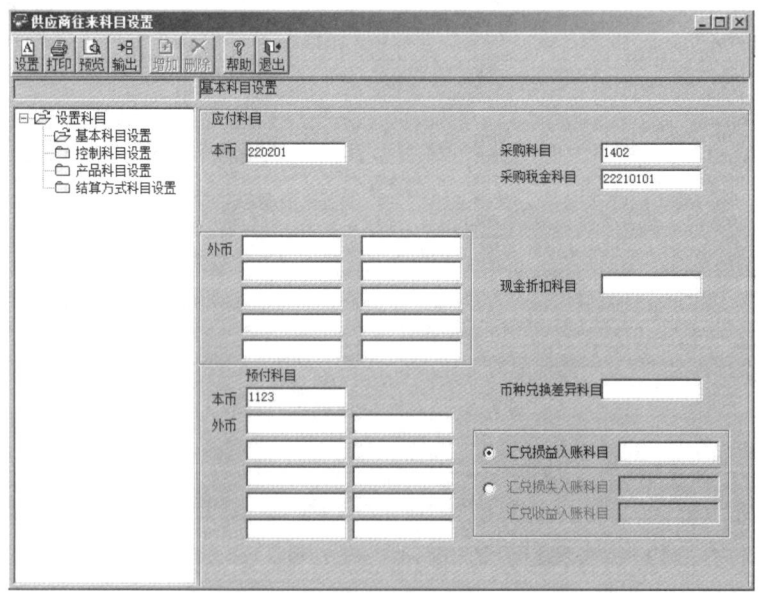

图 7-10 "供应商往来科目设置"窗口

9. 设置结算方式

（1）以账套主管(201)吴月的身份登录管理系统，选择[核算]→[科目设置]→[客户往来科目]命令，打开"客户往来科目设置"窗口。

（2）在"结算方式科目设置"中输入现金结算科目为"1001"，现金支票结算科目为"1002"，转账支票结算科目为"1002"，如图 7-11 所示。

（3）以此方法设置供应商往来的结算方式。

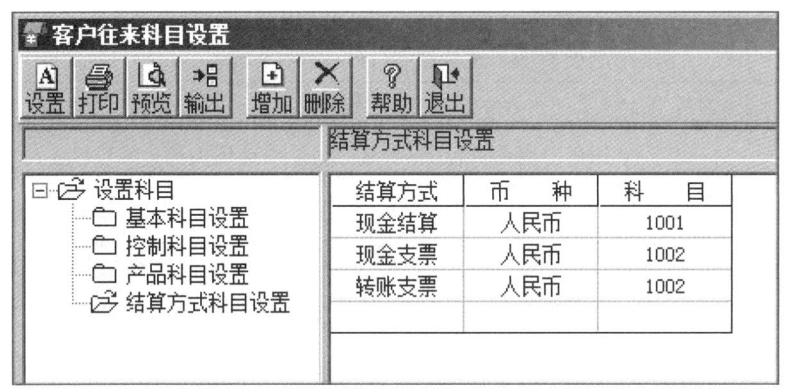

图 7-11　"客户往来科目设置"窗口

【拓展提示】

（1）设置采购业务范围为独占任务，设置前必须退出其他子系统的登录。

（2）采购订单、采购入库单默认税率是指在输入采购订单、采购入库单时，单据表体中的税率默认取存货档案中的税率，否则取 0。

三、购销存子系统期初余额录入

【实训内容】

账套主管(201)吴月录入购销存子系统期初余额，具体资料如下：

（1）2022 年 11 月 30 日，企业对各个仓库进行了盘点，结果如表 7-15 所示。

表 7-15　存货期初余额信息　　　　　　　　　　金额单位:元

仓库	存货编码	存货名称	单位	数量	单价	金额
材料仓库	101	门套线	米	10 000	20.00	200 000.00
	102	门套墙体板	米	5 000	65.00	325 000.00
	103	门扇骨架	立方米	40	4 800.00	192 000.00
	104	门扇饰面	平方米	10 000	140.00	1 400 000.00
	301	包装物	个	10 000	10.00	100 000.00
	302	工作服	套	50	120.00	6 000.00

(续表)

仓库	存货编码	存货名称	单位	数量	单价	金额
合计						2 223 000.00
成品一库	201	门套	件	1 600	670.00	1 072 000.00
成品二库	202	门扇	件	1 500	800.00	1 200 000.00

(2) 应收票据(1121)期初余额借方 2 712 000 元,如表 7-16 所示。

表 7-16   应收票据(1121)期初余额表

日期	客户	摘要	方向	金额(元)
2022-11-02	方圆公司	销售门扇,1 600 件,1 500 元/件,专用发票,票号 21102013	借	2 712 000.00

(3) 应收账款(1122)期初余额借方 1 679 180 元,如表 7-17 所示。

表 7-17   应收账款(1122)期初余额表

日期	客户	摘要	方向	金额(元)
2022-11-12	华海公司	销售门套,2 000 件,725 元/件专用发票,票号 21102022	借	1 638 500.00
2022-10-25	蕙普公司	销售门套,50 件,720 元/件专用发票,票号 21101098	借	40 680.00

(4) 应付账款——应付款(220201)期初余额贷方 452 000 元,如表 7-18 所示。

表 7-18   应付账款(2202)期初余额表

日期	供应商	摘要	方向	金额(元)
2022-11-30	四维公司	购买门套线,20 000 米,20 元/米专用发票,票号 73435490	贷	452 000.00

【实训指导】

1. 库存系统期初数据录入与记账

(1) 以账套主管(201)吴月的身份登录管理系统,选择[核算]→[期初数据]→[期初余额]命令,打开"期初余额"窗口。

(2) 选择"材料仓库",单击[增加]按钮,根据表 7-15 中的资料输入期初相关数据,单击[保存]按钮。以此方法录入"成品一库""成品二库"中存货期初数据。

(3) 选择[库存]→[期初数据]→[库存期初]命令,查看期初数据已自动获得,如图 7-12 所示。

  【拓展提示】

    各个仓库库存的期初余额,既可以在库存管理子系统中输入,也可以在核算子系统中输入。只要在其中一个子系统输入,另一个子系统中即可自动获得期初库存数据。

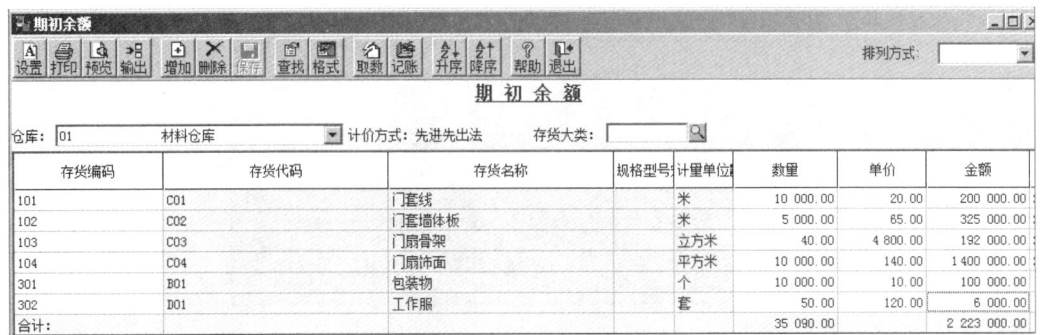

图 7-12 "期初余额"窗口

2. 客户往来期初及供应商往来期初

（1）以账套主管（201）吴月的身份登录管理系统，选择［销售］→［客户往来］→［客户往来期初］命令，打开"期初余额—查询"窗口，单击［确认］按钮，打开"期初余额"窗口。

（2）单击［增加］按钮，打开"单据类别"对话框，选择单据类型为"专用发票"，单击［确定］按钮，打开"销售专用发票"窗口。

（3）根据表 7-16 中的资料填写"销售专用发票"如图 7-13 所示，单击［保存］按钮。以此方法依次设置其客户往来期初数据及供应商往来期初数据。

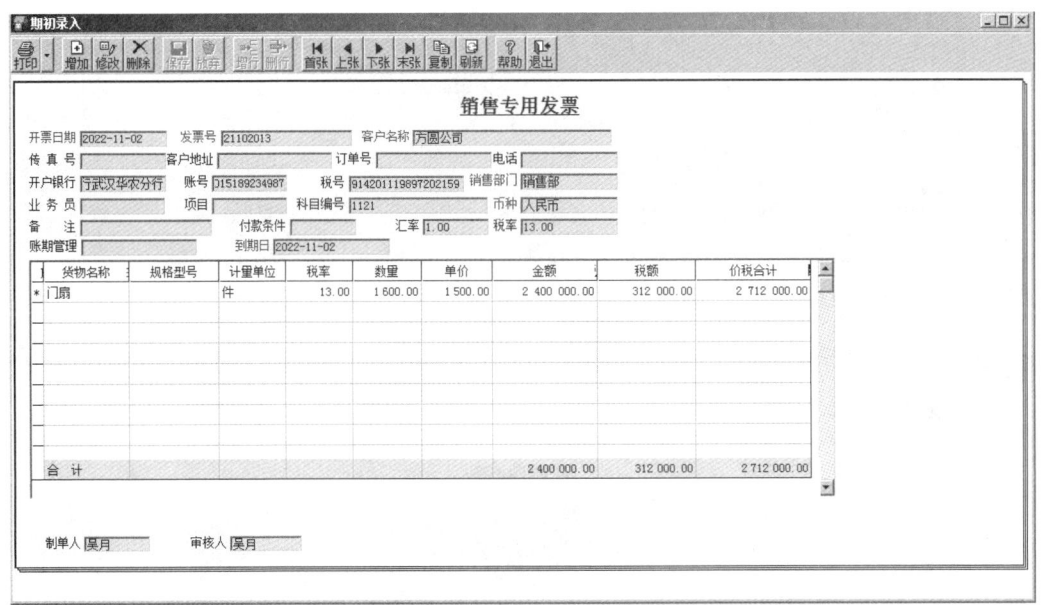

客户往来
期初

供应商往
来期初

图 7-13 "期初录入"窗口

3. 期初记账

（1）选择"采购管理"模块，选择［采购］→［期初记账］命令，单击［记账］按钮。

（2）选择"库存管理"模块，选择［库存］→［期初数据］→［库存期初］命令，单击［记账］按钮，如图 7-14 所示。系统弹出提示"期初记账成功"提示框，单击［确定］按钮，如图 7-15 所示。

期初记账

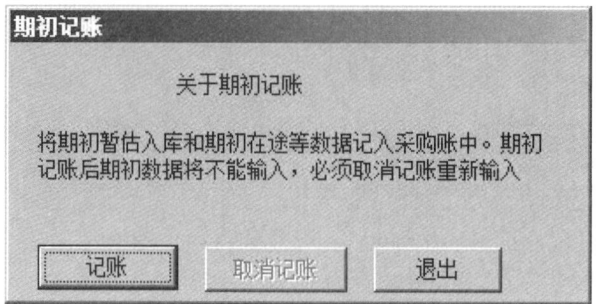

图 7-14 "期初记账"提示框

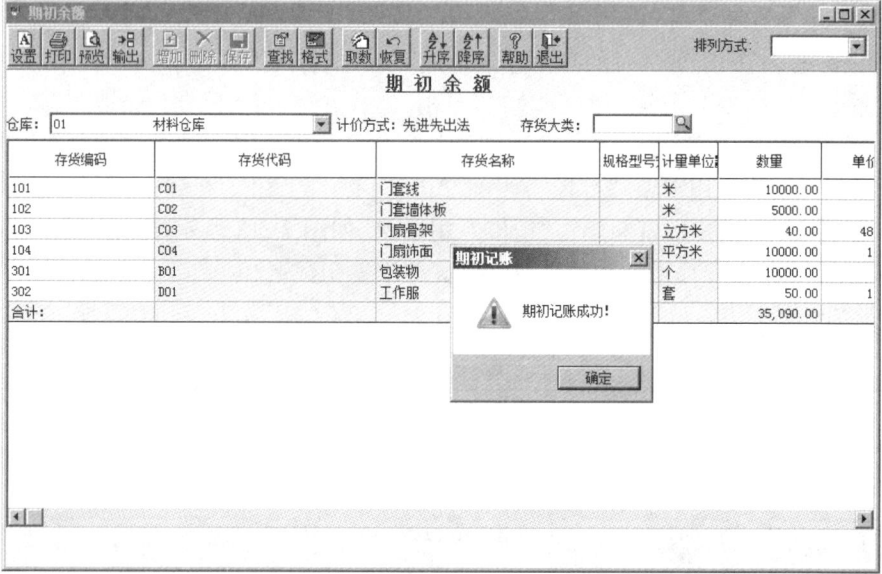

图 7-15 "期初记账成功!"提示框

 **拓展阅读**

关于加快构建中央企业内部控制
体系有关事项的通知

项目八 总账子系统日常业务处理

项目概述

　　总账系统也叫账务处理系统,该系统的主要功能包括利用企业应用平台建立的会计科目体系,输入和处理各种记账凭证,完成记账、对账以及结账的工作;查询和打印输出各种日记账、明细账和总分类账;同时对辅助核算进行管理。该系统具体包括常用摘要和常用凭证的设置;凭证的填制、修改、删除;出纳签字和会计凭证的审核、主管签字、记账;凭证和账簿的查询等。

学习目标

1. 了解总账子系统的主要功能及操作流程
2. 熟悉凭证填制、审核、记账的日常操作流程
3. 掌握凭证、账簿查询的基本方法
4. 能够完成出纳签字、银行对账的基本操作
5. 提升财务管理水平和责任意识

学习要点

1. 记账凭证的填制、修改、删除的操作方法
2. 出纳签字、审核凭证、记账的操作方法
3. 记账和反记账(即红字冲销)的操作方法

任务一 总账子系统日常业务处理概述

一、填制凭证

　　记账凭证是登记账簿的依据,是总账系统唯一的数据源,填制凭证也是最基础的工作。计算机处理账务后,电子账簿的准确与完整依赖于记账凭证,因此,企业要保证记账凭证输入的准确完整。

　　记账凭证的内容一般包括两个部分:一是凭证表头部分,包括凭证类别、凭证编号、凭证日期和附件张数等;二是凭证表体部分,包括摘要、会计分录和金额等。如果输入会计科目

设有辅助核算,则还应输入辅助核算内容;如果一个科目同时兼有多种辅助核算,则同时要求输入各种辅助核算的有关内容。

填制凭证时,可以利用"常用凭证"提高录入速度。比如,企业每个月都要处理计提工资的凭证,可以将其设为常用凭证,以后月份再处理具体工资业务时,可以直接调用保存的常用凭证,以加快凭证的录入速度。

【拓展提示】

(1) 采用制单序时控制时,凭证日期应大于等于总账管理系统企业日期,并小于等于计算机系统日期。

(2) 不同行的摘要可以相同也可以不同,但不能为空。

(3) 填制凭证时,凭证号自动生成,"科目名称"栏,可以使用参照按钮,也可以直接录入科目名称或科目编码;最后一个金额可使用"="自动生成;如果凭证的金额录错了方向,可以直接按空格键改变余额方向。

(4) 金额不能为零,红字以"一"号表示。在填制凭证时,如果科目设有辅助核算,则需选择相应的辅助核算项目,否则凭证无法保存。

(5) 在凭证下方的备注栏,可以查看辅助项内容,双击备注栏的辅助项,可以直接修改。

(6) 如果在基础档案的会计科目中,将"库存现金"和"银行存款"科目指定了现金流量科目,则在保存凭证时,会弹出现金流量选择窗口,根据业务类型选择现金流量项目,保存凭证。

(7) 如果需要将当前凭证保存为"常用凭证",直接点击"常用凭证"菜单下的"生成常用凭证",录入代号及说明即可。在调用该凭证时,点击"常用凭证"菜单下的"调用常用凭证"或者直接按[F4]键,选择需要调用的凭证,生成凭证后,修改保存。

(8) 软件支持在填制凭证界面直接查询某科目余额、明细账功能,选中相应会计科目,单击菜单栏的[余额]和[查辅助明细]按钮,即可查询。

(9) 填制完成并保存后,在未审核前可以直接修改。

二、凭证作废、恢复、整理

1. 作废、恢复凭证

未审核记账的凭证可直接作废,[作废/恢复]按钮是个开关命令,即执行一次"作废"该凭证,再按一次"恢复"该凭证。

【拓展提示】

作废凭证不能修改,不能审核,仍保留凭证内容及凭证编号;在记账时不对作废凭证做数据处理,相当于一张空凭证;在账簿查询时,也查不到作废凭证的数据。

2. 整理凭证

整理凭证就是删除所有作废的凭证,并对未记账的凭证重新编号。

 【拓展提示】

（1）系统提供三种方式整理凭证断号：一是按凭证号重排,二是凭证日期重排,三是审核日期重排。

（2）如果企业采取每做一笔业务均马上打印凭证,并将记账凭证与原始凭证粘贴的方式,则作废凭证不建议整理凭证断号。如果整理凭证断号,系统内所有凭证号将重排,会造成已打印出的纸质记账凭证号与系统内的不一致。

（3）如果选择不整理凭证断号,在填制凭证界面,可以点击菜单栏的"显示空凭证号"功能,查询当月的空凭证号。

三、凭证审核

凭证审核是指具有审核权限的操作员按照会计制度规定,对制单员填制的记账凭证进行合规性、合法性、合理性检查。记账凭证的准确性是进行正确核算的基础,因此无论是机制凭证还是手工录入的凭证,都需要经过他人的审核后,才能作为正式凭证进行记账处理。凭证审核主要包括出纳签字、审核签字等方面的工作。

1）出纳签字

出纳签字主要是指与现金、银行存款科目有关的会计凭证,由于涉及企业现金的收入与支出,应加强对出纳凭证的审核与管理。出纳人员可通过出纳签字功能对制单人员填制的带有现金、银行科目的凭证进行检查核对,主要核对记账凭证的科目和金额是否正确。

如果总账系统的控制参数中设置了"出纳凭证必须经由出纳签字",则必须执行此操作;如果控制参数中没有设置此项,则凭证可不用出纳签字。

2）审核签字

审核凭证是审核人员按照财会制度,对制单员填制的记账凭证进行检查核对,主要审核记账凭证是否与原始凭证相符,会计分录金额是否正确等内容。

凭证一经审核就不能修改、删除,除非取消审核签字后才可以。所有凭证都必须经过审核才能记账。

 【拓展提示】

（1）凭证的审核人和制单人不能是同一人;凭证一经审核就不能修改、删除,除非取消审核签字后才可以;所有凭证都必须经过审核才能记账。

（2）如果审核时发现凭证有误,可以点击菜单栏的［标错］按钮,同时填写凭证错误原因,对该凭证打上错误标识。

（3）已经进行了出纳签字、审核签字的凭证如有错误,需要逆向取消签字后再在填制凭证功能中进行修改。

（4）作废凭证不能被审核，也不能被标错，已标错的凭证不能被审核，如果需要审核，则应先取消标错后才能审核。

（5）出纳签字的操作既可以在"凭证审核"后进行，也可以在"凭证审核"前进行。

四、记账

记账是将会计凭证全面、系统、连续地记录到具有账户基本结构的账户中的一种方式。在总账子系统中，凭证经过审核签字后，即可用来登记总账和明细账、日记账、部门账、往来账、项目账以及备查账等。

记账一般采用向导方式，使记账过程更加明确，记账工作由计算机自动进行数据处理，不用人工干预。记账过程不得中断，一旦断电或其他原因造成中断后，系统将自动调用"恢复记账前状态"恢复数据，然后再重新记账。

以下情况将不允许记账：

（1）在第一次记账时，如果期初余额试算不平衡，系统将不允许记账。

（2）所选记账范围内不平衡的凭证，不允许记账。

（3）所选记账范围内未审核的凭证，不允许记账。

（4）上月未结账，本月不允许记账。

【拓展提示】

（1）记账时如果不输入记账范围，系统默认为对所有记账凭证进行记账。

（2）已记账的凭证不能在"填制凭证"功能中查询，可在"凭证查询"中查询。

（3）如果记账后因某种原因需要恢复记账前状态，需要账套主管执行［总账］→［期末］→［对账］命令，按下［Ctrl＋H］组合键，系统提示"恢复记账前状态功能已被激活"，然后执行［总账］→［凭证］命令，打开"恢复记账前状态"功能，输入账套主管口令，即可将凭证恢复到记账前状态。

五、凭证修改

凭证修改分为以下四种情况：一是修改尚未审核的凭证；二是修改已经进行出纳签字、审核签字但尚未进行记账的凭证；三是修改已经记过账的凭证；四是修改其他系统传递过来的凭证。

1. 审核前的凭证修改

由制单人在填制凭证窗口中，通过单击［首页］［上页］［下页］［末页］按钮翻页查找或单击［查询］按钮输入查询条件，找到要修改的凭证，将光标移到要修改的地方进行修改即可。可修改的内容包括摘要、科目、辅助项、金额及方向，增删分录等。有些项目的修改受到"账簿选项"中设置的限制，如果某笔涉及银行科目的分录已录入支票信息，并对该支票做过报销处理，修改该分录，将不影响"支票登记簿"中的内容。

2. 审核后未记账的凭证修改

如果凭证已经审核,则需要取消审核;如果出纳已经签字,则需要取消出纳签字;然后由原制单人员进入填制凭证窗口进行修改。

取消签字时,需要签字人登录,进入相应的签字界面执行。

3. 记账后的凭证修改

记账后的凭证修改有以下两种方式:

(1)通过填写冲销凭证,保留修改痕迹。

(2)无痕迹的修改。所谓无痕迹,就是不留下任何修改的线索和痕迹。无痕迹修改分为以下三个步骤:

第一步,由账套主管登录管理系统,执行[总账]→[期末]→[对账]命令,打开"对账"窗口,按[Ctrl+H]组合键,系统会提示"恢复记账前状态已激活",激活该菜单。

第二步,由账套主管执行[总账]→[凭证]→[恢复记账前状态]命令,可恢复到最近一次记账,也可以恢复到期初记账状态。

第三步,由签字人取消审核签字、出纳签字,再由制单人注册进入"凭证填制"窗口,完成凭证的修改。

4. 外部凭证的修改

对从其他系统传过来的凭证,不能在总账系统中进行修改,只能在生成该凭证的系统中进行修改。

 【拓展提示】

(1)如果已经采用制单序时控制,则在修改凭证日期时,不能在上一张凭证的制单日期之前。

(2)如果选择"不允许修改或作废他人填制的凭证"权限控制,则不能修改或作废他人填制的凭证。

(3)如果涉及银行科目的分录已录入支票信息,并对该支票做过报销处理,修改操作将不会影响"支票登记簿"中的内容。

六、出纳管理

出纳管理是总账系统为出纳人员提供的一套管理工具,包括出纳签字、现金和银行存款日记账管理、资金日报表的查询和输出、支票登记簿的管理以及银行对账。

1. 出纳签字

出纳签字时由出纳对涉及现金收付的业务凭证进行审核并签字确认。凭证是否需要出纳签字由是否选中"出纳凭证必须经由出纳签字"复选框决定;选中该复选框,账务处理程序为"填制凭证—出纳签字—审核凭证—记账",其中出纳签字和审核凭证无先后顺序;不选中该复选框,账务处理程序为"填制凭证—审核凭证—记账"。

2. 现金和银行存款日记账管理

现金日记账和银行存款日记账不同于一般科目的日记账,是属于出纳管理的,因此将其查询与打印功能放置于出纳管理平台。

3. 资金日报表的查询和输出

资金日报表可以反映现金和银行存款日发生额及余额情况。资金日报表可由总账子系统根据记账凭证自动生成,以便及时掌握当日借贷金额合计、余额和当日业务量等信息,它既可以根据已记账凭证生成,也可以根据未记账凭证生成。

 【拓展提示】

(1)如果在选项中设置了"明细账查询权限控制到科目",那么账套主管应赋予出纳"现金"和"银行存款"科目的查询权限。

(2)如果允许出纳查询凭证和总账,需要在管理系统中赋予出纳"查询凭证"和"查询总账"的权限。

---

4. 支票登记簿的管理

手工记账时,出纳通常建立"支票领用登记簿"来登记支票领用存情况。在信息化环境下,总账子系统提供了"支票登记簿"功能,以详细登记支票领用人、领用日期、支票用途、是否报销等详细情况。

 【拓展提示】

(1)在录入凭证时,可以对原来在支票登记簿中已经存在的支票进行即时报销。

(2)只有在结算方式设置中选择"票据管理方式"功能才能在此选择登记。

(3)领用日期和支票号必须输入,其他内容可填可不填。

(4)报销日期不能在领用日期之前。

(5)当支票支出后,在填制凭证时输入该支票的结算方式和结算号,系统会自动在支票登记簿中将该号支票写上报销日期,该支票即报销。

---

5. 银行对账

银行对账是指在每月月末,出纳人员将企业的银行存款日记账与开户银行发来的当月银行存款对账单进行逐笔核对,勾选已达账项,找出未达账项,并编制每月银行存款余额调节表的过程。

银行对账包括银行对账初始数据录入、本月银行对账单录入、对账、银行存款余额调节表的输出等。

1)银行对账期初数据录入

第一次使用银行对账功能时,应录入单位日记账及银行对账单的期初数据,包括期初余额及期初未达账项。在录入完单位日记账、银行对账单期初未达账项后,不要随意调整启用日期,尤其是不要往前调,否则会造成启用日期后的期初数不能再参与对账。

【拓展提示】

　　银行对账的启用日期是使用银行对账功能前最后一次手工对账的截止日期,用户应在此录入最后一次对账企业方与银行方的调整前余额,以及启用日期之前的企业日记账和银行对账单的未达账项,调整后的双方余额应保持平衡。

　　2）录入银行对账单

　　如果企业使用银企直连系统,可以直接将银行转来的电子对账单直接导入到系统。

　　3）对账

　　对账可以采用自动对账与手工对账相结合的方式。

　　自动对账:即由计算机根据对账依据将银行存款日记账与银行对账单进行自动核对和勾销。对账依据通常是"结算方式＋票据号＋方向＋金额"或"票据号＋金额"。

【拓展提示】

　　（1）对于已核对成功的银行业务,系统将自动在银行存款日记账和银行对账单双方标注两清标志。

　　（2）由于自动对账是以银行存款日记账和银行对账单完全相同的对账依据为条件,所以,为了保证自动对账的正确和彻底,必须保证对账数据的规范合理。

　　手工对账:采用自动对账后,可能还有一些特殊的已达账项没能核对出来,而被视为未达账项,为了保证对账更加彻底和正确,可通过手工对账进行调整勾销。在"银行对账"窗口中,对于一些应勾对而未勾对上的账项,可分别双击"两清"栏,直接进行手工调整。手工对账的标志为"Y",以区别于自动对账标志。

　　4）输出余额调节表

　　在银行对账进行两清勾对后,计算机自动整理汇总未达账和已达账,自动生成"银行存款余额调节表"。

七、账簿管理

　　企业发生的经济业务,经过制单、审核、记账等程序后,就形成了正式的会计账簿,除了现金日记账和银行存款日记账的查询和输出外,账簿管理还包括基本会计核算账簿的查询输出,以及各种辅助核算账簿的查询和输出。

　　1. 基本账簿管理

　　基本账簿管理主要包括对总账、发生额及余额表、明细账、序时账、日记账、多栏账等的查询、输出及打印。

　　（1）总账。查询总账时,可单独显示某科目的年初余额、各月发生额合计、全年累计发生额和月末余额。

　　（2）发生额及余额表。发生额及余额表可以同时显示各科目的期初余额、本期发生额、累计发生额和期末余额。

（3）明细账。明细账以凭证为单位显示各账户的明细发生情况，包括日期、凭证号、摘要、借方发生额、贷方发生额和余额。

（4）序时账。序时账是根据记账凭证以流水账的形式反映各账户的信息，一般包括日期、凭证号、科目、摘要、方向、数量、外币和金额等信息。

（5）日记账。日记账一般包括日期、凭证号、摘要、对方科目、借方发生额、贷方发生额和余额。

（6）多栏账。在查询多栏账之前，必须先定义多栏账的格式。多栏账格式设置可以有两种方式：自动编制栏目和手工编制栏目。

 【拓展提示】

（1）在余额表查询功能中，可以查询各级科目的本月期初余额、本期发生额及期末余额。

（2）在发生额及余额表中，单击［专项］按钮，可以查询到带有辅助核算内容的辅助资料。

2. 辅助核算账簿管理

辅助核算账簿管理包括个人往来核算，部门核算，项目核算账簿的总账、明细账查询与输出，以及部门收支分析和项目统计表的查询输出。当供应商往来和客户往来采用总账系统核算时，其核算账簿的管理在总账系统中进行；反之，则应在应收款、应付款管理系统中进行。

（1）个人往来核算。个人往来核算可以提供个人往来明细账、催款单、余额表、账龄分析报告和自动清理核销已清账等功能。

（2）部门核算。部门核算可以提供各级部门的总账、明细账，以及对各部门收入与费用进行部门收支分析等功能。

（3）客户核算和供应商核算。客户核算和供应商核算主要进行客户与供应商往来款项的发生、清欠管理工作，以便及时掌握往来款项的最新情况。客户核算和供应商核算可以提供往来款的总账、明细账、催款单、对账单、往来账清理、账龄分析报告等功能。

（4）项目核算。项目核算用于收入、成本、在建工程等业务的核算，目的是以项目为中心向使用者提供各项目的成本费用、收入、往来等汇总和明细信息，以及项目计划执行报告等。

任务二　　记账凭证的填制

【实训资料】

业务1、业务4、业务5、业务6、业务8、业务9、业务15、业务16、业务18、业务19、业务20、业务21、业务22、业务23、业务24、业务32、业务33、业务35、业务36、业务39、业务42、业务43、业务 48、业务 49、业务 50、业务 53、业务 54、业务 57、业务 58、业务 59、业务 60、业务 61、业务 64、业务 67、业务 68

【实训内容】

（1）会计(202)朱茜完成凭证输入工作。

（2）出纳(203)洪梅对相关凭证进行出纳签字。

（3）会计主管(201)吴月对全部凭证记录进行审核，并完成记账工作。

【实训指导】

（1）以会计(202)朱茜的身份登录管理系统，选择［总账］→［凭证］→［填制凭证］命令，打开"填制凭证"窗口。

（2）单击［增加］按钮，系统自动增加一张空白记账凭证，输入制单日期为"2022.12.01"，摘要为"借款"，选择借方科目为"银行存款"，输入借方金额为"300 000.00"。

（3）系统弹出"辅助项"窗口，选择项目名称为"取得借款收到的现金"，如图 8-1 所示，结算方式为"9"，发生日期为"2022.12.01"，单击［确认］按钮。

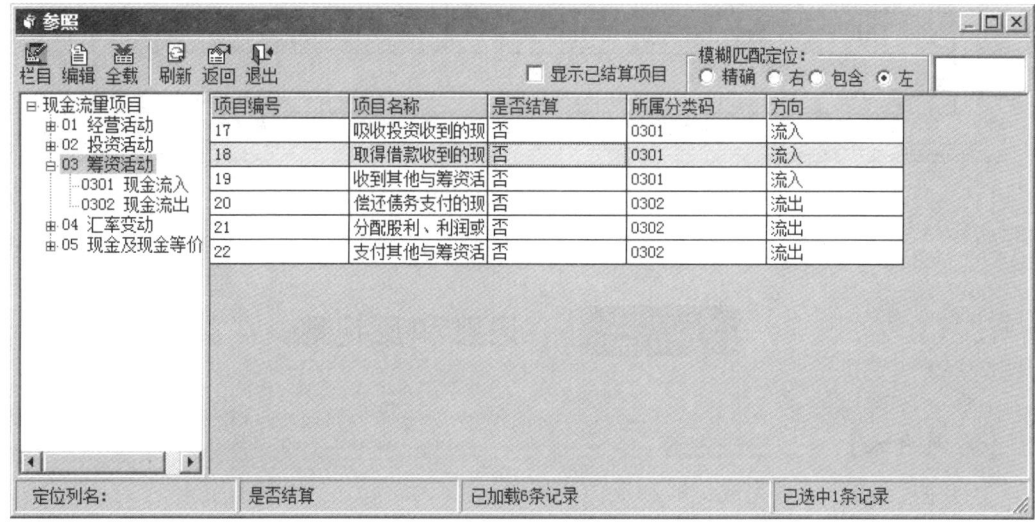

图 8-1　"参照"窗口

（4）按［回车］键，摘要自动带到下一行，选择贷方科目为"短期借款"，输入贷方金额为"300 000.00"，也可按"＝"键，如图 8-2 所示。

（5）单击［保存］按钮，系统提示"凭证已保存成功"。

（6）以出纳(203)洪梅的身份进行出纳签字；再以账套主管(201)吴月的身份进行审核记账，也可月末统一出纳签字和审核记账。

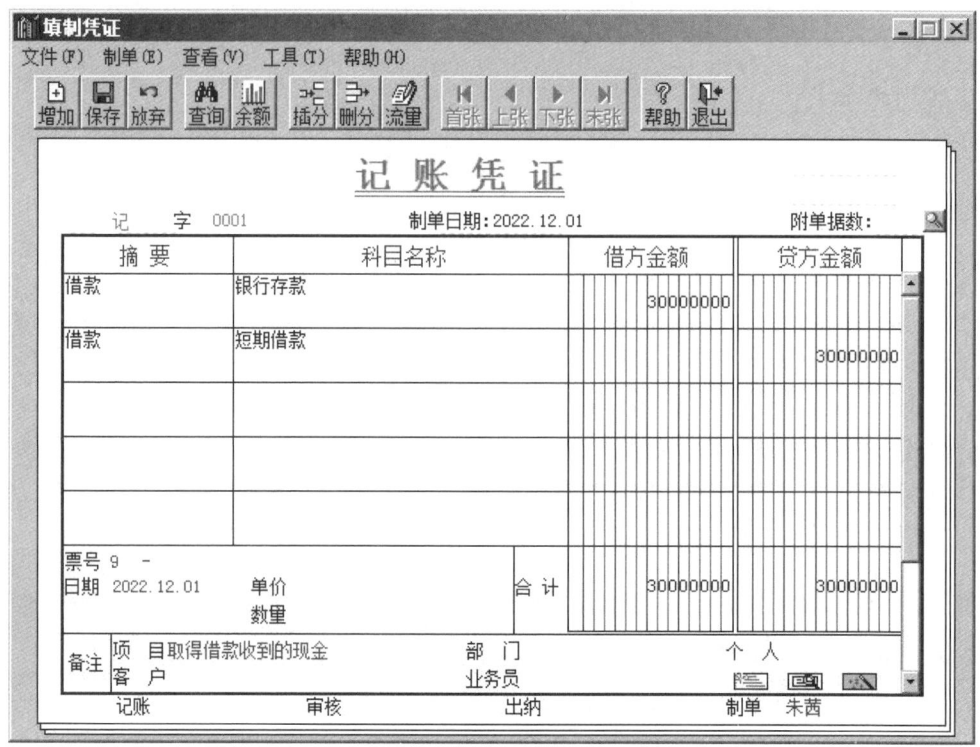

图 8-2 凭证填制完成并保存

任务三 记账和反记账

【实训内容】

会计主管(201)吴月完成记账和反记账操作。

【实训指导】

1. 记账

(1) 2022 年 12 月 31 日,以会计主管(201)吴月的身份登录管理系统,选择[总账]→[凭证]→[记账]命令,打开"记账"对话框。

(2) 选择要进行记账的凭证范围。本例单击[全选]按钮选择所有凭证。

(3) 单击[下一步]按钮,系统显示预记账报告,可以进行查看。

(4) 单击[下一步]按钮进行记账。单击[记账]按钮,打开"期初试算平衡表"对话框,单击[确认]按钮,系统开始登记有关的总账和明细账、辅助账。登记完后,弹出"记账完毕!"提示框。

(5) 单击[确定]按钮,如图 8-3 所示。

2. 反记账

(1) 2022 年 12 月 31 日,以会计主管(201)吴月的身份登录管理系统,选择[总账]→[期

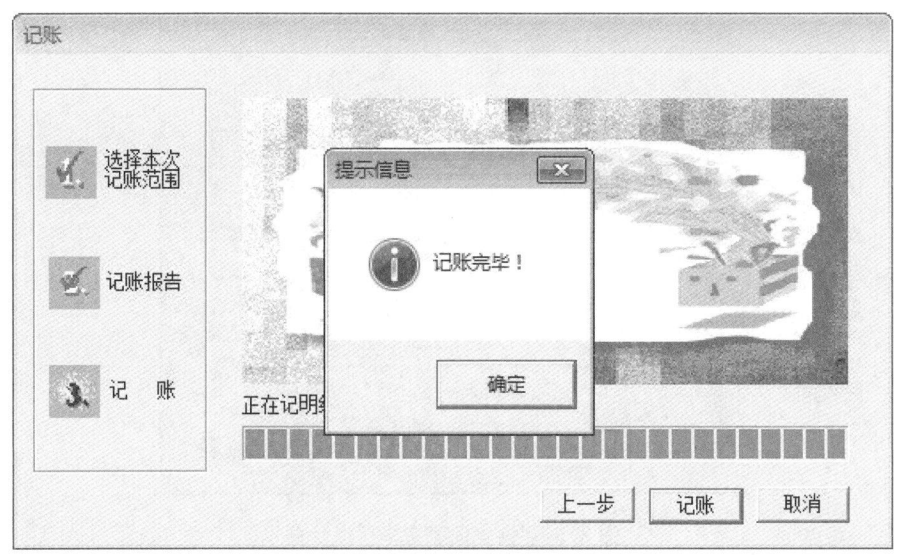

图 8-3　"记账完毕！"提示框

末]→[对账]命令，打开对话框，同时按下"Ctrl＋H"键，激活恢复记账前状态功能，如图 8-4 所示。

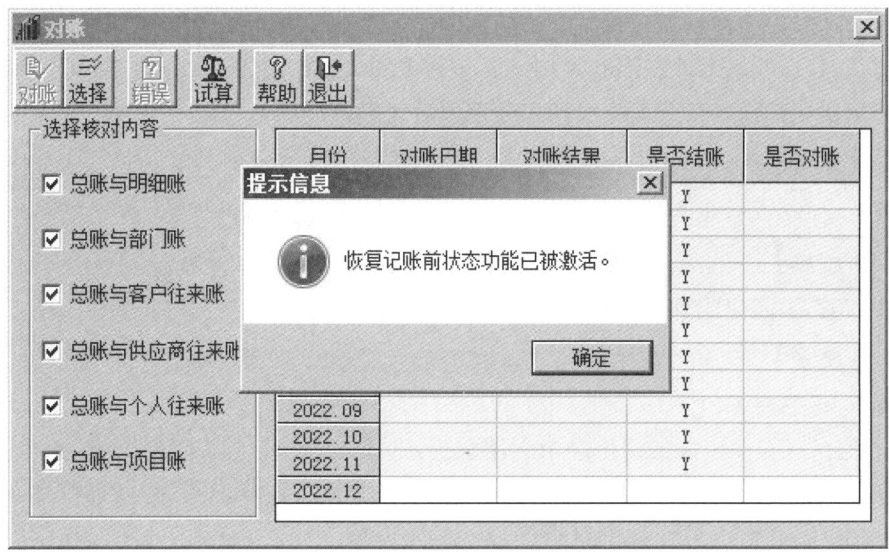

图 8-4　"恢复记账前状态功能已被激活。"提示框

（2）选择[总账]→[凭证]→[恢复记账前状态]命令，打开对话框，可通过功能恢复到最近一次记账前状态或月初状态，选中恢复方式后点击[确定]按钮，再点击"确定"按钮，提示恢复记账完毕，如图 8-5 所示。

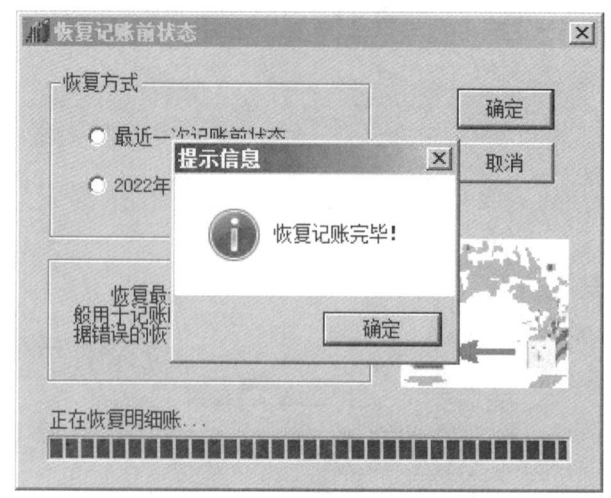

图 8-5 "恢复记账完毕!"提示框

任务四　　总账的期末结转

　　总账系统期末处理是在本月所发生的经济业务全部入账的基础上,进行转账凭证生成,期间损益结转,计算出本期利润并进行对账和结账等一系列工作。实际工作中,总账的期末结账处理是要在其他各系统均完成期末处理以后才能进行的。

【实训资料】

业务 71、业务 74、业务 75、业务 76、业务 77、业务 78、业务 79

【实训内容】

会计(202)朱茜完成总账期末转账处理业务单据的输入。

【实训指导】

1. 自动转账设置

(1) 以会计(202)朱茜的身份登录管理系统,选择[总账]→[月末转账]命令,单击[自定义转账]放大镜,单击[增加]按钮,输入转账序号为"0004",转账说明为"计提税金及附加",单击[确定]按钮。输入第一行科目编码为"6403"方向为"借",双击"金额公式",单击放大镜,选择公式名称"取对方科目计算结果 JG()",依次单击[下一步][完成]按钮。

(2) 单击[增行]按钮,输入第二行科目编码为"222107",方向为"贷",双击"金额公式",单击放大镜,选择"贷方发生额 FS()",单击[下一步]按钮,科目改为"222102",单击[完成]按钮,在公式后输入"＊0.07"。

(3) 单击[增行]按钮,输入第三行科目编码为"222109",方向为"贷",双击"金额公式",单击放大镜,选择"贷方发生额 FS()",单击[下一步]按钮,科目改为"222102",单击[完成]按钮,在公式后输入"＊0.03",如图 8-6 所示。

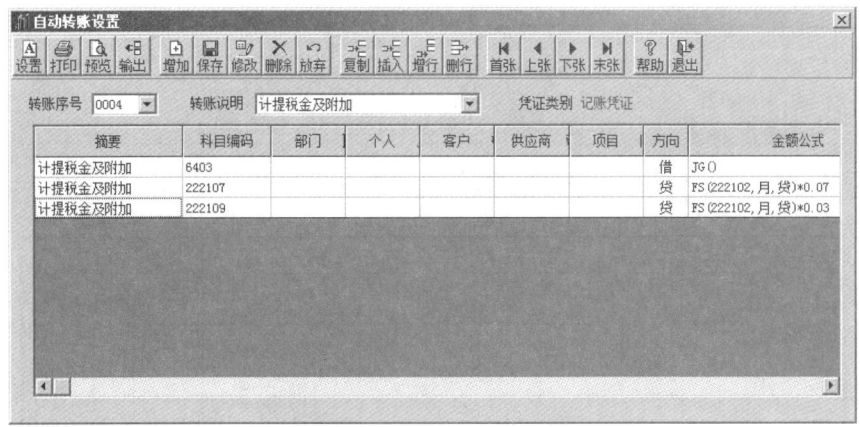

图 8-6　"自动转账设置"窗口

（4）退出"自动转账设置"窗口，并双击右方对应号凭证，单击左下角"包含未记账凭证"复选框，单击[确定]按钮，并保存凭证，如图 8-7 所示。

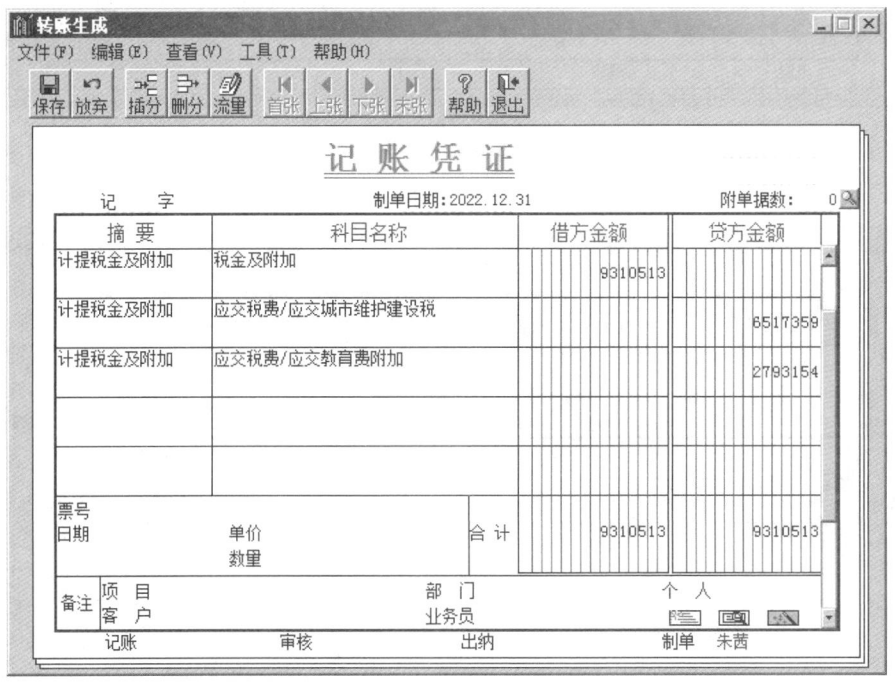

图 8-7　"转账生成"窗口

2. 期间损益结转

以会计（202）朱茜的身份登录管理系统，选择[总账]→[月末转账]命令，单击[期间损益结转]放大镜，输入表头本年利润科目"4103"，单击[确定]按钮，类型改为"收入"，单击[全选]按钮，勾选左下角"包含未记账凭证"复选框，单击[确定]按钮，并保存凭证，再将类型改为"费用"，保存凭证，操作结果如图 8-8 至图 8-18 所示。结转损益对于红字金额进行借贷方向调整，对于后续报表填写做准备。

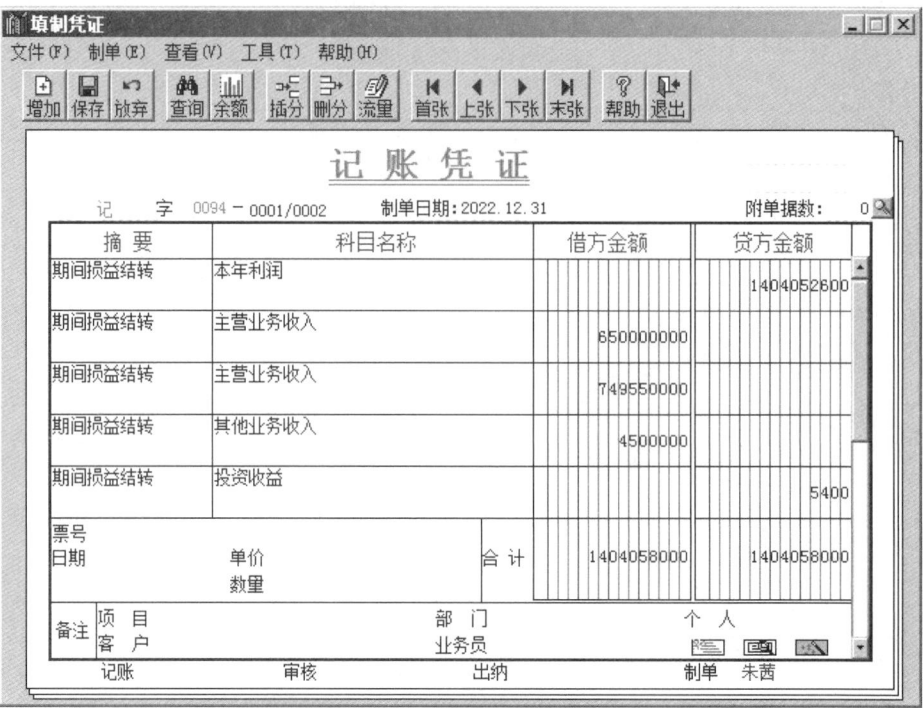

图 8-8　期间损益结转生成凭证

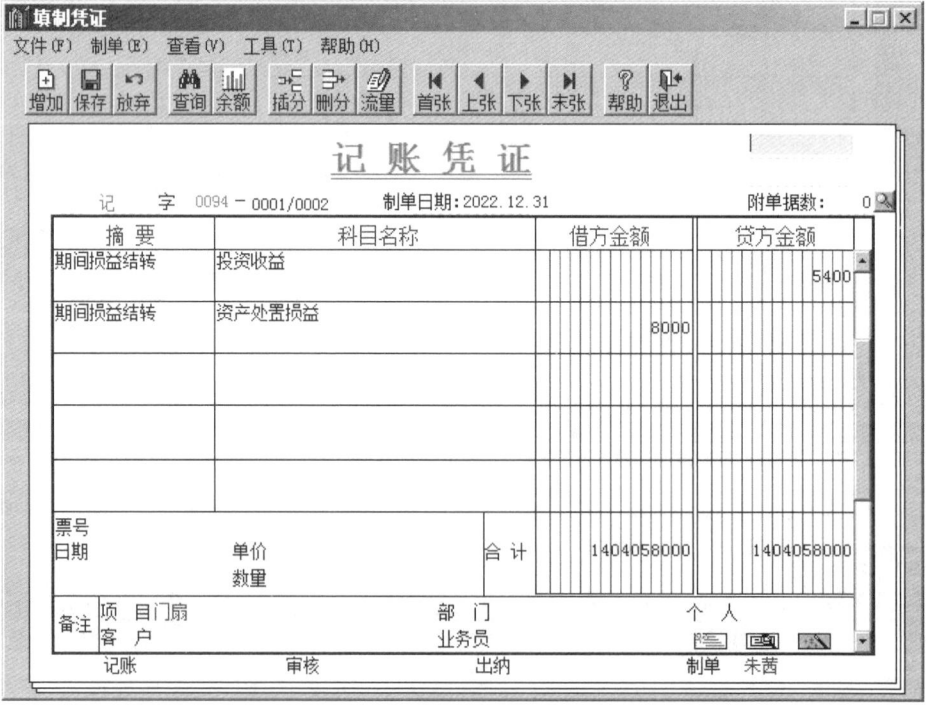

图 8-9　期间损益结转生成凭证

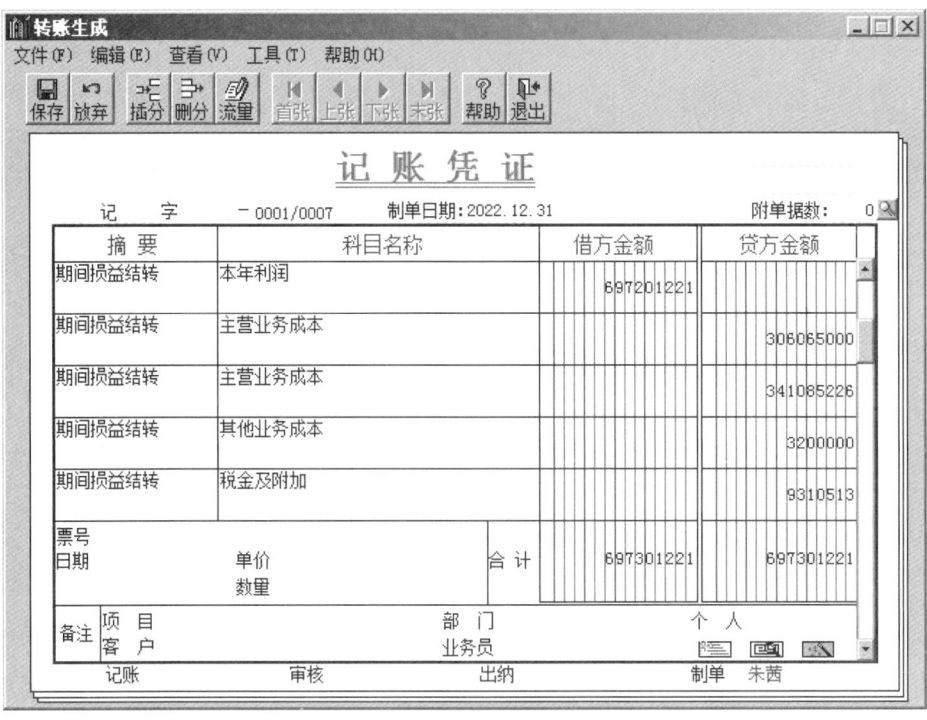

图 8-10 期间损益结转生成凭证

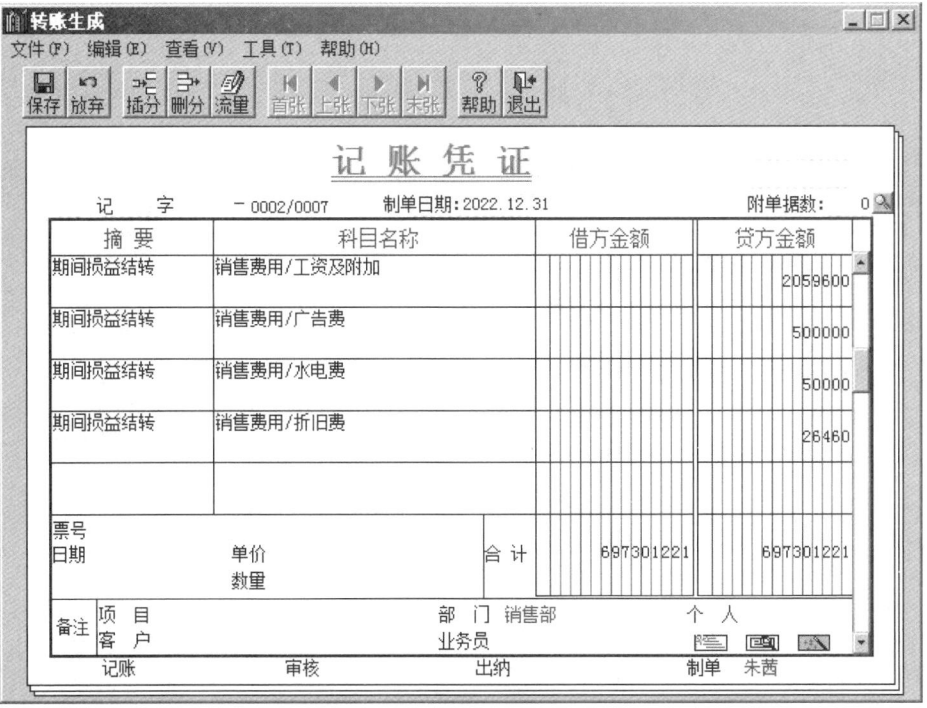

图 8-11 期间损益结转生成凭证

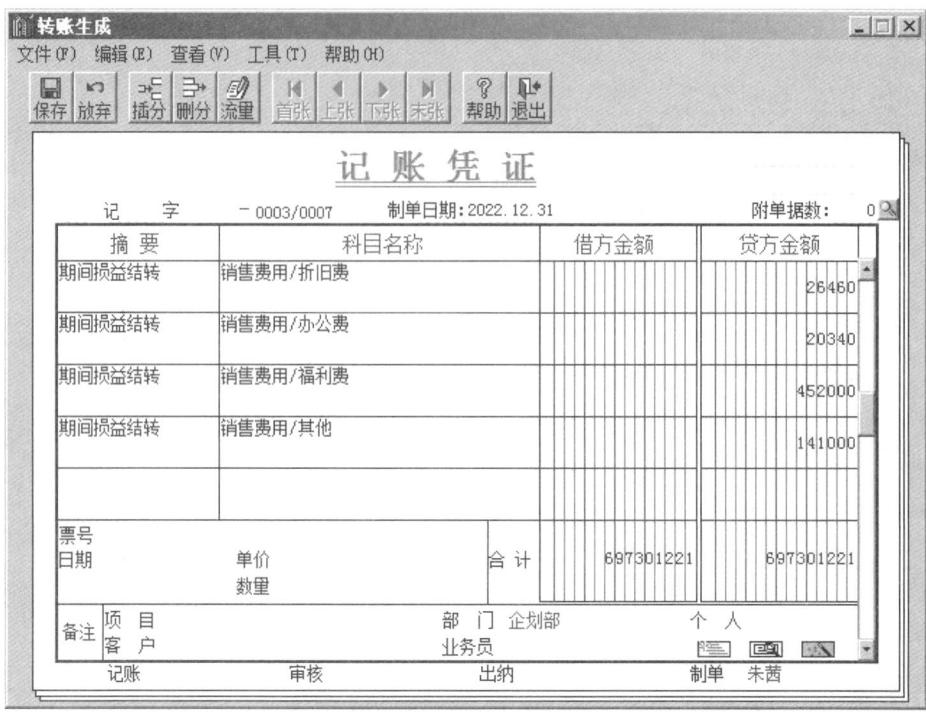

图 8-12　期间损益结转生成凭证

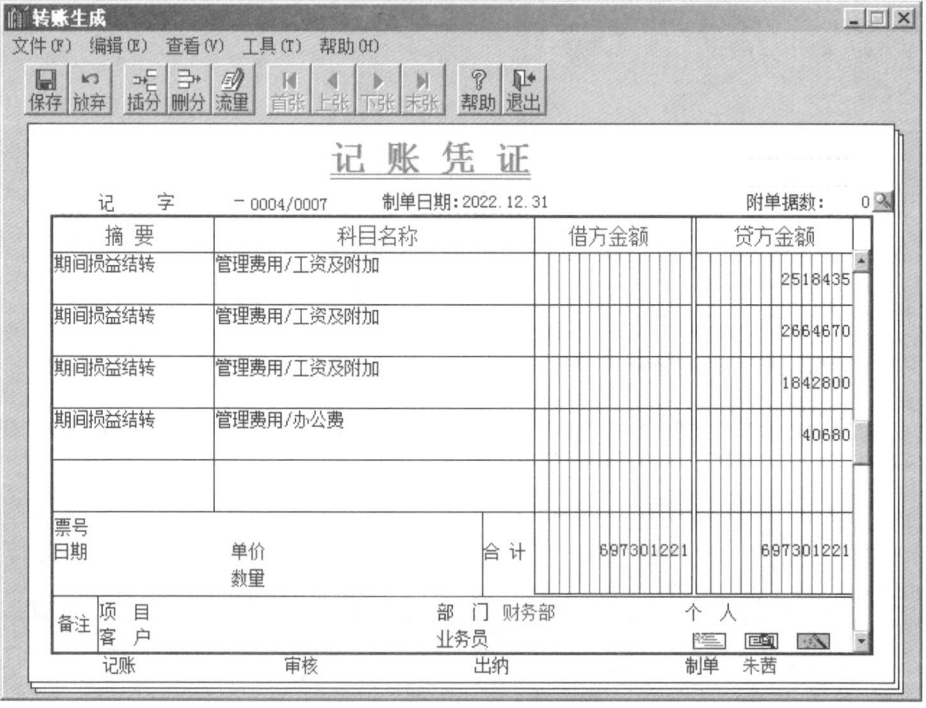

图 8-13　期间损益结转生成凭证

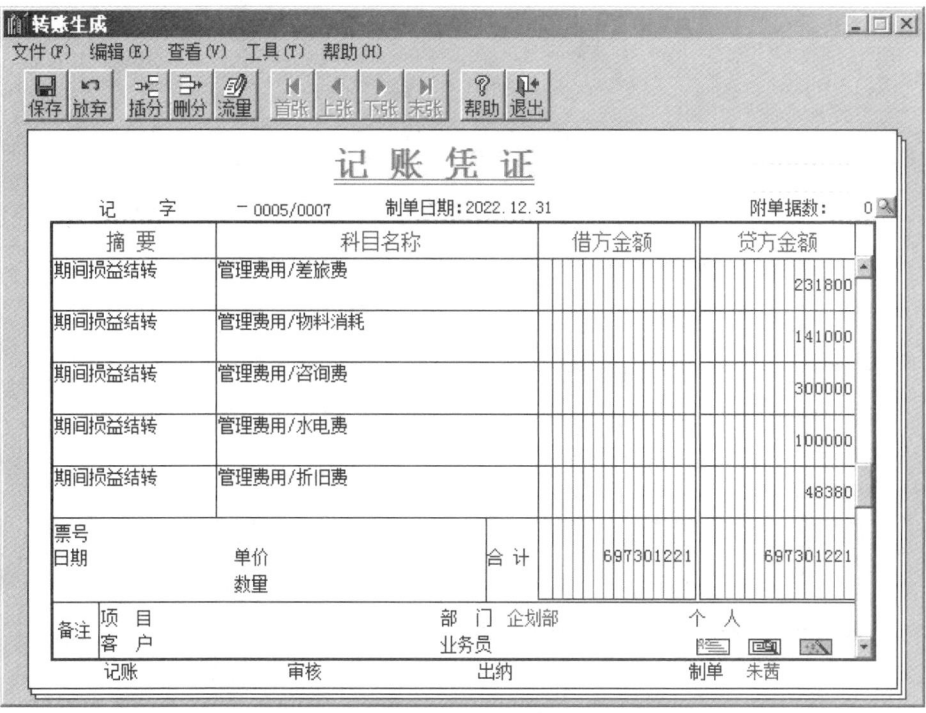

图 8-14 期间损益结转生成凭证

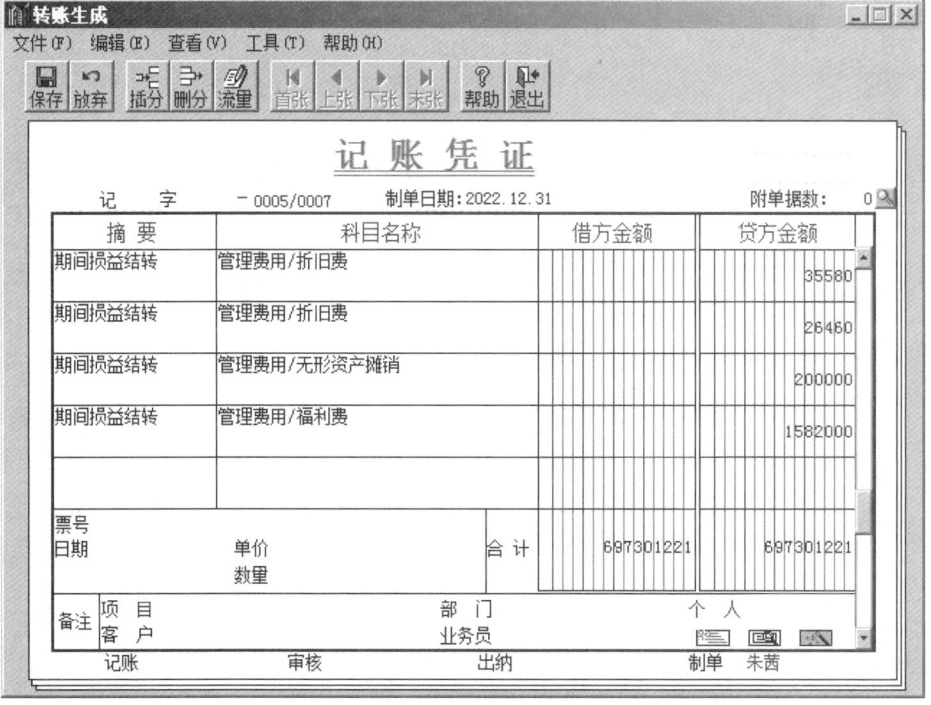

图 8-15 期间损益结转生成凭证

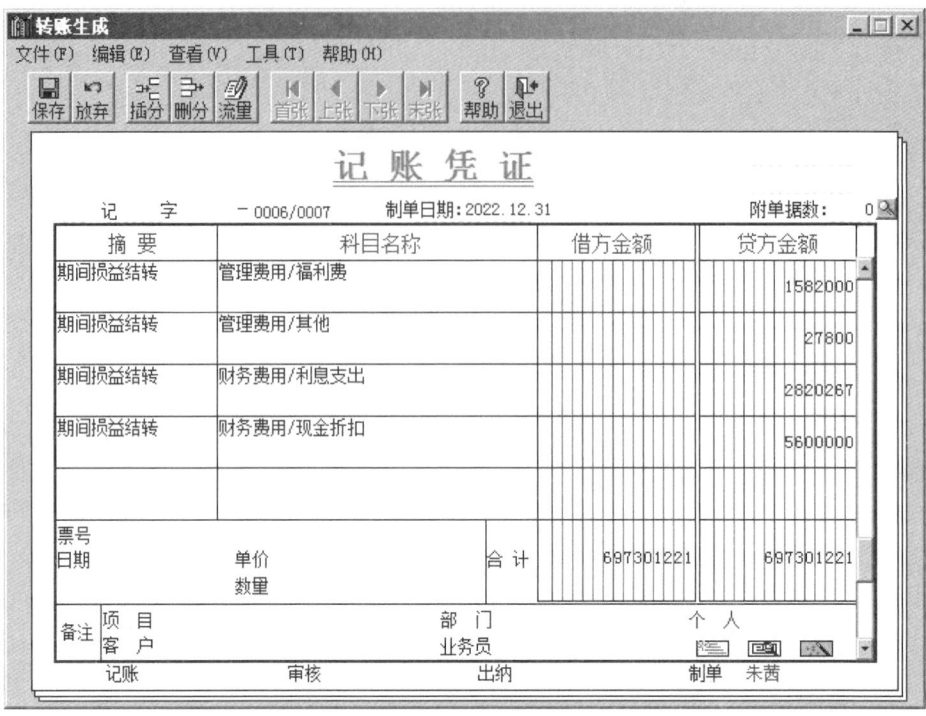

图 8-16　期间损益结转生成凭证

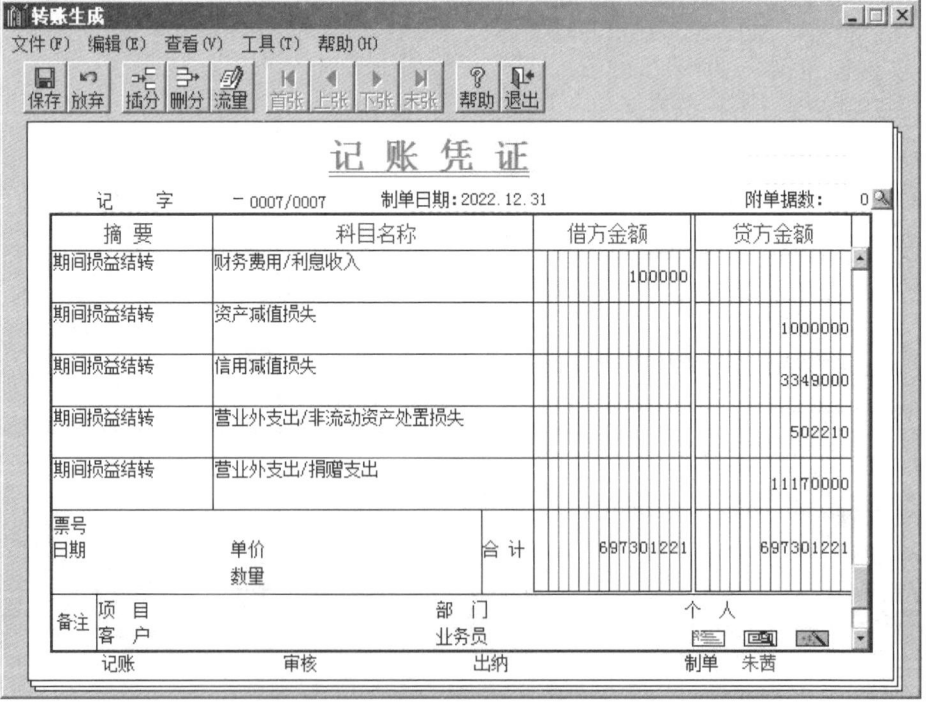

图 8-17　期间损益结转生成凭证

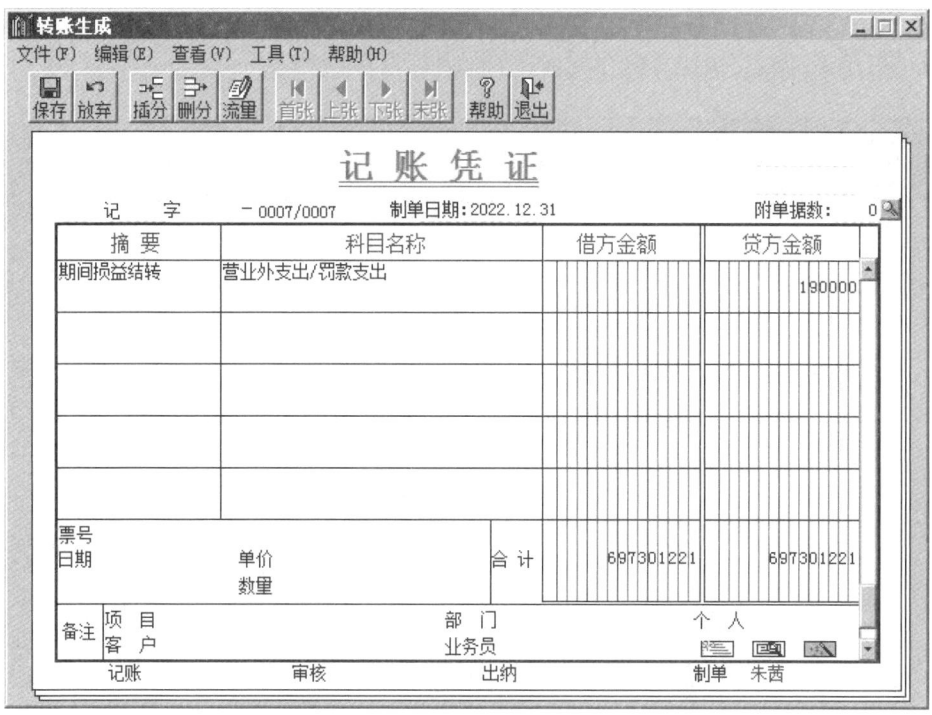

图 8-18　期间损益结转生成凭证

3. 对应结转

（1）以会计（202）朱茜的身份登录管理系统，选择［总账］→［月末转账］命令，单击［对应结转］放大镜，输入转账编号为"0001"，摘要为"结转本年利润"，转出科目编码为"4103"，单击［增行］按钮，输入转入科目编码"410401"，单击［保存］按钮，如图 8-19 所示。

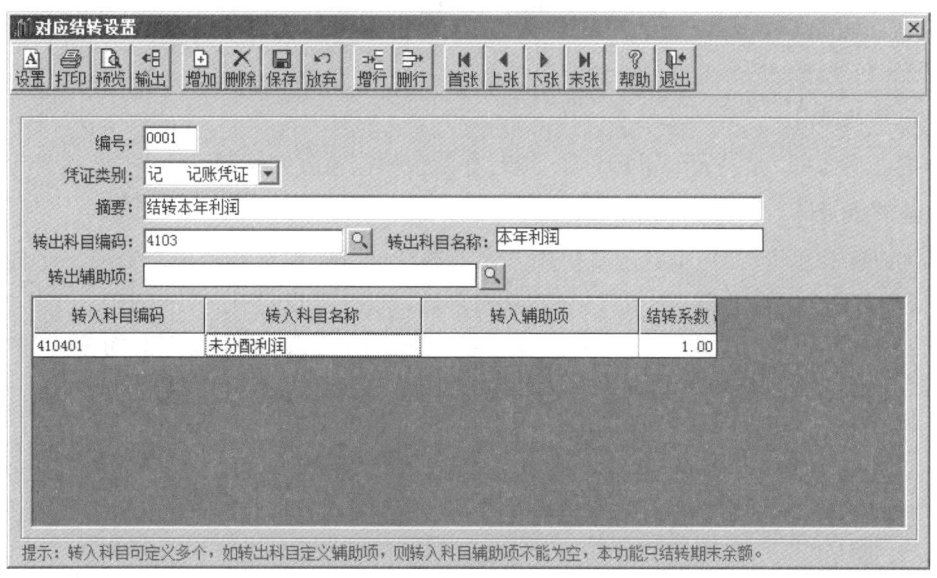

图 8-19　"对应结转设置"窗口

（2）退出"对应结转设置"窗口，双击右方对应编号的凭证，勾选左下角"包含未记账凭证"复选框，单击［确定］按钮并保存凭证，结果如图8-20所示。

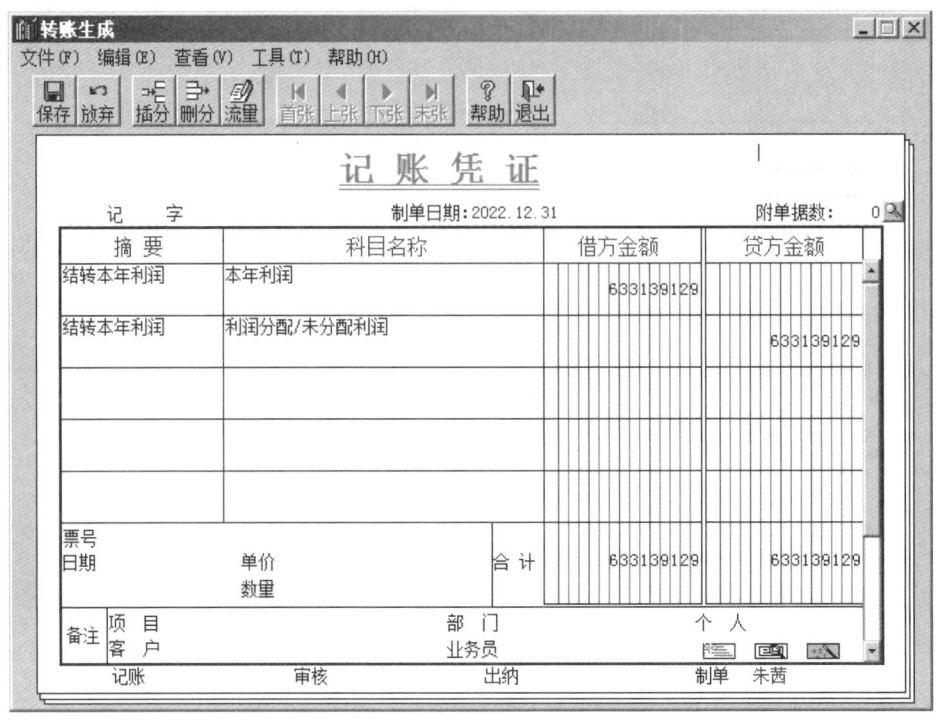

图8-20　"转账生成"窗口

任务五　银 行 对 账

【实训内容】

账套主管（201）吴月完成银行对账、银行存款余额调节表的编制。

【实训指导】

（1）以账套主管（201）吴月的身份进入管理系统，选择［现金］→［现金管理］→［日记账］→［银行日记账］命令，查看"银行日记账"月初余额，单击［退出］按钮。

（2）选择［现金］→［设置］→［银行期初录入］命令，单击［确定］按钮，分别录入"单位日记账""银行对账单"的调整前余额，注意"银行对账单"的余额方向为贷方，如图8-21所示。

（3）选择［现金银行］→［银行对账单录入］命令，修改月份为"2022.12.01"，依次单击［确定］［增加］按钮，按照"对账单"录入发生额（录入金额方向与对账单方向相反），操作结果如图8-22所示。

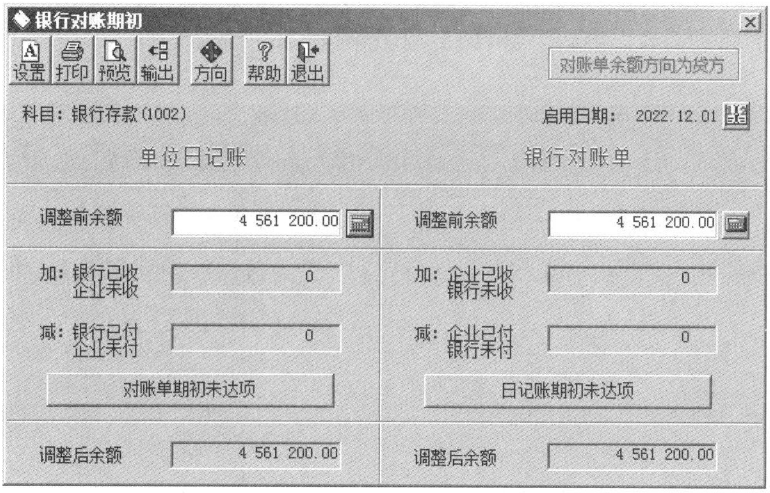

图 8-21　“银行对账期初”窗口

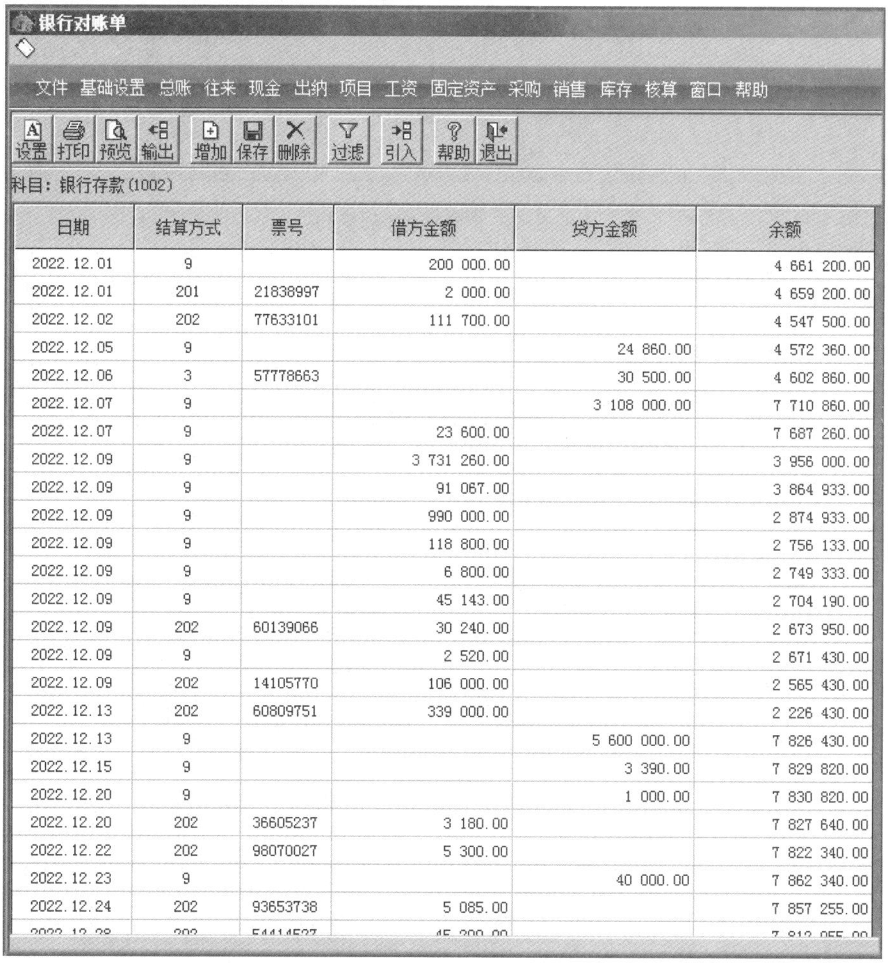

日期	结算方式	票号	借方金额	贷方金额	余额
2022.12.01	9		200 000.00		4 661 200.00
2022.12.01	201	21838997	2 000.00		4 659 200.00
2022.12.02	202	77633101	111 700.00		4 547 500.00
2022.12.05	9			24 860.00	4 572 360.00
2022.12.06	3	57778663		30 500.00	4 602 860.00
2022.12.07	9			3 108 000.00	7 710 860.00
2022.12.07	9		23 600.00		7 687 260.00
2022.12.09	9		3 731 260.00		3 956 000.00
2022.12.09	9		91 067.00		3 864 933.00
2022.12.09	9		990 000.00		2 874 933.00
2022.12.09	9		118 800.00		2 756 133.00
2022.12.09	9		6 800.00		2 749 333.00
2022.12.09	9		45 143.00		2 704 190.00
2022.12.09	202	60139066	30 240.00		2 673 950.00
2022.12.09	9		2 520.00		2 671 430.00
2022.12.09	202	14105770	106 000.00		2 565 430.00
2022.12.13	202	60809751	339 000.00		2 226 430.00
2022.12.13	9			5 600 000.00	7 826 430.00
2022.12.15	9			3 390.00	7 829 820.00
2022.12.20	9			1 000.00	7 830 820.00
2022.12.20	202	36605237	3 180.00		7 827 640.00
2022.12.22	202	98070027	5 300.00		7 822 340.00
2022.12.23	9			40 000.00	7 862 340.00
2022.12.24	202	93653738	5 085.00		7 857 255.00

图 8-22　“银行对账单”窗口

（4）选择［现金银行］→［银行对账］命令，修改月份为"2022.12"，单击［确定］按钮，利用"自动对账"与"手动对账"勾选已两清的金额，如图 8-23 所示。

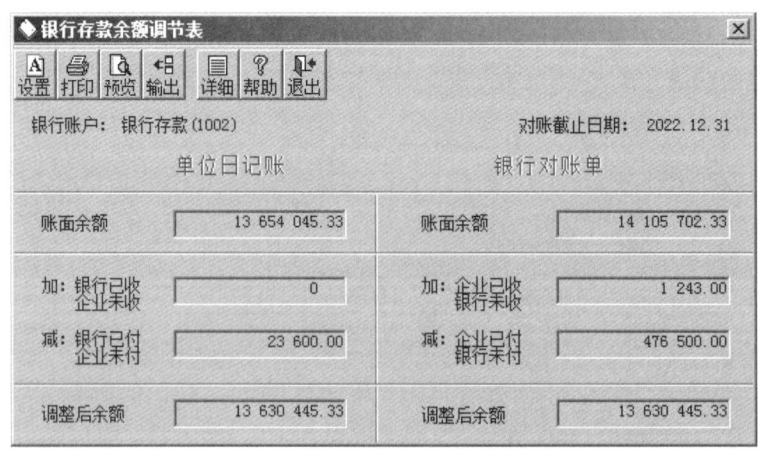

图 8-23 "银行对账"窗口

（5）选择［现金银行］→［余额调节表］命令，单击［查看］按钮，调整后余额如 8-24 所示。

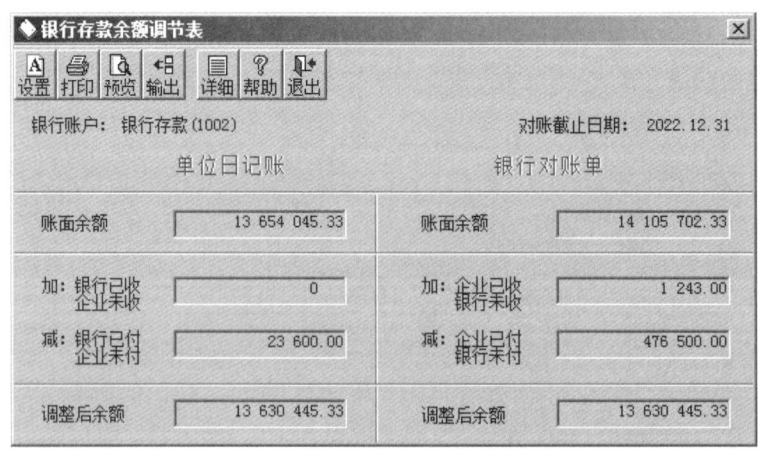

图 8-24 银行存款余额调节表

任务六　　账 表 查 询

【实训内容】

会计(202)朱茜进行账表的查询。

【实训指导】

(1) 以会计(202)朱茜的身份登录管理系统,选择[总账]→[账簿查询]→[余额表]命令,打开"发生额及余额表查询条件"对话框。

(2)选择查询条件,单击[确定]按钮,打开"发生额及余额表"对话框。

(3)单击[累计]按钮,系统自动增加借贷方累计发生额两个栏目,如图 8-25 所示。

(4)以此方法查询其他账表。

发生额及余额表

月份：2022.12-2022.12

科目编码	科目名称	期初余额 借方	期初余额 贷方	本期发生 借方	本期发生 贷方	累计发生 借方	累计发生 贷方	期末余额 借方	期末余额 贷方
1001	库存现金	49 800.00		2 559.00	8 664.80	2 559.00	8 664.80	43 694.20	
1002	银行存款	4 561 200.00		15 408 705.33	6 315 860.00	15 408 705.33	6 315 860.00	13 654 045.33	
1012	其他货币资金	200 000.00		3 931 260.00	380 054.00	3 931 260.00	380 054.00	3 751 206.00	
1101	交易性金融资产			180 000.00		180 000.00		180 000.00	
1121	应收票据	2 712 000.00		3 164 000.00	3 164 000.00	3 164 000.00	3 164 000.00	2 712 000.00	
1122	应收账款	1 679 180.00		9 492 000.00	8 794 000.00	9 492 000.00	8 794 000.00	2 377 180.00	
1124	合同资产			1 469 000.00	1 469 000.00	1 469 000.00	1 469 000.00		
1221	其他应收款	3 000.00		32 800.00	3 000.00	32 800.00	3 000.00	32 800.00	
1231	坏账准备		8 395.90	30 000.00	33 490.00	30 000.00	33 490.00		11 885.90
1402	在途物资			6 414 140.00	6 414 140.00	6 414 140.00	6 414 140.00		
1403	原材料	2 117 000.00		6 676 640.00	6 727 870.00	6 676 640.00	6 727 870.00	2 065 770.00	
1405	库存商品	2 272 000.00		6 204 800.00	6 471 502.26	6 204 800.00	6 471 502.26	2 005 297.74	
1411	周转材料	106 000.00		40 000.00	70 000.00	40 000.00	70 000.00	76 000.00	
1601	固定资产	1 835 600.00		1 250 000.00	11 700.00	1 250 000.00	11 700.00	3 073 900.00	
1602	累计折旧		152 234.80	3 580.80	8 074.00	3 580.80	8 074.00		156 728.00
1603	固定资产减值准备				10 000.00		10 000.00		10 000.00
1604	在建工程	750 000.00		20 000.00	770 000.00	20 000.00	770 000.00		
1606	固定资产清理			1 100.00	1 100.00	1 100.00	1 100.00		
1701	无形资产	210 000.00		30 000.00		30 000.00		240 000.00	

图 8-25　发生额及余额表

拓展阅读

精细化成本助推"三高"发展

项目九　工资管理子系统日常业务处理

 **项目概述**

工资管理子系统的日常业务处理主要包括计算并调整职工工资数据,并且根据这些数据发放工资,同时进行凭证填制等账务处理工作,生成的记账凭证自动传递到总账系统。在 T3 系统中,工资管理子系统的主要任务是及时计算职工工资,正确计提和分配工资费用,同时登记有关的总账和明细账。

 学习目标

1. 了解工资管理子系统的主要功能及操作流程
2. 掌握工资变动及个人所得税计算的操作方法
3. 学会工资分摊设置和账务处理的操作

 学习要点

1. 工资分摊设置及处理
2. 工资变动业务处理

任务一　　工资管理子系统日常业务处理概述

工资管理子系统的日常业务处理主要包括计算并调整职工工资数据,根据本月工资变动数据和预先设置好的计算公式,系统可以自动计算并汇总工资、应缴个人所得税结果,并能根据预先设置的分摊公式自动生成工资费用的分摊凭证。

工资数据可以分为固定数据和变动数据两种。固定数据一般比较稳定,数值很少变动,只在其发生变化的时候进行重新调整,平时不需要反复输入。常见的固定数据包括基本工资、岗位工资等。变动数据则需要在每次发放工资时根据实际情况进行调整,例如奖金、请假天数以及个人所得税和社会保险费等。

工资管理子系统在凭证处理上只提供了自动计算费用分摊以及凭证处理的功能,发放日常工资的相关凭证处理还需要在总账系统中完成。操作员可以通过工资管理系统的账表查询功能来汇总工资发放数据,在总账系统中按凭证处理的一般程序生成凭证。

【拓展提示】

（1）个人所得税扣缴应在"工资变动"前进行，但如果先进行工资变动处理再修改个人所得税的计算基数，操作员就需要到工资变动功能中进行重新计算，否则系统的数据状态将保持不变。

（2）工资管理子系统生成的记账凭证无法在总账系统中修改、删除和冲销。如需删除凭证，需要在工资管理子系统中执行"凭证查询"命令，在凭证查询窗口中删除。

任务二　工 资 分 摊

【实训资料】

业务 66

【实训内容】

会计（202）朱茜完成工资核算日常工作。

【实训指导】

1．计提并分配工资

（1）以会计（202）朱茜的身份登录管理系统，打开"人员档案"窗口，记下每个部门对应人员类别；选择［工资］→［工资分摊］命令，打开"工资分摊"窗口。

（2）单击［工资分摊设置］按钮，打开"分摊类型设置"窗口，输入计提类型名称为"分配工资"，分摊计提比例为"100％"，单击［下一步］按钮，打开"分摊构成设置"窗口。

（3）双击"部门名称"，选择"企划部""财务部"，人员类别为"管理人员"，项目为"应发合计"，借方科目为"660201"，贷方科目为"22110101"，依次设置其他部门，操作结果如图 9-1所示。

分摊构成设置

部门名称	人员类别	项目	借方科目	贷方科目
企划部,财务部	管理人员	应发合计	660201	22110101
采购部	采购人员	应发合计	660201	22110101
销售部	销售人员	应发合计	660101	22110101
生产一部,生产二部	车间管理人员	应发合计	510101	22110101
生产一部,生产二部	生产人员	应发合计	500102	22110101

〈上一步〉　完成　取消

图 9-1　"分摊构成设置"窗口

（4）单击［完成］按钮并返回，选择计提费用类型为"分配工资"，选中所有部门，右方勾选"明细到工资项目"复选框，单击［确定］按钮。

（5）勾选上方"合并科目相同、辅助项相同的分录"复选框，单击［制单］按钮，分别单击两行生产成本输入项目门套与门扇，按产品工时分配门套与门扇的金额，进行修改。操作结果如图9-2和图9-3所示。

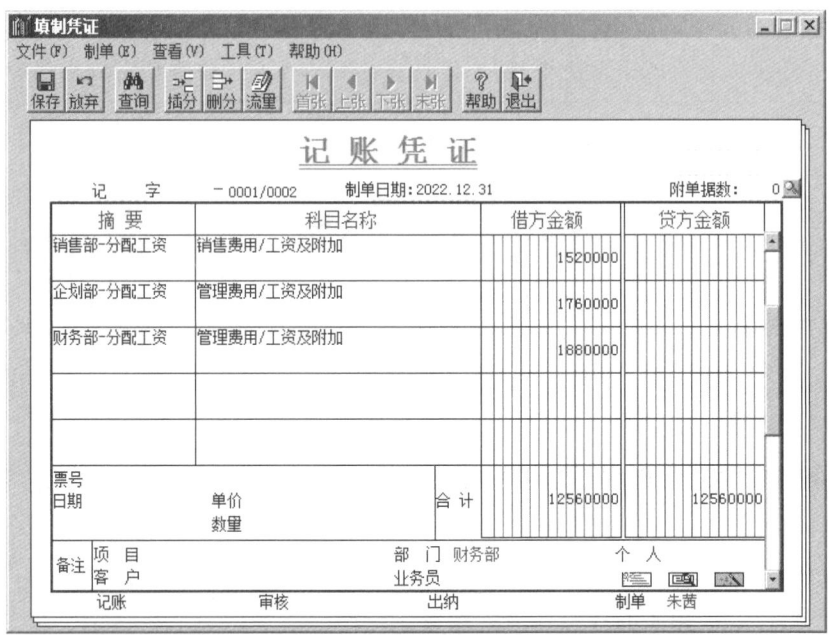

图 9-2　分配工资凭证

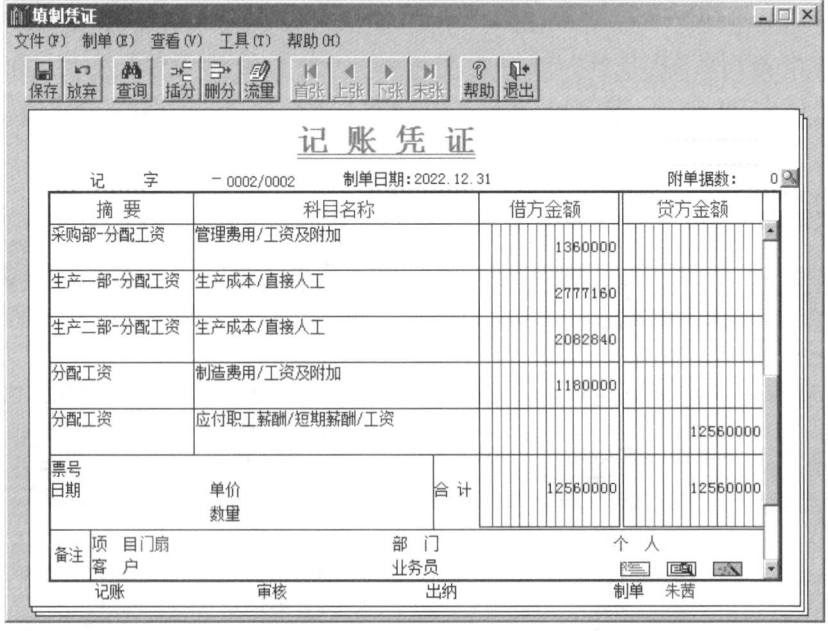

图 9-3　分配工资凭证

2. 计提并分配社保费、提存计划、工会经费和职工教育经费

(1) 选择“工资管理”模块，选择[工资分摊]→[工资分摊设置]命令，单击[增加]按钮，输入计提类型为“计提社保”，其中，医疗保险、失业保险、工伤保险分别是8%、0.7%、0.1%，合计是8.8%。单击[下一步]按钮，双击“部门名称”，选中“企划部”和“财务部”，单击[确定]按钮，输入人员类别为“管理人员”，项目为“月缴费工资”，借方科目为“660201”，贷方科目为“22110102”，依次设置其他分摊构成，操作结果如图9-4和图9-5所示。

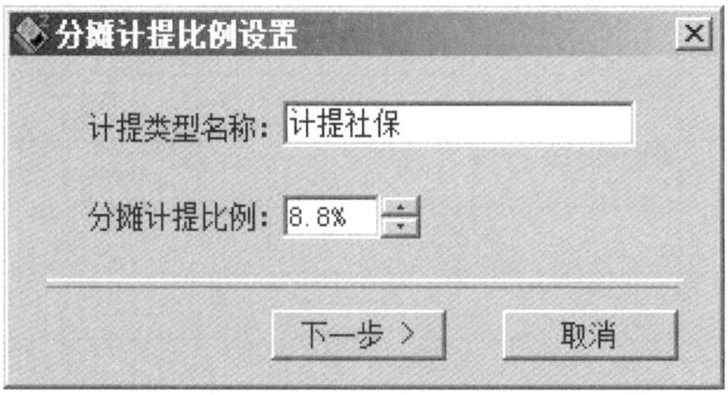

图 9-4　“分摊计提比例设置”窗口

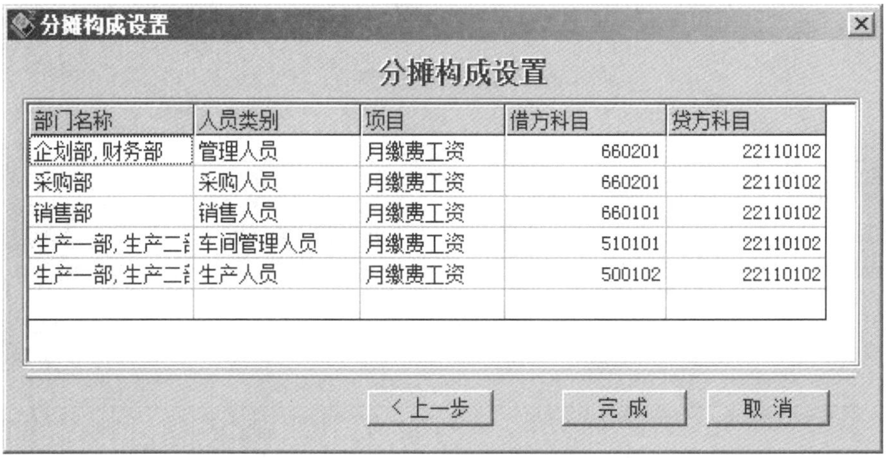

部门名称	人员类别	项目	借方科目	贷方科目
企划部,财务部	管理人员	月缴费工资	660201	22110102
采购部	采购人员	月缴费工资	660201	22110102
销售部	销售人员	月缴费工资	660101	22110102
生产一部,生产二部	车间管理人员	月缴费工资	510101	22110102
生产一部,生产二部	生产人员	月缴费工资	500102	22110102

图 9-5　“分摊构成设置”窗口

(2) 单击[完成]按钮并返回，输入计提费用类型为“计提社保”，选中所有部门，勾选右方“明细到工资项目”复选框，单击[确定]按钮。勾选上方“合并科目相同、辅助项相同的分录”复选框，单击[制单]按钮，分别单击两行生产成本输入项目门套与门扇，按产品工时分配门套与门扇的金额，进行修改。操作结果如图9-6和图9-7所示。

(3) 期初查看养老保险，失业保险的比例16%、0.7%，以此方法，依次设置提存计划、查看工会经费为2%，职工教育经费为80%，并进行分摊，并生成记账凭证，操作结果如图9-8至图9-13所示。

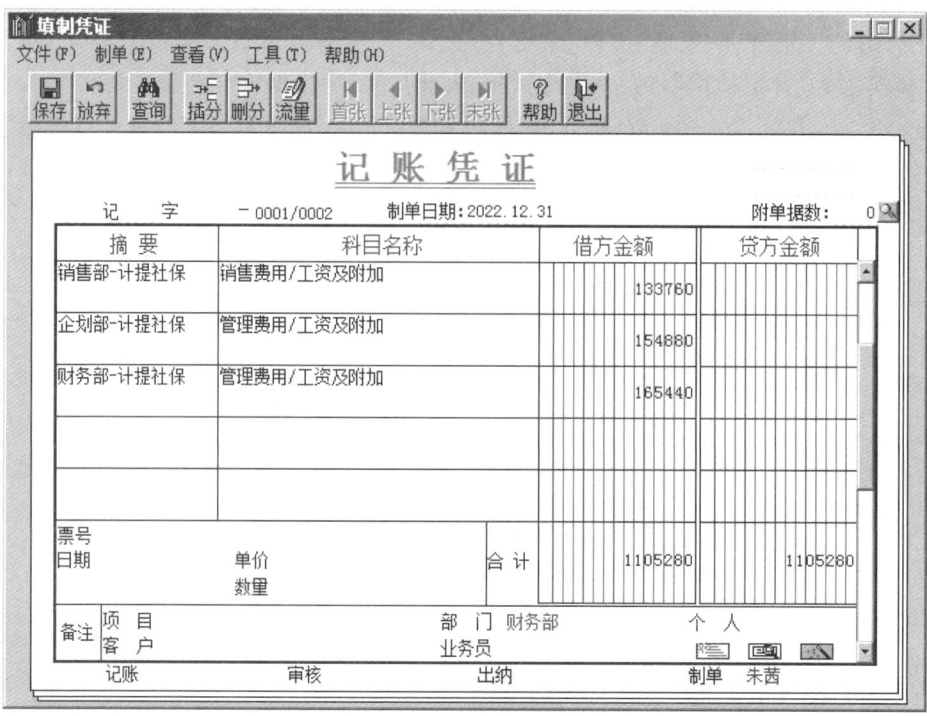

图 9-6　计提社保凭证

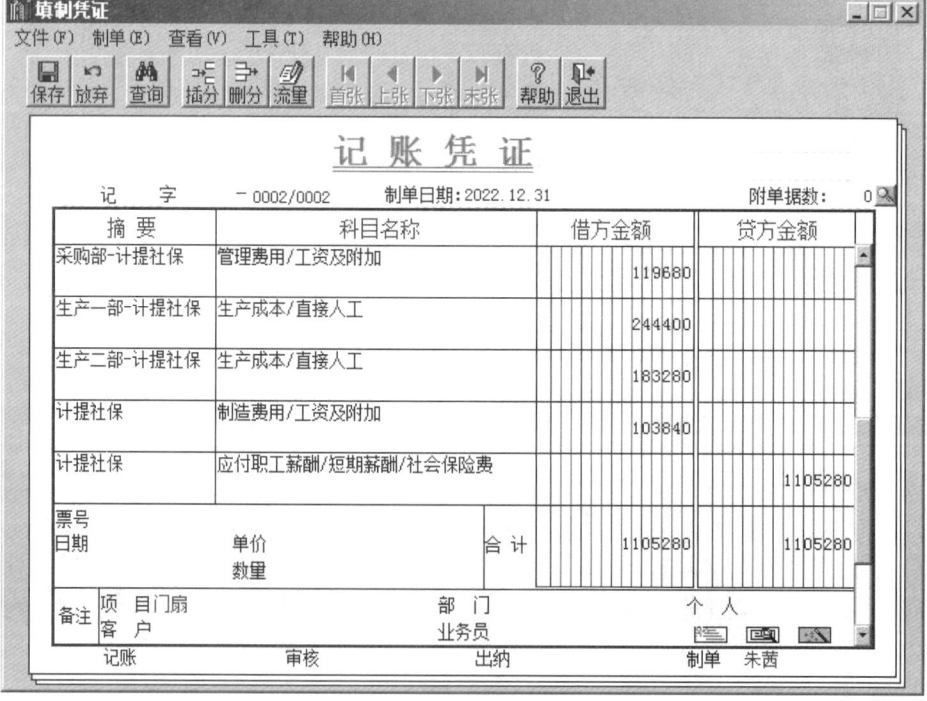

图 9-7　计提社保凭证

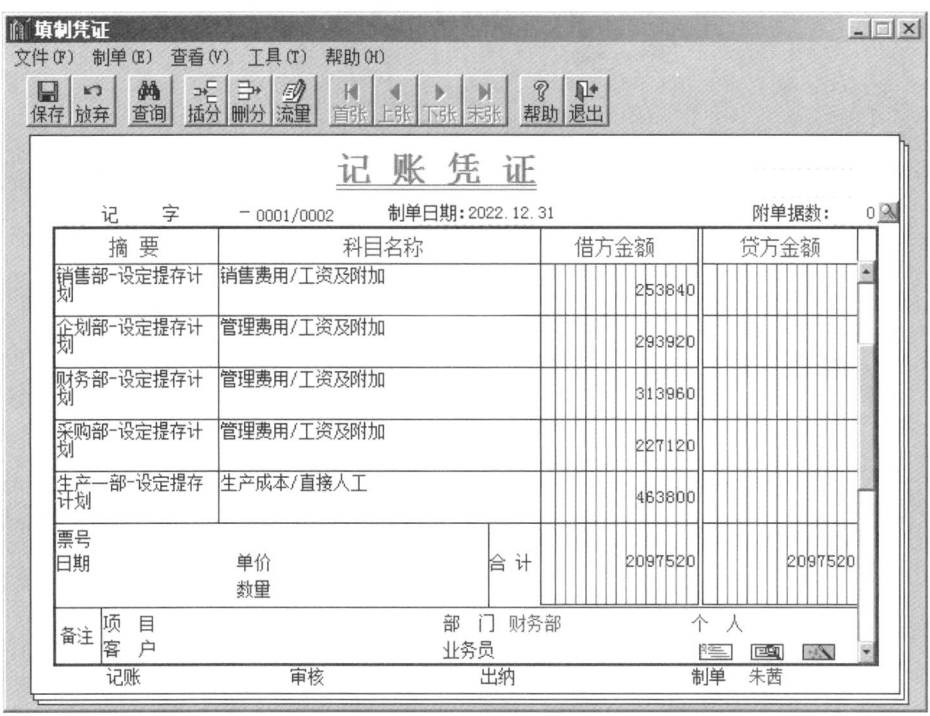

图 9-8　设定提存计划凭证

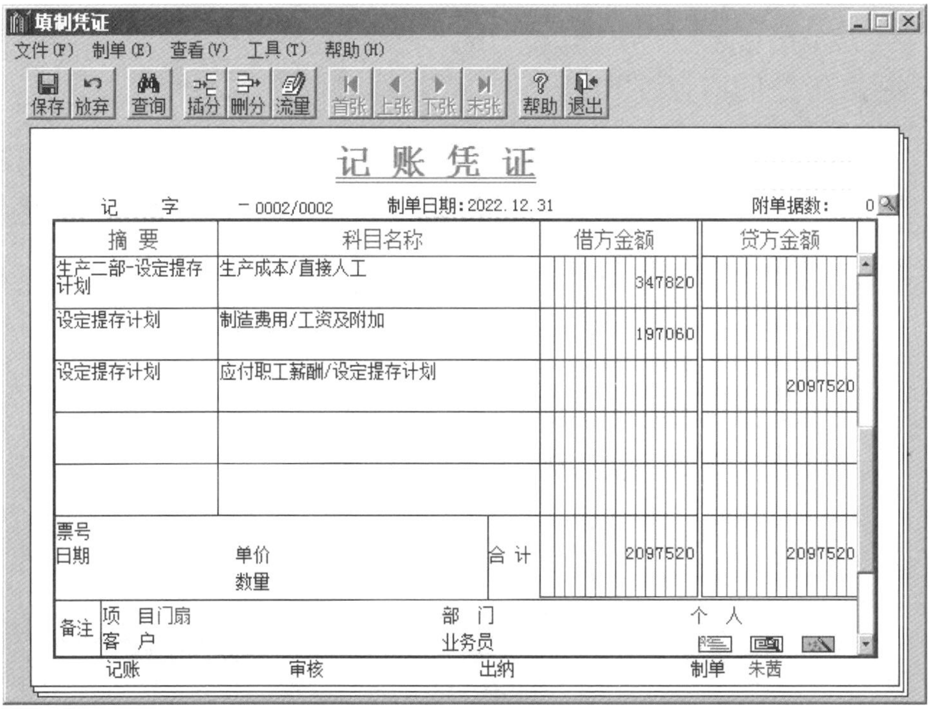

图 9-9　设定提存计划凭证

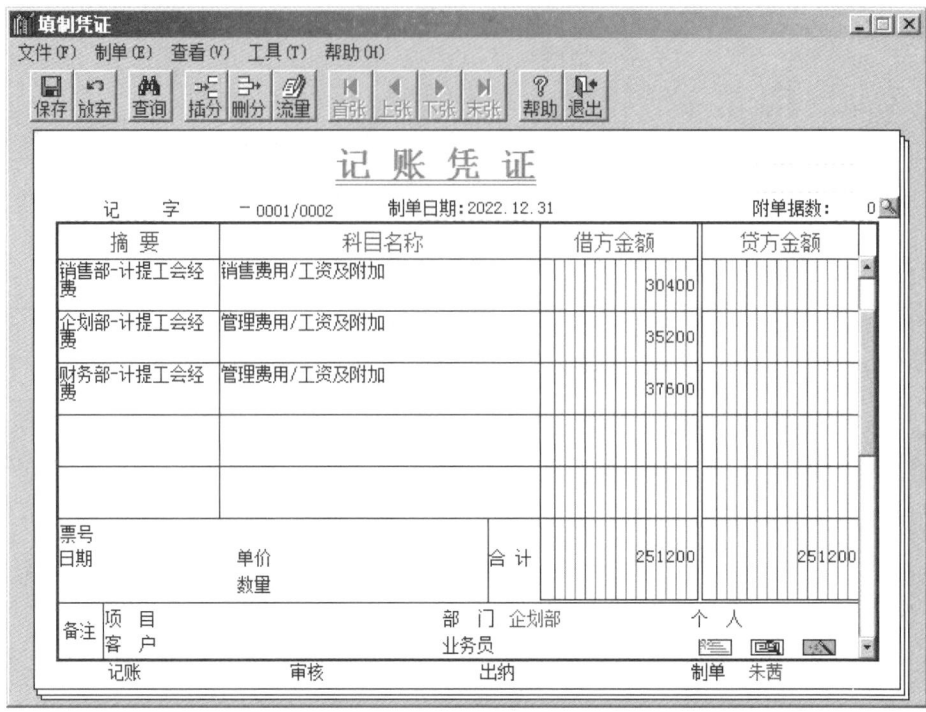

图 9-10 计提工会经费凭证

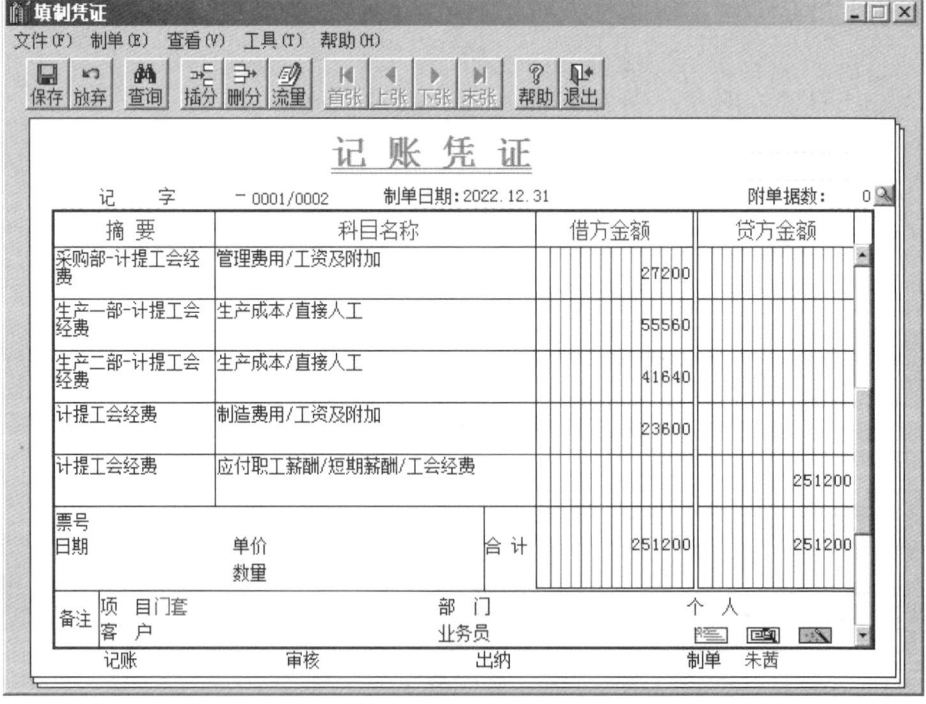

图 9-11 计提工会经费凭证

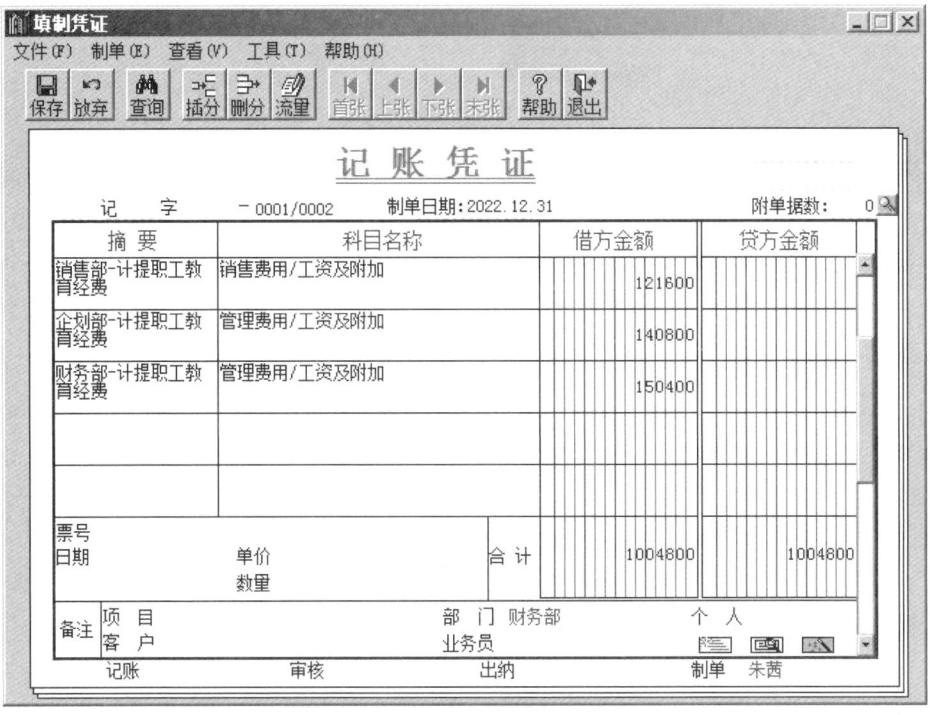

图 9-12　计提职工教育经费凭证

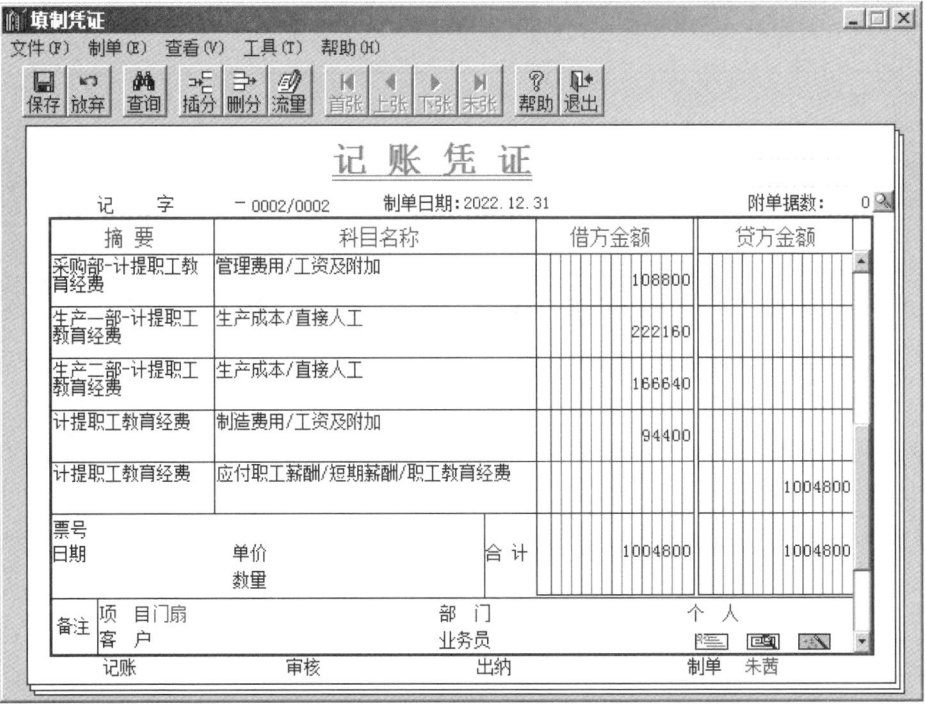

图 9-13　计提职工教育经费凭证

任务三　工　资　变　动

【实训资料】

业务 69

【实训内容】

会计(202)朱茜计提累积带薪缺勤。

【实训指导】

(1) 以会计(202)朱茜的身份登录管理系统,选择[工资]→[工资变动]命令,打开"工资变动"窗口。

(2) 按照表 1-5 中的资料填入"累积已享受带薪缺勤天数""未使用带薪缺勤天数"的数据,单击[保存]→[汇总]按钮并退出。

(3) 选择[工资]→[工资分摊]命令,打开"工资分摊"窗口,增加计提的费用类型,以及"分摊构成设置"内容,操作结果如图 9-14 所示。

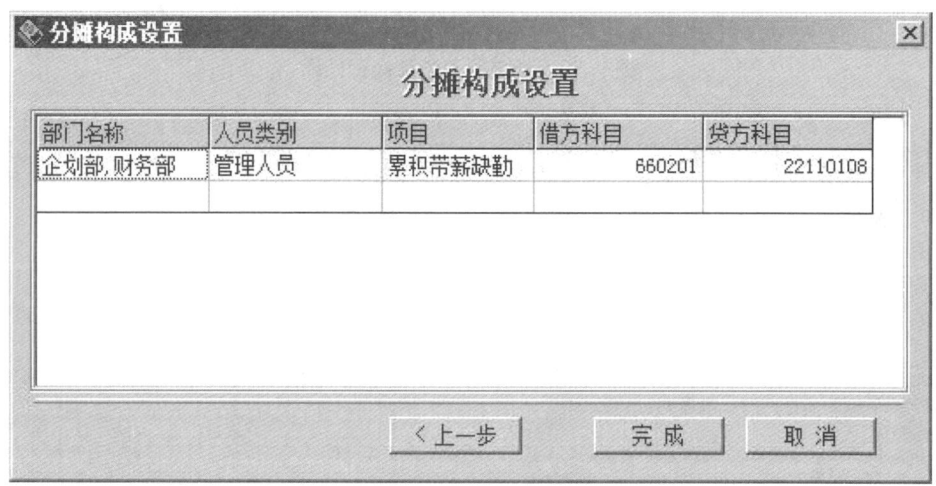

图 9-14 "分摊构成设置"窗口

(4) 单击[完成]按钮并返回,选择计提费用类型为"计提累积带薪缺勤",选中所有部门,右方勾选"明细到工资项目"复选框,单击[确定]按钮。

(5) 勾选上方"合并科目相同、辅助项相同的分录"复选框,单击[制单]按钮,操作结果如图 9-15 所示。

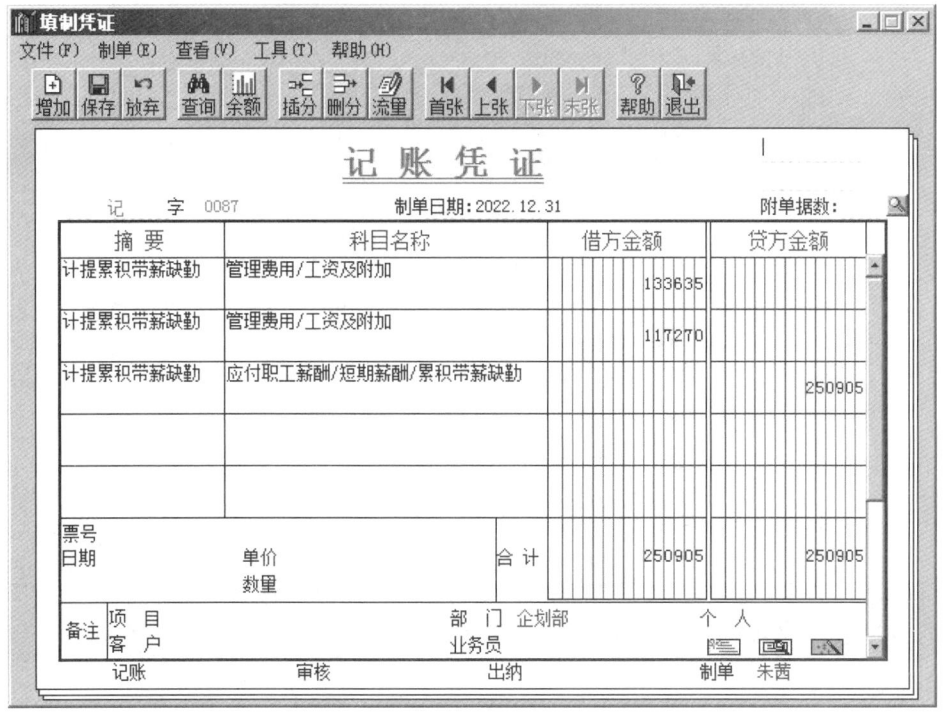

图 9-15　计提累积带薪缺勤凭证

任务四　工资账表查询

【实训内容】

会计(202)朱茜进行工资账表的查询。

【实训指导】

(1) 以会计(202)朱茜的身份登录管理系统,选择[工资]→[统计分析]→[账表]→[工资分析表]命令。

(2) 选择"分类统计表(按项目)"选项,单击[确认]按钮。

(3) 将所查询项目移至右方,单击[确认]按钮,即可查询到相关报表,操作结果如图 9-16 和图 9-17 所示。

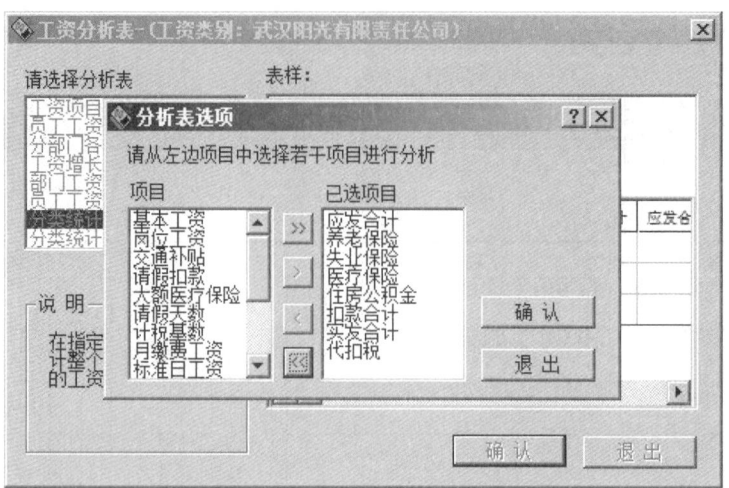

图 9-16 "工资分析表—(工资类别:武汉阳光有限责任公司)"窗口

图 9-17 分类统计表(按项目)

 拓展阅读

制造业数字化
转型十年之路

项目十　固定资产管理子系统日常业务处理

 **项目概述**

固定资产管理子系统是用友畅捷通 T3 软件的重要组成部分,该子系统的主要任务是:完成企业固定资产日常业务的核算和管理;生成固定资产卡片;按月反映固定资产的增减变动、原值变化和其他变化;按月计提折旧,生成折旧分配凭证,协助企业进行成本核算;提供固定资产按类别、使用情况、所属部门和价值结构的统计分析和查询;同时,该系统提供与其他子系统之间的数据接口,便于数据传输与核算。

 **学习目标**

1. 了解固定资产管理子系统的主要功能及操作流程
2. 理解固定资产管理子系统与其他子系统的关系
3. 能熟练进行固定资产增减、变动处理、计提折旧等基本操作
4. 具备在信息化环境下进行固定资产管理的基本能力

 **学习要点**

1. 固定资产增减变动的处理
2. 固定资产折旧与减值的计提操作

任务一　固定资产管理子系统日常业务处理概述

固定资产管理子系统日常业务处理指固定资产的核算和管理工作,主要包括固定资产增减处理、固定资产变动处理、固定资产评估处理、固定资产盘点、固定资产计提折旧、固定资产凭证处理、固定资产账簿管理等内容。

一、固定资产增加

企业固定资产增加的方式有多种,常见的固定资产增加方式有购买固定资产、在建工程转资等。当资产增加时,需要在固定资产子系统中新增固定资产卡片,以登记固定资产台账、明细账,同时可以按期计提折旧。

新增资产卡片的录入方法是直接在固定资产模块增加固定资产卡片,操作方法与增加

原始卡片方法相同。

【拓展提示】

（1）固定资产原值一定要输入卡片，并输入月初的价值，否则会出现计算错误。

（2）新卡片第一个月不计提折旧，累计折旧为空或0。

（3）卡片输入完后，也可以不立即制单，月末可以批量制单。

二、固定资产减少

固定资产减少是指在使用过程中由于报废、毁损、出售、盘亏等各种原因而减少的固定资产，需要在固定资产管理子系统中进行资产减少处理。

【拓展提示】

（1）如果要减少的固定资产较少或没有共同点，则通过输入资产编号或卡片编号，单击"增加"按钮，将固定资产添加到资产减少表中。

（2）如果要减少的固定资产较多并且有共同点，则通过单击"条件"按钮输入查询条件，将符合该条件的固定资产挑选出来，进行批量减少操作。

（3）如果在固定资产选项中选择了"立即制单"，完成此业务时，系统会自动生成一张不完整的凭证，用户需要在两个空白处录入相关科目才能完成记账凭证，并传输到总账系统，也可以在当时放弃制单，利用"批量制单"命令完成制单工作。

三、固定资产变动

固定资产使用部门不同，折旧对应的会计科目也不相同。已经入账的固定资产，当使用部门、使用状况、存放地点、单价、使用年限、折旧方法和净残值（率）等信息发生变化时，需要进行固定资产的变动处理。本月录入的卡片和本月增加的资产不允许进行变动处理。因此，要进行资产变动，必须先计提折旧并制单、结账后才能进行有关变动的处理。

四、固定资产评估处理

随着市场经济发展，企业在经营过程中，根据业务需要或国家要求，应对部分资产或全部资产进行评估和重估，而其中固定资产评估是资产评估十分重要的部分。固定资产评估处理主要是将评估机构的评估数据手工录入或定义公式录入系统，根据国家要求手工录入评估结果或根据定义的评估公式生成评估结果。资产评估功能提供可评估的资产内容包括原值、累计折旧、净值、使用年限、工作总量、净残值率等。

五、固定资产批量制单处理

固定资产管理子系统生成凭证有两种方式：在完成任何一笔需要生成凭证的业务时，可以直接在录完固定资产卡片后，制作记账凭证传输到总账系统；也可以在当时不制单，而在某一时间(比如月底)利用本系统提供的另一功能——批量制单,完成制单工作。

【拓展提示】

(1) 批量制单功能可以同时将一批需要制单的业务连续制作凭证传递到总账系统。凡是业务发生时没有制单的,该业务自动排列到批量制单表中,表中列示应制单而没有制单的业务发生日期、类型、原始单据编号,默认的借贷方科目和金额以及制单选择标志。

(2) 如果在选项中选择"业务发生时立即制单",摘要根据业务情况自动输入;如果采取批量制单方法,则摘要为空,需要手工输入。

(3) 修改凭证时,能修改的内容仅限于摘要、用户自行增加的凭证分录、折旧科目,而系统默认的分录的金额与原始单据金额不能修改。

六、固定资产账簿管理

在进行了固定资产日常业务处理后,系统根据业务内容直接生成相应的固定资产账簿资料,主要包括部门类别明细账、单个固定资产明细账、固定资产登记簿和固定资产总账等。

其中,部门类别明细账查询某一类别或部门的固定资产在查询期间内发生的所有业务,包括资产增加、资产减少、原值变动、使用状况变化、部门转移、计提折旧等。

单个固定资产明细账查询单个资产在查询期间发生的所有业务,包括在该期间的资产增加或资产减少情况。

固定资产登记簿可按资产所属类别和所属部门查询一定期间范围内发生的所有业务,包括资产增加、资产减少、原值变动、部门转移等。

固定资产总账是按部门和类别反映在一个年度内的固定资产价值变化的账页。

【拓展提示】

(1) 本期不结账,将不能处理下期的数据;结账前一定要进行数据备份,否则数据一旦丢失,将造成无法挽回的后果。

(2) 如果结账后发现有未处理的业务或者需要修改的事项,可以通过系统提供的"恢复月末结账前状态"功能进行反结账。但是,不能跨年度恢复数据,即本系统年末结账后,不能利用本功能恢复年末结账。

任务二　固定资产增加

【实训资料】

业务 13、业务 27、业务 31、业务 45

【实训内容】

会计(202)朱茜完成固定资产核算日常工作。

【实训指导】

1. 购入固定资产

(1) 以会计(202)朱茜的身份登录管理系统,选择[固定资产]→[卡片]→[资产增加]命令,打开"资产增加"窗口。

(2) 选择资产类别"031 经营用设备",单击[增加]按钮,打开"固定资产卡片"窗口。

(3) 输入固定资产名称为"面包车",选择使用部门为"销售部",增加方式为"直接购入",使用状况为"在用",使用年限为"5 年 0 月",原值为"150 000.00",可抵扣税额为"19 500.00",如图10-1所示。

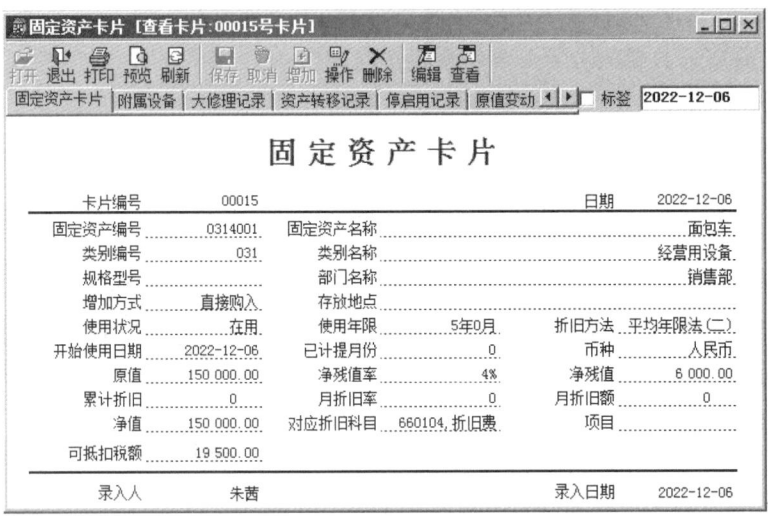

图 10-1 "固定资产卡片[查看卡片:00015 号卡片]"窗口

(4) 单击[保存]按钮,系统弹出"填制凭证"窗口,选择相关现金流量项目,如图10-2所示。

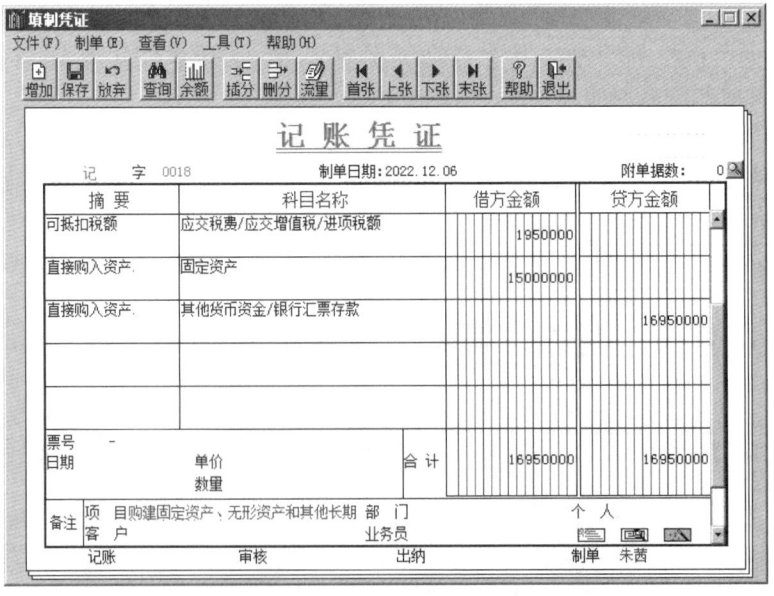

图 10-2 "填制凭证"窗口

（5）选择［总账］→［凭证］→［填制凭证］命令，打开"填制凭证"窗口，填制收到余款的凭证，操作结果如图 10-3 所示。

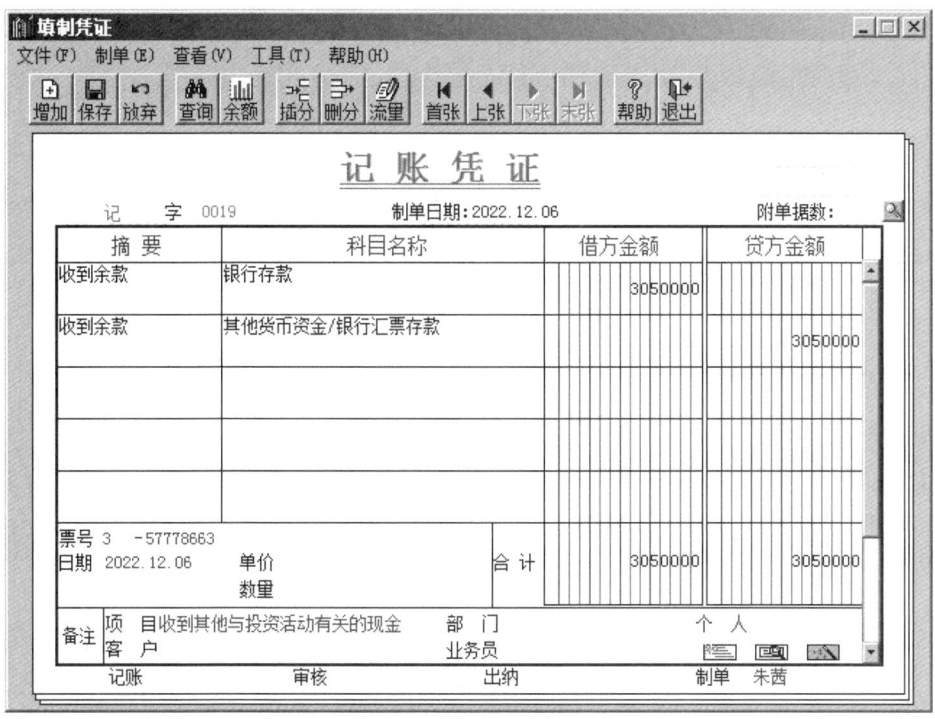

图 10-3 "填制凭证"窗口

2. 资产完工转入使用

（1）以会计（202）朱茜的身份登录管理系统，选择［总账］→［账簿查询］→［明细账］命令，弹出"明细账查询条件"窗口，如图 10-4 所示，输入"1604 在建工程"科目进行查询，勾选"包含未记账凭证"，单击［确定］按钮，查看在建工程余额，如图 10-5 所示。

图 10-4 "明细账查询条件"窗口

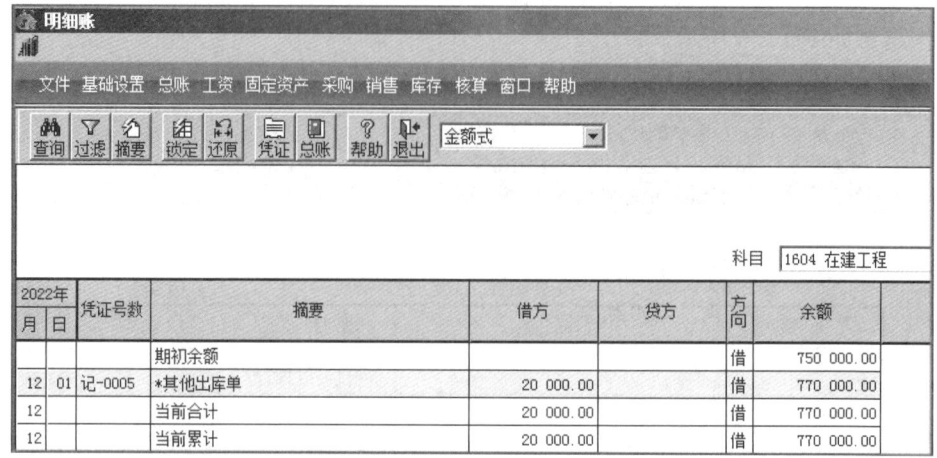

图 10-5 "明细账"窗口

（2）选择［固定资产］→［卡片］→［资产增加］命令，打开"资产增加"窗口。选择资产类别"012 非经营用设备"，打开"固定资产卡片"窗口。输入相关信息，选择增加方式为"在建工程转入"，操作结果如图 10-6 所示。

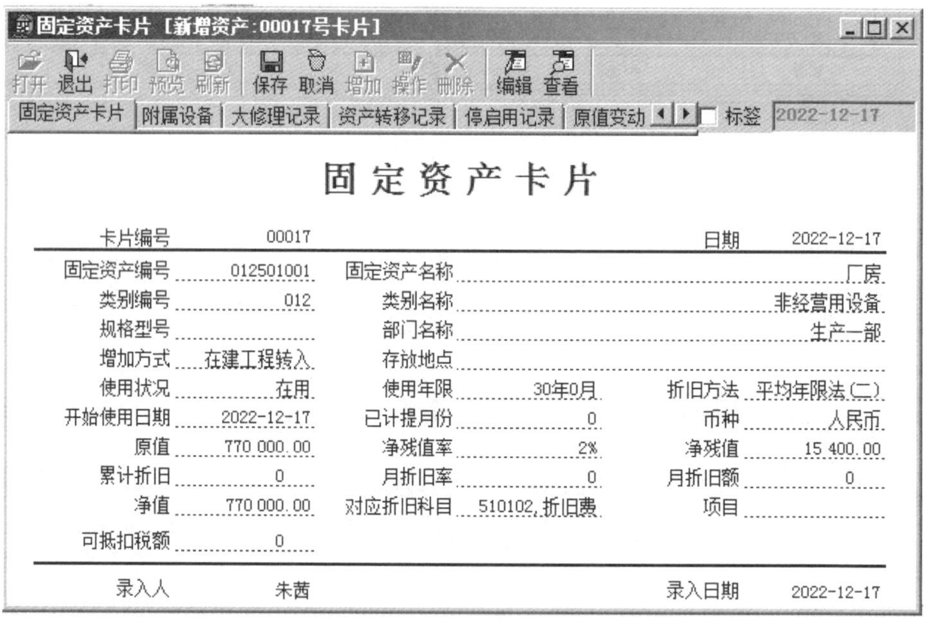

固定资产卡片

卡片编号	00017			日期	2022-12-17
固定资产编号	012501001	固定资产名称			厂房
类别编号	012	类别名称			非经营用设备
规格型号		部门名称			生产一部
增加方式	在建工程转入	存放地点			
使用状况	在用	使用年限	30年0月	折旧方法	平均年限法(二)
开始使用日期	2022-12-17	已计提月份	0	币种	人民币
原值	770 000.00	净残值率	2%	净残值	15 400.00
累计折旧	0	月折旧率	0	月折旧额	0
净值	770 000.00	对应折旧科目	510102,折旧费	项目	
可抵扣税额	0				
录入人	朱茜			录入日期	2022-12-17

图 10-6 "固定资产卡片［新增资产：00017 号卡片］"窗口

（3）单击［保存］按钮，系统弹出"填制凭证"窗口，如图 10-7 所示。

3. 盘盈固定资产

（1）以会计（202）朱茜的身份登录管理系统，选择［固定资产］→［卡片］→［资产增加］命令，打开"固定资产卡片"窗口。

（2）输入相关信息，选择增加方式为"盘盈"，操作结果如图 10-8 所示。

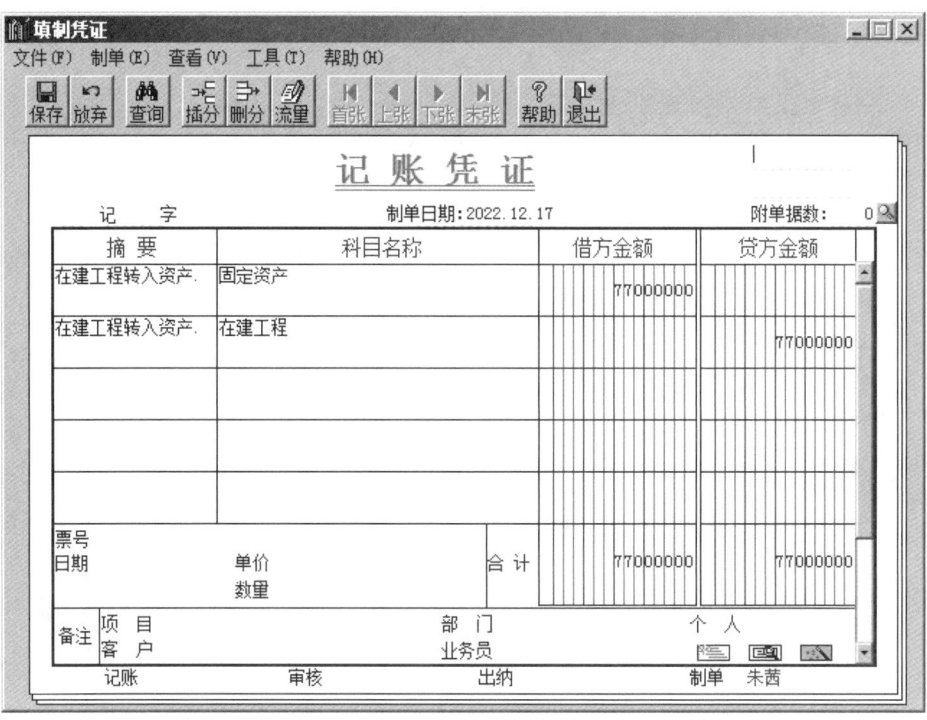

图 10-7　"填制凭证"窗口

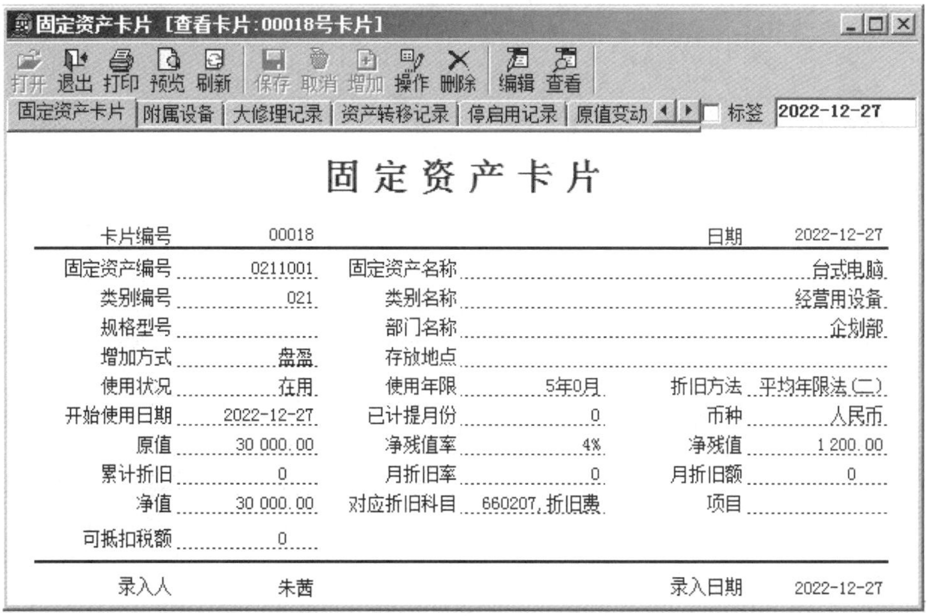

图 10-8　"固定资产卡片[查看卡片：00018 号卡片]"窗口

（3）单击［保存］按钮，系统弹出"填制凭证"窗口，如图 10-9 所示。

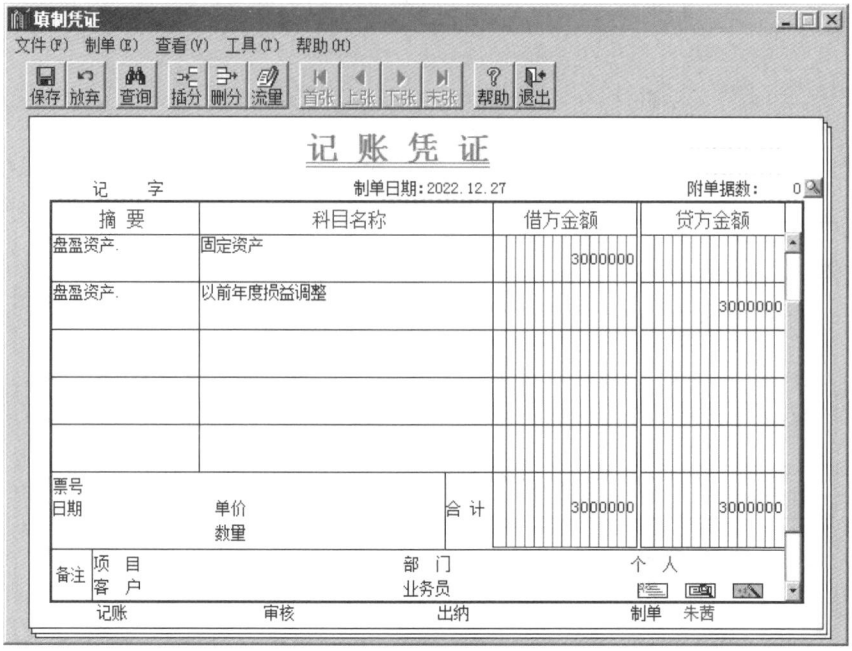

图 10-9 "填制凭证"窗口

（4）选择［总账］→［凭证］→［填制凭证］命令，打开"填制凭证"窗口，填制盘盈处理的凭证，操作结果如图 10-10 所示。

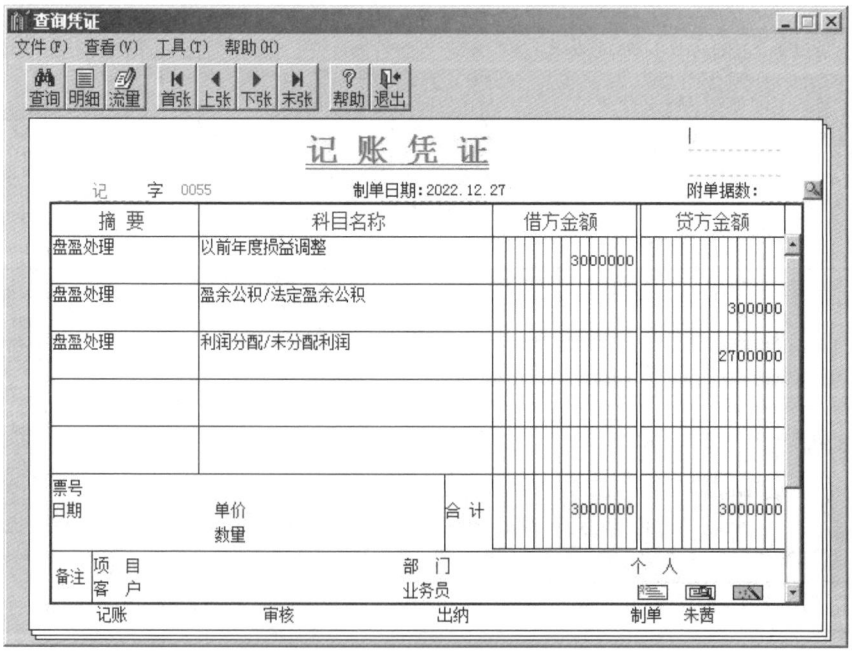

图 10-10 "查询凭证"窗口

任务三　　固定资产减少

【实训资料】

业务 40、业务 46

【实训内容】

会计(202)朱茜完成固定资产核算日常工作。

【实训指导】

1. 出售资产

(1) 以会计(202)朱茜的身份登录管理系统,选择[固定资产]→[处理]→[计提本月折旧]命令,系统弹出"本操作将计提本月折旧,并花费一定时间,是否要继续?"提示框,单击[是]按钮,系统弹出"是否要查看折旧清单?"提示框,单击[否]按钮。(不生成记账凭证)

(2) 选择[固定资产]→[卡片]→[资产减少]命令,打开"资产减少"窗口。

(3) 选择卡片编号为"00013(打印机 1)",单击[增加]按钮,减少方式为"出售",清理原因为"闲置",如图 10-11 所示。

图 10-11　"资产减少"窗口

(4) 单击[确定]按钮,弹出"填制凭证"窗口,如图 10-12 所示,单击[保存]按钮。

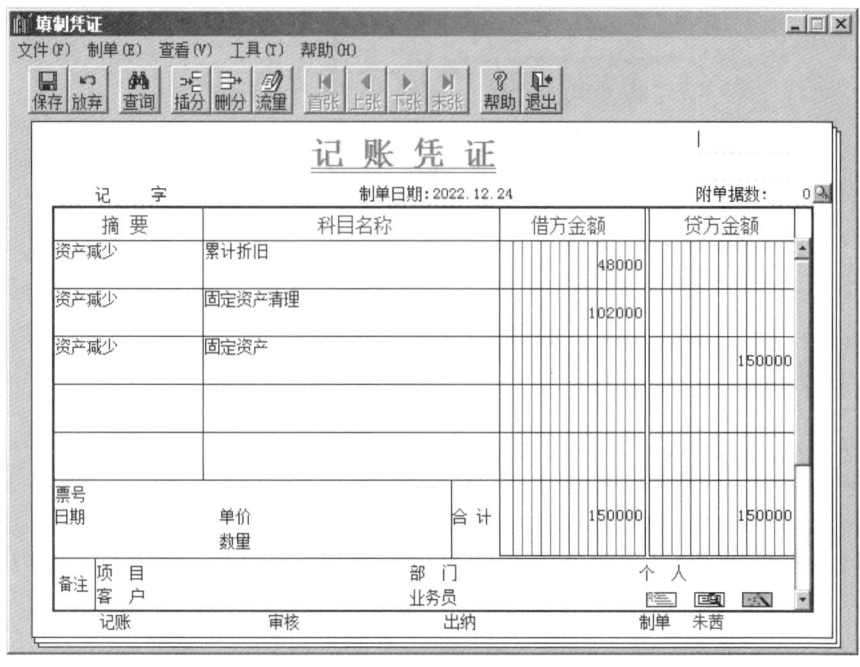

图 10-12 "填制凭证"窗口

2. 盘亏资产

(1) 以会计(202)朱茜的身份登录管理系统,选择[固定资产]→[卡片]→[资产减少]命令,打开"资产减少"窗口。

(2) 选择卡片编号为"00009(笔记本电脑)",单击[增加]按钮,减少方式为"盘亏",清理原因为"管理不善",如图 10-13 所示。

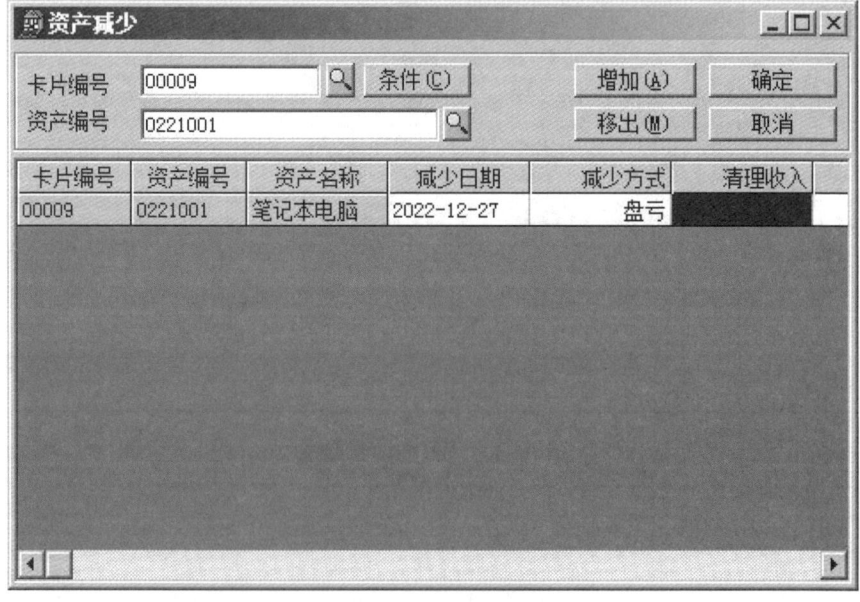

图 10-13 "资产减少"窗口

（3）单击[确定]按钮，弹出"查询凭证"窗口，如图 10-14 所示，单击[保存]按钮。

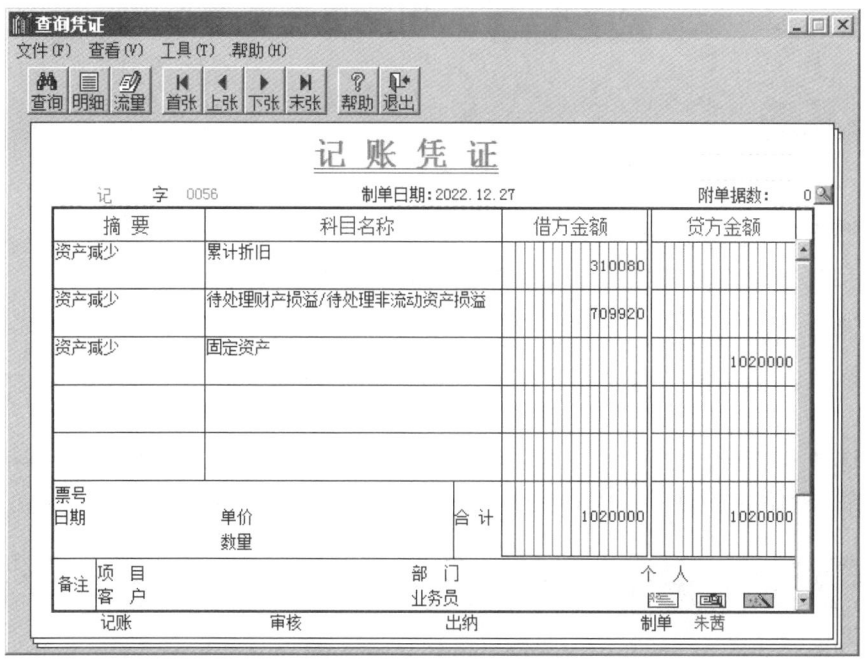

图 10-14 "查询凭证"窗口

（4）选择[总账]→[凭证]→[填制凭证]命令，打开"填制凭证"窗口，填制进项税额转出凭证，操作结果如图 10-15 所示。

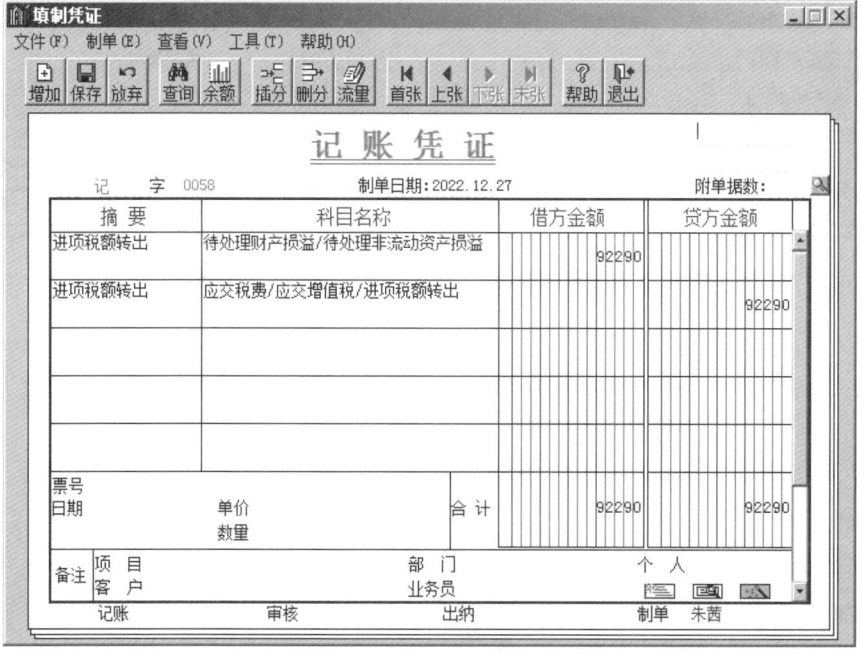

图 10-15 "填制凭证"窗口

任务四　　固定资产变动

【实训资料】

业务 65

【实训内容】

会计(202)朱茜完成固定资产核算日常工作(固定资产变动)。

【实训指导】

(1) 以会计(202)朱茜的身份登录管理系统,选择[固定资产]→[资产变动]→[部门转移]命令。

(2) 选择卡片编号为"00011",变动后部门为"生产一部",变动原因为"生产需要",单击[保存]按钮,操作结果如图 10-16 所示。

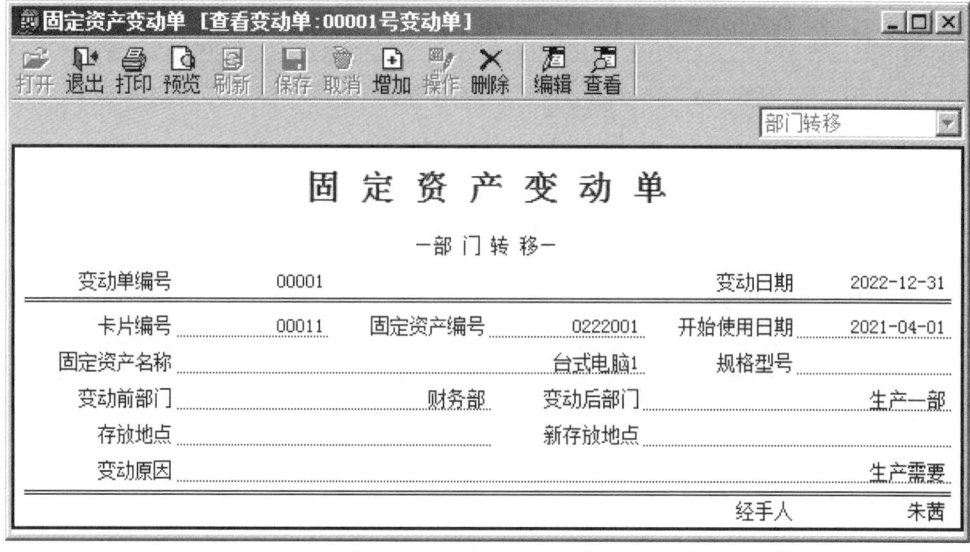

图 10-16　"固定资产变动单[查看变动单:00001 号变动单]"窗口

任务五　　固定资产批量制单

【实训资料】

业务 55

【实训内容】

会计(202)朱茜完成固定资产核算日常工作(计提固定资产减值准备)。

【实训指导】

(1) 以会计(202)朱茜的身份登录管理系统,选择[固定资产]→[卡片]→[变动单]→[计提减值准备]命令,系统弹出"固定资产变动单"窗口,按照相关资料填写固定资产变动单,如图 10-17 和图 10-18 所示。

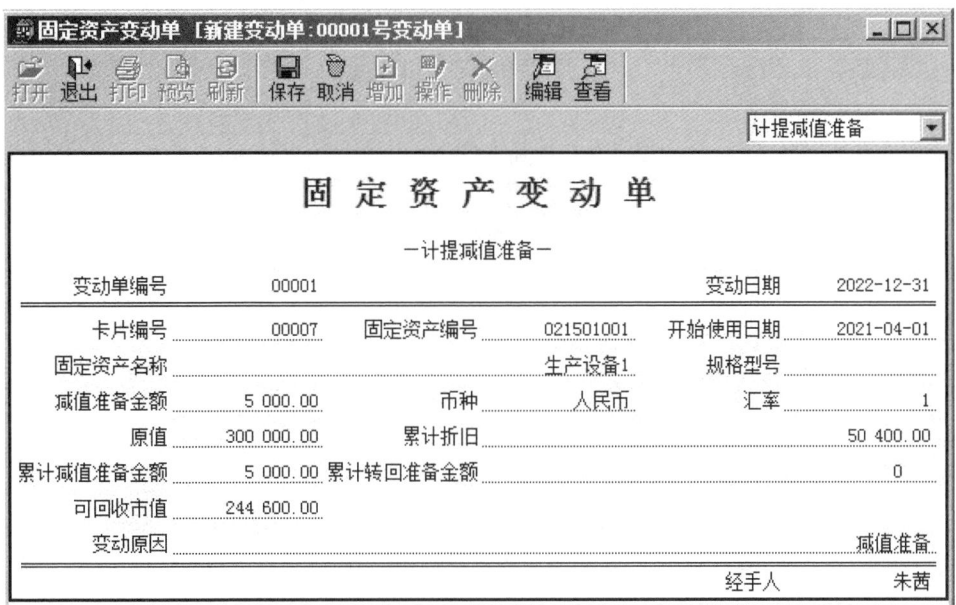

图 10-17 "固定资产变动单[新建变动单:00001 号变动单]"窗口

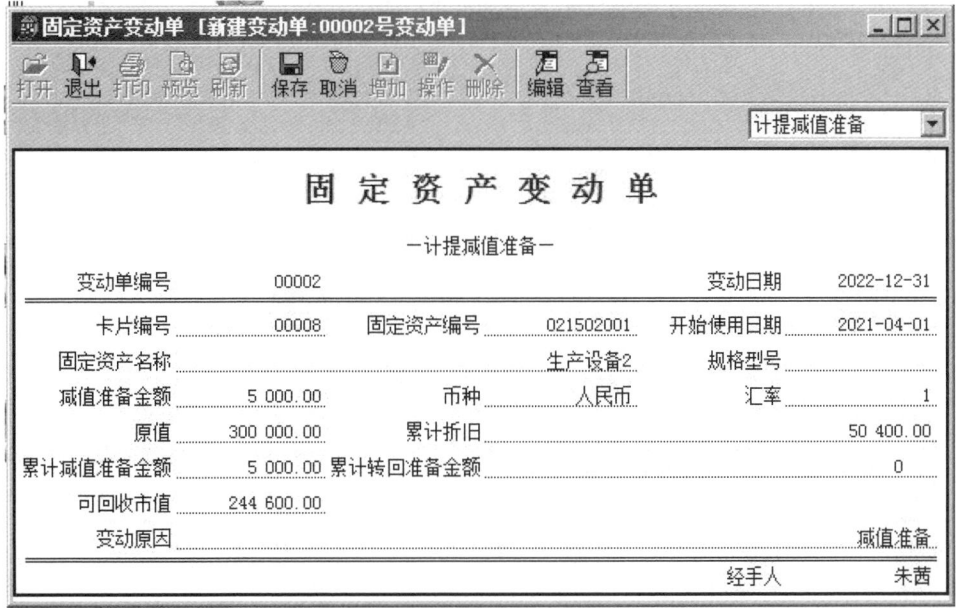

图 10-18 "固定资产变动单[新建变动单:00002 号变动单]"窗口

（2）选择"批量制单"，点击"制单选择"页签，选中两张变动单，输入合并号为"1"，如图 10-19 所示。

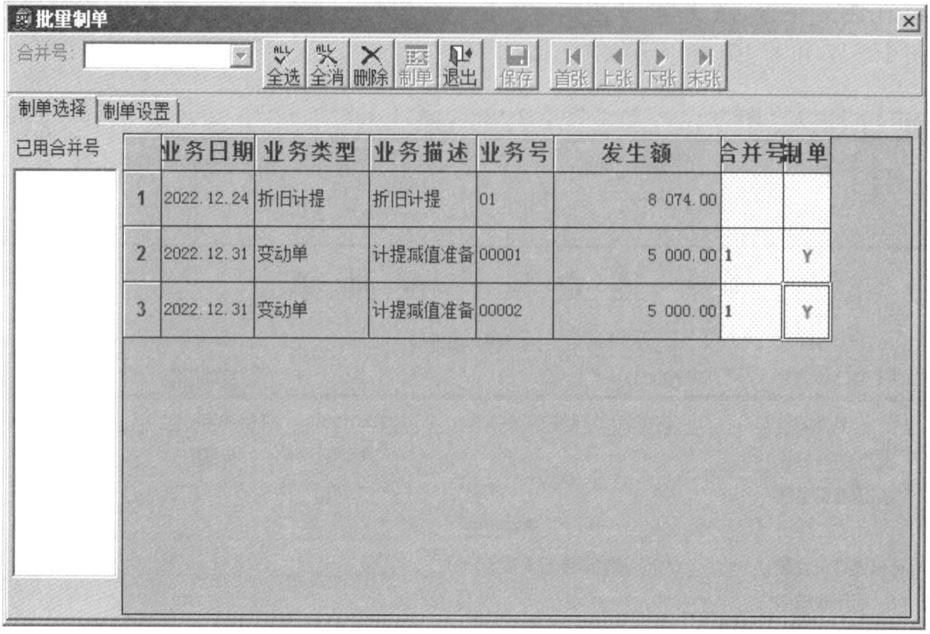

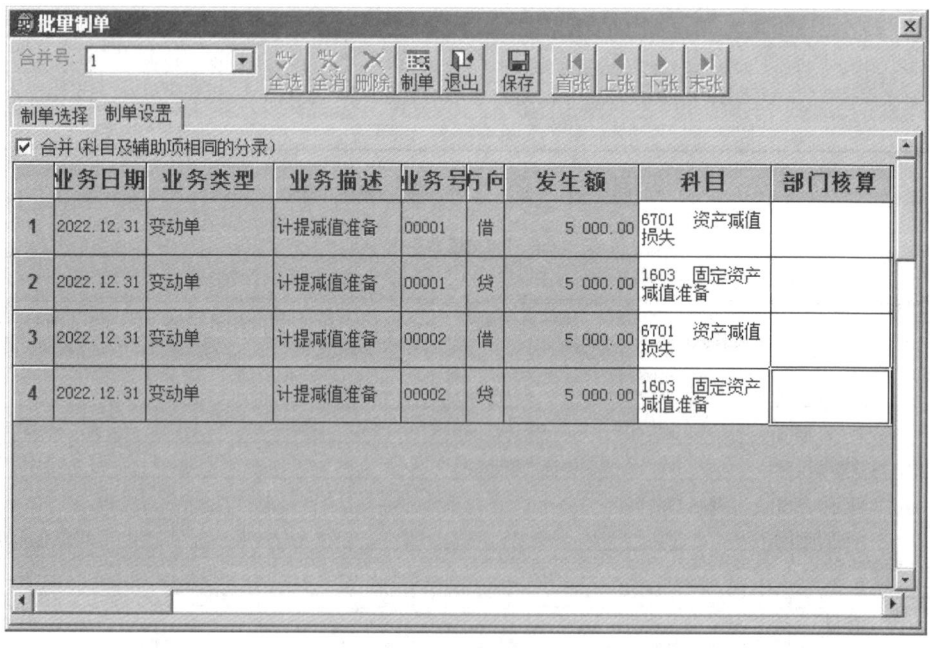

图 10-19　"批量制单"窗口

（3）点击"制单设置"页签，勾选"合并（科目及辅助项相同的分录）"复选框，输入科目，如图 10-20 所示。

图 10-20　"批量制单"窗口

（4）单击"制单"按钮,系统弹出"填制凭证"窗口,修改会计科目,单击[保存]按钮,生成会计凭证,如图 10-21 所示。

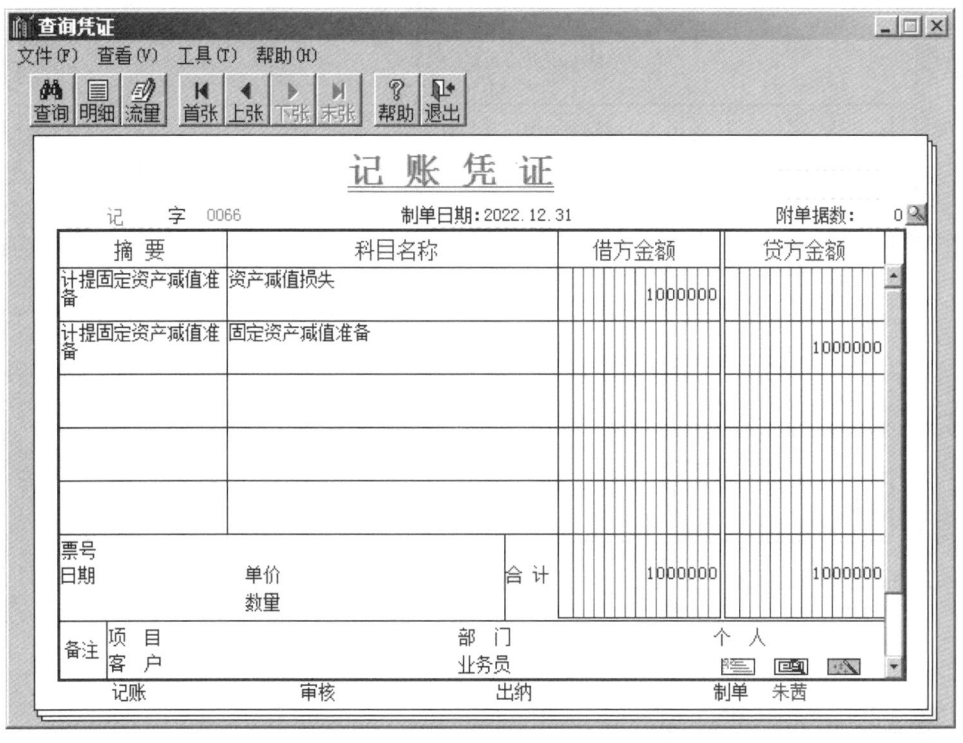

图 10-21 计提固定资产减值准备凭证

任务六 固定资产折旧

【实训资料】

业务 70

【实训内容】

会计(202)朱茜完成固定资产核算日常工作(计提固定资产折旧)。

【实训指导】

(1)以会计(202)朱茜的身份登录管理系统,选择[固定资产]→[计提本月折旧]命令,单击[批量制单]按钮,在"制单选择"中选中制单,在制单设置中单击[制单]按钮,输入摘要并保存,操作结果如图 10-22 和图 10-23 所示。

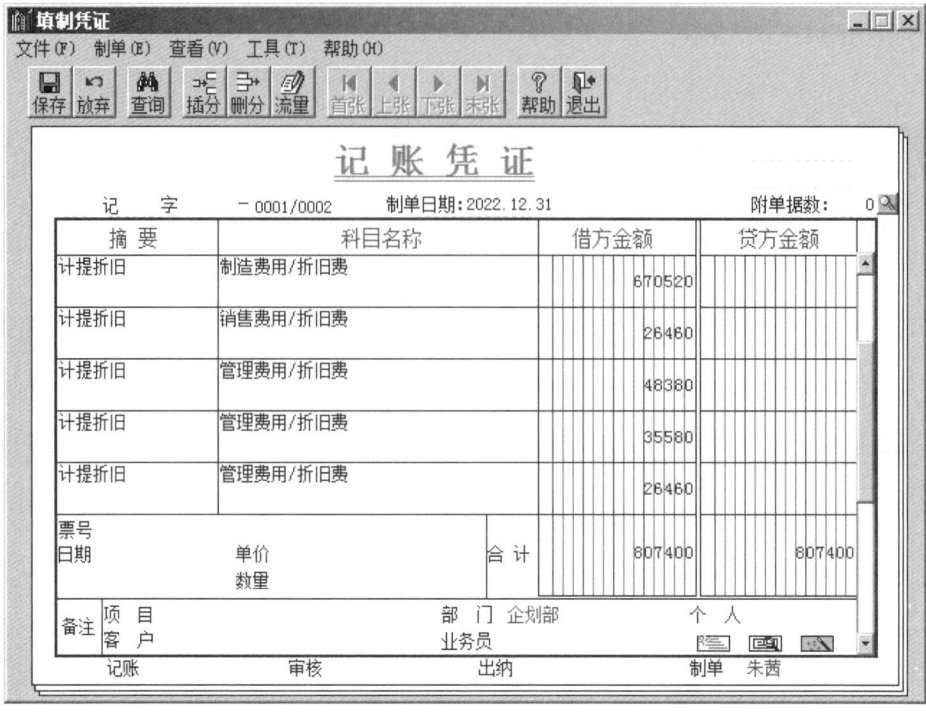

图 10-22　计提折旧凭证

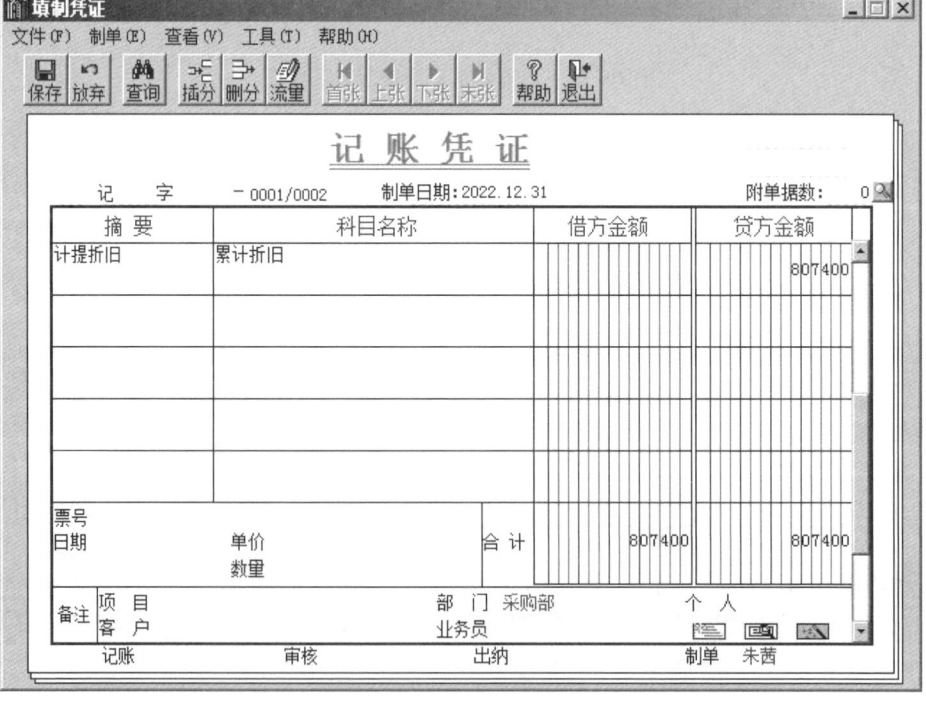

图 10-23　计提折旧凭证

任务七   固定资产账表查询

【实训内容】

会计(202)朱茜查询固定资产模块账表。

【实训指导】

(1) 以会计(202)朱茜的身份登录管理系统,选择[固定资产]→[账表]→[我的账表]命令。

(2) 选择"分析表"下的"部门构成分析表",查看相关信息,如图 10-24 所示。

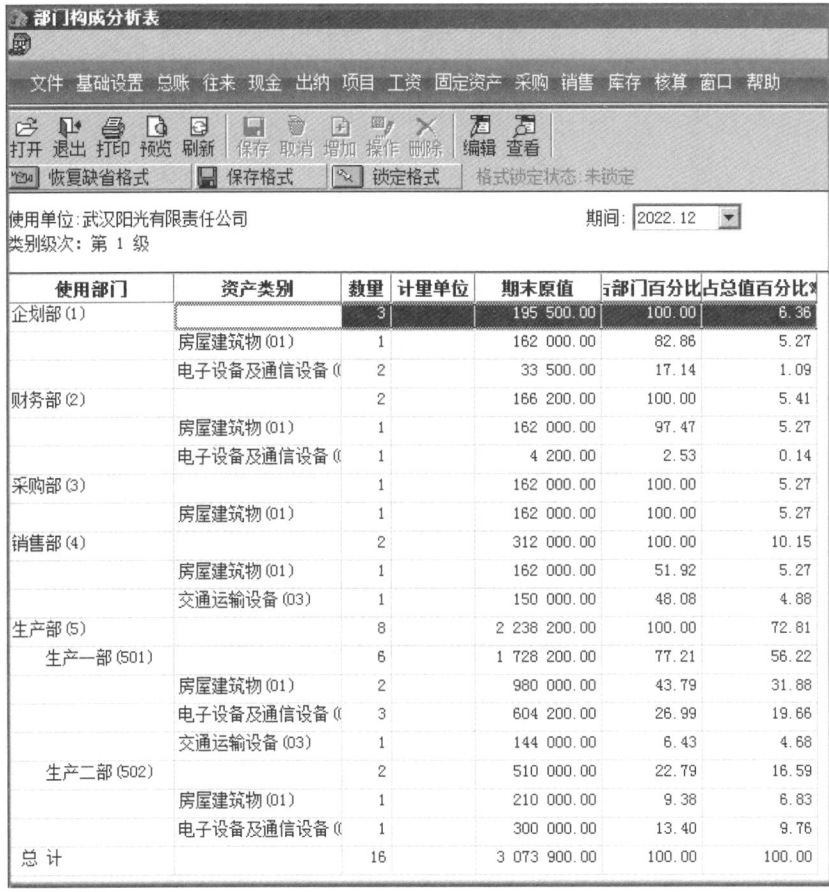

图 10-24 "部门构成分析表"窗口

(3) 选择不同账表名称,可以选择查看详细账表,如图 10-25 所示。

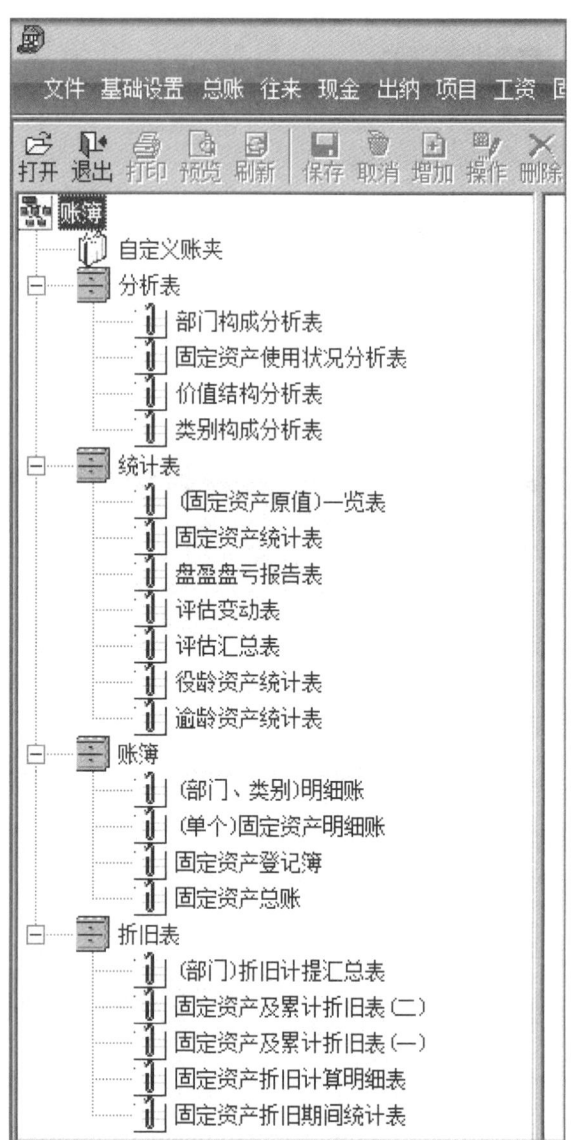

图 10-25　固定资产报表

项目十一 采购管理子系统日常业务处理

项目概述

采购管理子系统提供对采购业务的全流程管理,具体包括采购订货处理,动态掌握订单执行情况;处理采购入库单、采购发票,通过采购结算确认采购入库成本;根据采购发票确认应付款;对供应商付款;进行相关单据查询及账表统计。

学习目标

1. 了解购销存子系统的主要功能及操作流程
2. 掌握采购与付款模块常见经济业务的操作
3. 理解现付采购业务的含义及处理方法
4. 掌握暂估业务的处理方法

学习要点

1. 普通采购业务的处理方式
2. 现付采购业务的处理方式
3. 暂估业务的处理方式

任务一 采购管理子系统日常业务处理概述

一、采购管理子系统认知

企业的采购活动可以分为两种:第一种是无订单采购,适用于批量小、价值低的商品,比如小批量低值易耗品或劳动保护用品的采购活动,这种采购往往是直接从供应商处进行的,无须向对方下达采购订单;第二种是有订单采购,适用于批量大、价值高的商品的采购业务,双方签订采购合同或框架协议,按照合同或协议内容向供应商下达采购订单。

采购管理子系统提供对采购业务全流程的管理,具体包括采购订货处理,用于动态掌握订单执行情况;处理采购入库单、采购发票,通过采购结算确认采购入库成本;根据采购发票确认应付;对供应商付款;相关单据查询及账表统计。

二、采购管理子系统和购销存其他子系统之间的数据关联

采购管理子系统与库存管理子系统联合使用可以随时掌握存货的现存量信息,从而减少盲目采购,避免库存积压;与核算子系统一起使用可以为核算提供采购入库成本,便于财务部门及时掌握存货采购成本。

采购管理与库存管理、核算子系统集成使用时,采购管理子系统中填制的采购入库单在库存管理子系统中审核确认,在核算子系统中记账;采购管理子系统中没有结算的入库单,核算子系统可做暂估入库记账处理;采购管理子系统中填制的采购发票,可随时调阅登记应付账款信息。采购管理子系统的采购入库单、采购结算单、采购发票在核算子系统中生成记账凭证,传递给总账子系统。

三、采购业务类型

采购业务类型包括普通采购业务、采购退货业务、委托代销业务等。下面仅对常见的普通采购业务处理、采购运费处理、暂估入库处理、转账业务处理进行介绍。

1. 普通采购业务处理

普通采购业务是采购与应付款管理系统的最基本业务,根据结算方式又可分为赊购业务、现付业务、预付款业务等。其中,赊购业务完整地体现了软件的操作流程。

在采购管理系统中录入采购订单,参照采购订单生成到货单;在库存管理系统中根据到货单生成采购入库单并报送审核;采购管理系统根据采购入库单生成采购发票,执行采购结算,采购发票会传递到应付款管理系统中,形成应付款凭证并传递到总账系统;采购入库单传递至存货核算系统后,存货明细账得以生成,存货的入库成本也随即明确;存货核算系统会生成采购入库单与入库凭证,并传递到总账系统中。

【拓展提示】

(1) 实务工作中,采购业务可以分为"单货同到""单到货未到""货到单未到"三种。"单货同到"的情形是最为理想的,其他两种状况则是采购业务的常态。"单到货未到"的情形是指采购发票已经收到,月末时所购货物尚在运输途中,会计人员应对该发票进行"压票",即暂不进行任何处理,待货物入库后再进行处理。"货到单未到"的情形是指在进行月底结账时,企业还没有收到供应商开具的采购发票,依据现行会计制度,采购成本的最终确认以发票上的单价为准,因此,采购入库单上的单价应为暂估价。

(2) 供应商以邮寄的方式将发票传递给采购部时,采购部应依据所收到的发票,在系统中生成或填制相应的单据,并与入库单汇总以执行采购结算,然后将采购订单、采购入库单和采购发票三种单据匹配一致,交由财务部会计人员。

(3) "挂账"是指会计人员对传递过来的"三单"进行审核,确认无误后,在核算模块中生成往来凭证,确认应付账款的过程。

(4) 由存货核算系统生成的采购成本确认凭证,一般应在月底结账前合并为一,同时附上原材料入库明细表。

下面以"单货同到"为例,讲解采购入库的业务处理流程,如图 11-1 所示。

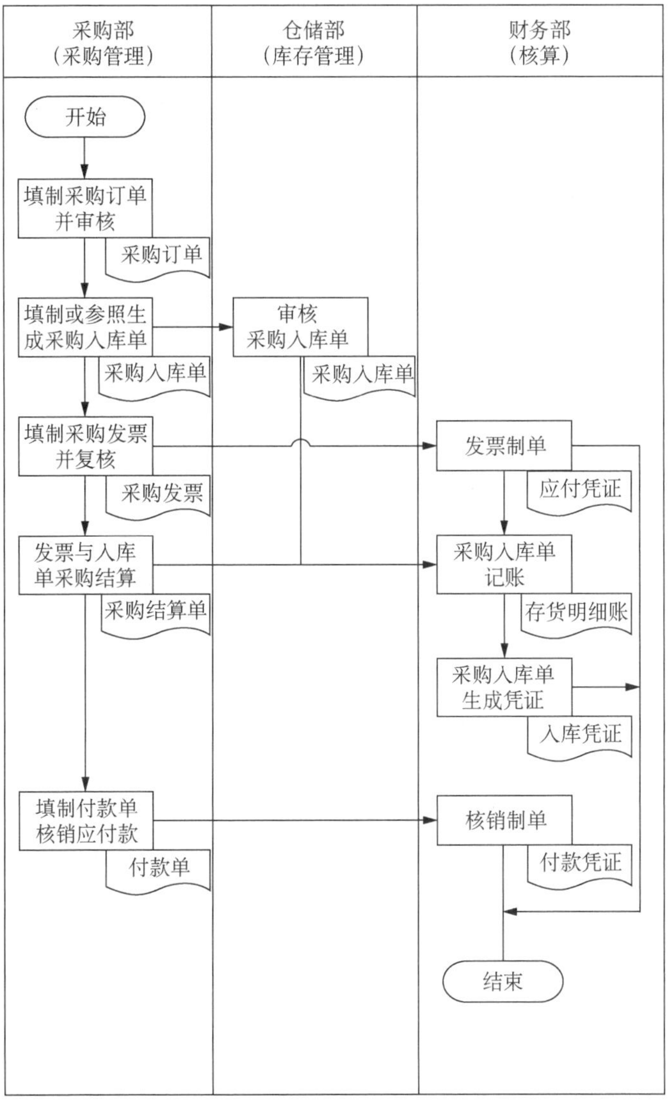

图 11-1　普通采购业务处理流程

1) 请购

请购是企业内部各部门向采购部门提出采购申请或采购部门汇总企业内部采购需求并列出采购清单的过程。请购是采购业务的起点。

2) 采购订货

采购订货是指企业根据采购计划与供应商签订采购意向协议,确认要货需求。订货确认后需要在系统中输入采购订单,记录采购货物名称、数量、价格、到货时间、供应商等关键信息。供应商依据采购订单组织供货,仓管人员根据采购订单验收货物。

采购订单经过审核才能在采购入库、采购发票环节被参照。

3）采购入库

采购入库是为检验合格的采购品办理入库手续的过程。在采购业务的处理流程中，入库处理是最为必要的环节。采购入库单是根据采购到货签收的实收数量填制的单据。采购入库单既可以直接输入，也可以参照采购订单或采购发票产生。

依据进出仓库的方向，入库单可分为蓝字采购入库单和红字采购入库单。依据业务类型，入库单可以分为普通采购入库单和受托代销入库单。

采购入库单的审核表示确认存货已入库，只有审核后的采购入库单才能在核算子系统中进行单据记账。

4）收到发票

采购发票是供应商开出的销售货物的凭证，系统根据采购发票确认采购成本，据以登记应付账款进行记账并付款核销。按照发票类型，采购发票分为增值税专用发票、增值税普通发票和运输发票；按照业务性质，采购发票可分为蓝字发票和红字发票。

采购发票可以直接填制，也可以参照采购订单、采购入库单或其他发票在系统中生成，可以进行现付结算。

5）采购结算

采购结算也称采购报账，是针对采购入库单、采购发票确认采购成本的结算操作。

采购结算有自动结算和手工结算两种方式。自动结算是由计算机系统将供货单位相同的，品类无差别且数量相等的采购入库单与采购发票进行自动处理的过程。通过手工结算，可以进行入库单与发票结算、蓝字入库单与红字入库单结算、蓝字发票与红字发票结算、溢余短缺处理、费用折扣分摊和费用发票结算等。

6）生成入库凭证

经过审核的采购入库单应及时登记存货明细账，并生成入库凭证。

7）确认应付款

采购结算后应及时根据发票制单，确认对供应商的应付款项。

8）付款结算，核销应付

在货到单（发票）到时，财务部门核对无误之后，需要按照合同约定向供应商支付货款。

付款单用来记录企业支付的供应商往来款项，款项性质包括应付款和预付款。

核销是指用对该供应商的付款冲销该供应商的应付款，只有及时核销才能进行精确的账龄分析。在T3系统中，输入的付款单可以与采购发票、应付单记录的应付进行核销。如果支付的货款等于应付款，那么可以完全核销；如果支付的款项少于应付款，那么只能部分核销；如果支付的款项多于应付款，那么余款可以转为预付款。

9）现付业务

在采购业务发生时，企业立即向供应商支付货款，这样的业务称为"现付业务"。将款项直接支付给本单位的供应商，采购人员在取得发票的同时将货款支付。与赊销业务不同的是，现付业务的处理流程不会涉及"应付账款"科目。

【拓展提示】

（1）软件支持"分批次到货，分批次开票"，在参照采购入库单生成发票时，系统会自动显示开票数量。

（2）采购结算后系统会自动生成结算单，在"结算单列表"中可以查询，如果要取消采购结算，删除结算单即可。

2. 采购运费处理

在企业采购业务活动中，如果有关采购发生的费用按照会计制度的规定允许计入采购成本，可以按以下情况分别处理：①费用发票与货物发票一起报账时，可利用手工结算功能对采购入库单和货物发票及运费发票一起结算；②费用发票滞后报账。如果该费用只由一种存货负担，则可以将费用票据输入计算机后用手工结算功能单独进行报账；如果是多笔采购业务，多仓库、多存货承担的费用发票，则可以在费用折扣结算功能中实现。

3. 暂估入库处理

暂估入库处理是指本月存货已经入库，但采购发票尚未收到，不能确定存货的入库成本，月底为了正确核算企业的库存成本，需要将这部分存货暂估入账，形成暂估凭证。

对暂估入库业务，系统提供了三种不同的处理方法：

1）月初回冲

进入下月后，核算子系统自动生成与暂估入库单完全相同的红字回冲单，同时记入相应的存货明细账，冲回存货明细账中上月的暂估入库。对红字回冲单制单，冲回上月的暂估凭证。

收到采购发票后，输入采购发票，对采购入库单和采购发票做采购结算。结算完毕，进入核算管理子系统，使用暂估入库成本处理功能进行暂估处理后，系统根据发票自动生成一张蓝字回冲单，其上的金额为发票上的报销金额。同时，登记存货明细账，使库存增加。对蓝字回冲单制单，生成采购入库凭证。

2）单到回冲

下月初不做处理，采购发票收到后，先在采购管理子系统中输入并进行采购结算，再到核算管理子系统中进行暂估入库成本处理，系统自动生成红字回冲单、蓝字回冲单，同时据以登记存货明细账，红字回冲单的入库金额为上月暂估金额，蓝字回冲单的入库金额为发票上的报销金额。

3）单到补差

下月初不做处理，采购发票收到后，先在采购管理子系统中输入并进行采购结算，再到核算管理子系统中进行暂估入库成本处理。如果报销金额与暂估金额的差额不为0，则产生调整单，即一张采购入库单生成一张调整单，用户确定后，自动记入存货明细账；如果差额为0，则不生成调整单。最后对调整单制单，生成凭证，传递到总账子系统。

以单到回冲为例，暂估处理的业务流程如图11-2所示。

4. 转账业务处理

转账业务处理是指在日常业务处理中经常发生的应付冲应收、应付冲应付、预付冲应付和红票对冲的业务处理。

1）应付冲应收

应付冲应收是指用某供应商的应付账款冲抵某客户的应收款项。系统通过应付冲应收当月，货到票未到：

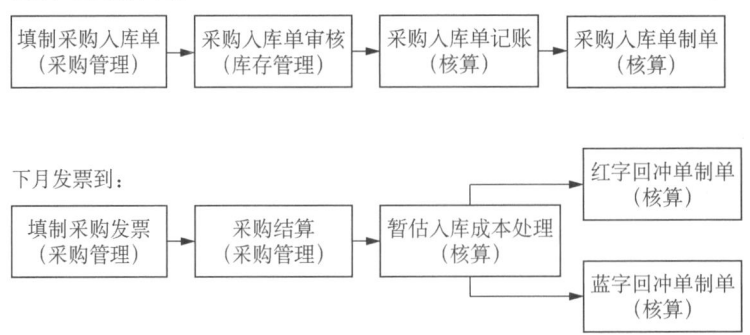

图 11-2　暂估处理的业务流程

功能将应付款业务在供应商和客户之间进行转账，实现对应付业务的调整，解决应付债务与应收债权的冲抵。

2）应付冲应付

应付冲应付是指将一家供应商的应付款转到另一家供应商中。通过应付冲应付功能可将应付款业务在供应商之间进行转入、转出，实现应付业务的调整，解决应付款业务在不同供应商之间入错户或合并户的问题。

3）预付冲应付

预付冲应付是指处理供应商的预付款和该供应商应付欠款的转账核销业务，即某一个供应商有预付款时，可用该供应商的一笔预付款冲销其一笔应付款。

4）红票对冲

红票对冲可实现某供应商的红字应付单与其蓝字应付单、付款单和收款单之间的冲抵。例如，当发生退票时，用红字发票对冲蓝字发票。红票对冲通常可以分为系统自动冲销和手工冲销两种处理方式：系统自动冲销可同时对多个供应商依据红票对冲规则进行红票对冲，提高红票对冲的效率；手工冲销可对一个供应商进行红票对冲，并自行选择红票对冲的单据，提高红票对冲的灵活性。

任务二　普通采购业务处理

【实训资料】

业务 2、业务 12、业务 17、业务 47、业务 63

【实训内容】

会计(202)朱茜完成采购业务单据的输入。

【实训指导】

1. 购买材料发生运费

(1) 以会计(202)朱茜的身份登录管理系统，选择[采购]→[采购发票]命令，打开"采购发票"窗口。

（2）单击［增加］按钮，根据资料录入采购专用发票相关信息，依次单击［保存］［现付］按钮，输入现付内容，操作结果如图 11-3 所示。

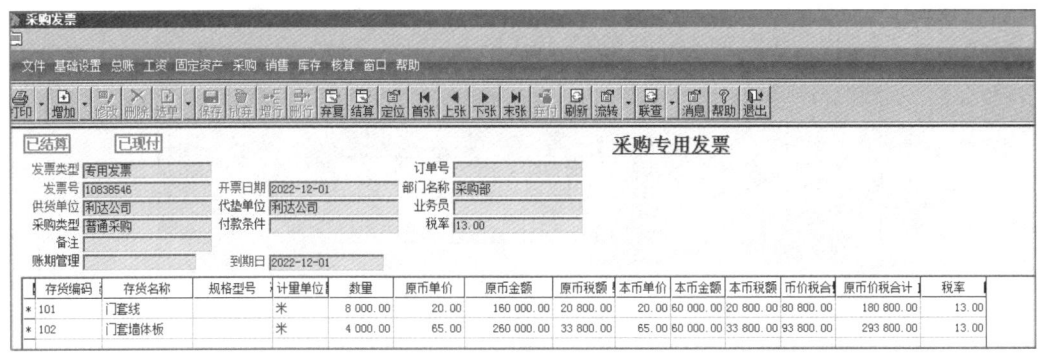

图 11-3　"采购发票"窗口

（3）单击［流转］按钮，选择"采购入库单"，选择仓库为"材料仓库"，入库类别为"采购入库"，如图 11-4 所示，单击［保存］按钮。

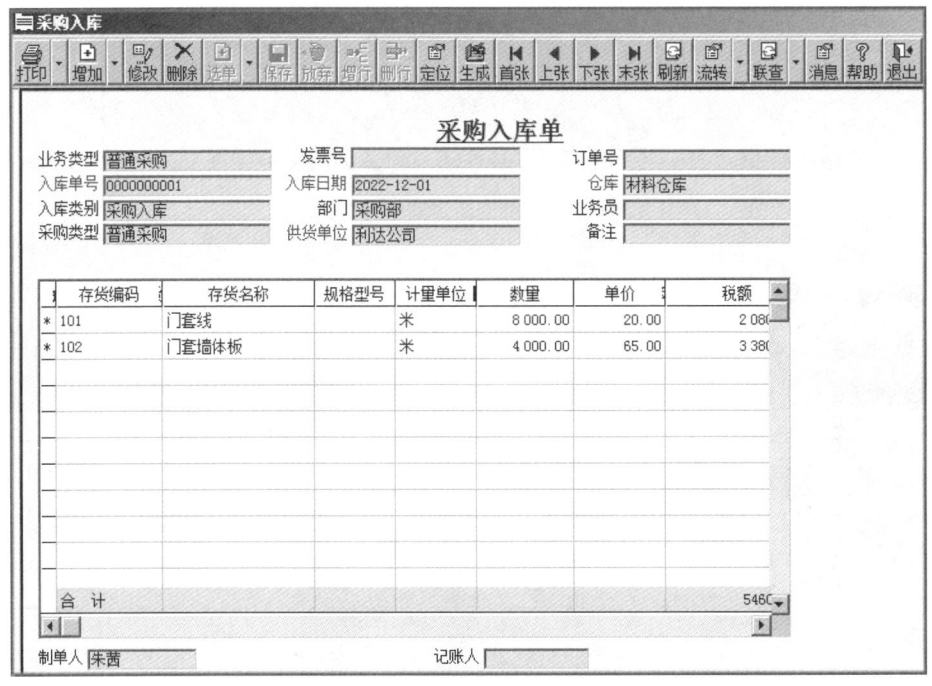

图 11-4　"采购入库"窗口

（4）选择［基础设置］→［单据编码设置］→［采购］→［采购专用运费发票］命令，单击［修改］按钮，勾选［完全手工编号］，单击［保存］按钮。

（5）按照专用运费发票增加新供应商"武汉邦迅输运有限公司"，如图 11-5 所示。

（6）选择［采购］→［采购发票］→［专用运费发票］命令，打开"采购专用运费发票"窗口，依次输入发票内容，修改税率 9%，如图 11-6 所示，依次单击［保存］［现付］［复核］按钮。

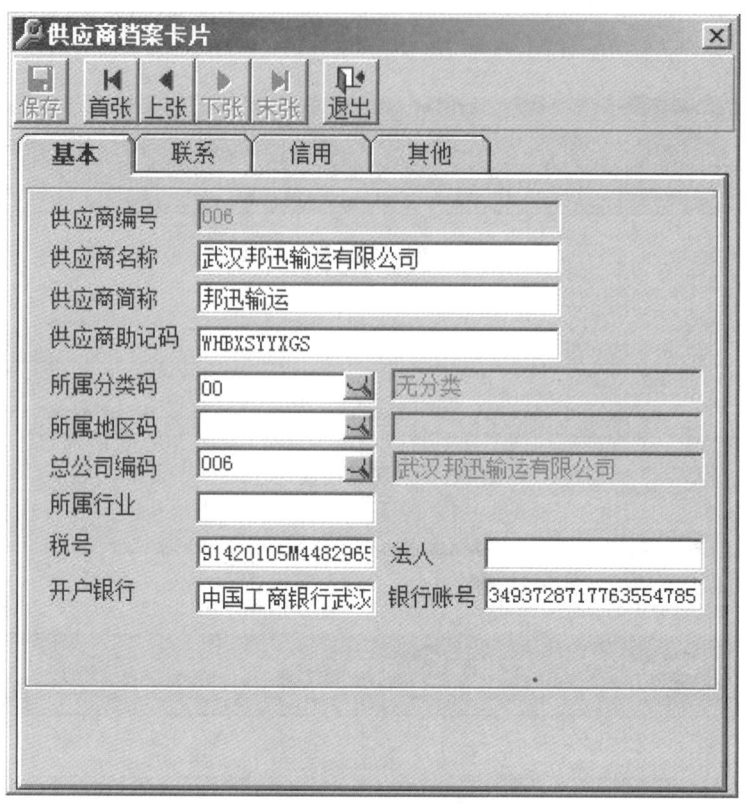

图 11-5 "供应商档案卡片"窗口

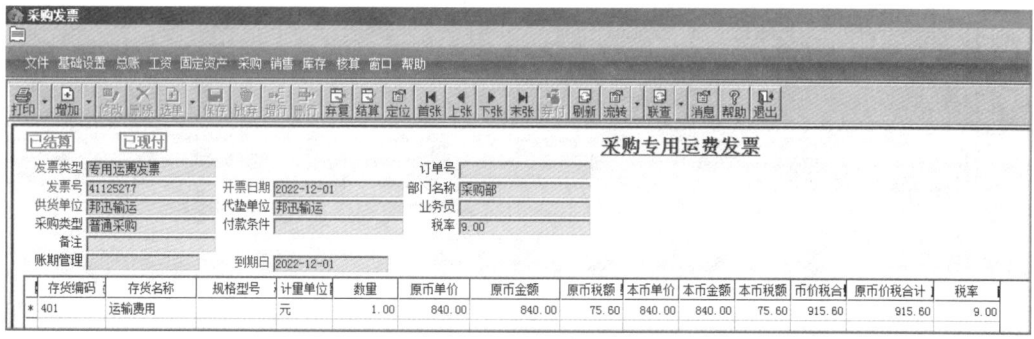

图 11-6 "采购发票"窗口

（7）选择[流转]→[手工结算]命令,条件输入入库单日期选择"2022-12-01"至"2022-12-31",单击[确认]按钮,选择单据,依次单击[确认][按金额][分摊][结算]按钮,如图 11-7 和图 11-8 所示。

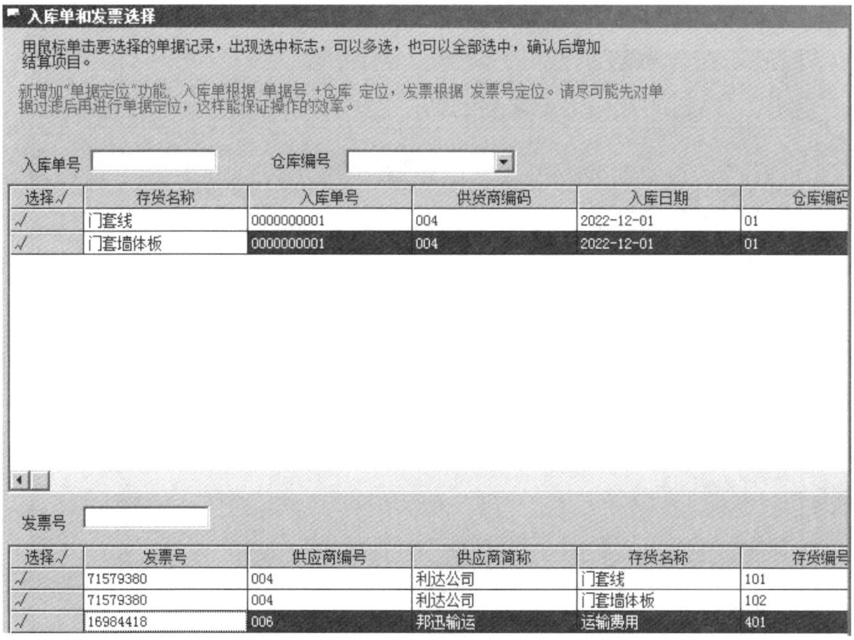

图 11-7　"入库单和发票选择"窗口

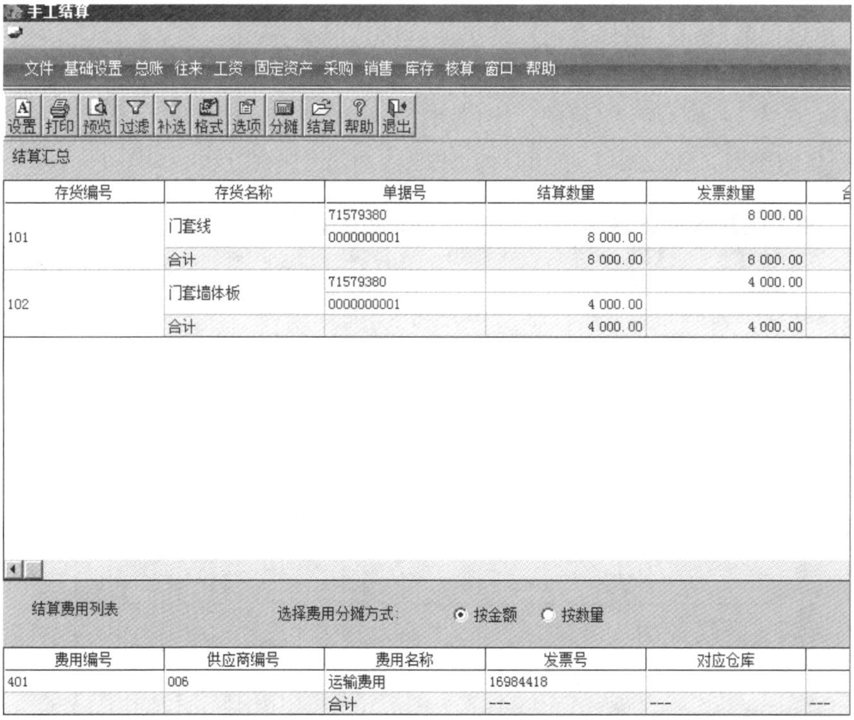

图 11-8　"手工结算"窗口

（8）选择［库存］→［采购入库单审核］命令，单击［审核］按钮，如图 11-9 所示。

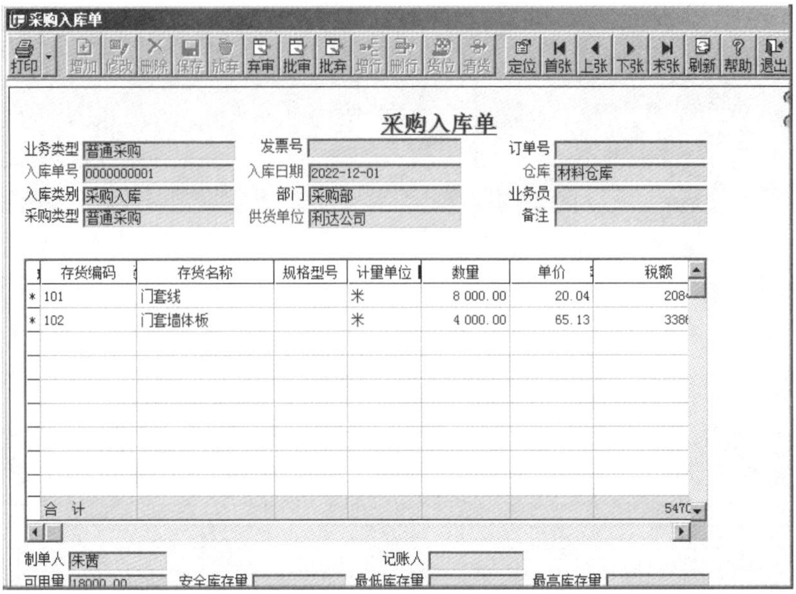

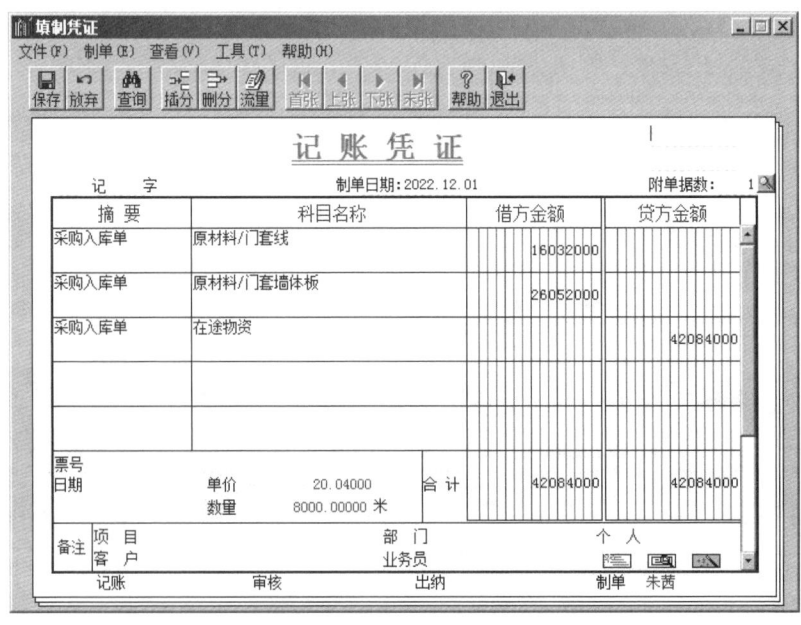

图 11-9 "采购入库单"窗口

（9）选择［核算］→［正常单据记账］命令，打开"正常单据记账"窗口，单击［确定］按钮，打开"正常单据记账"窗口，选择要记账的单据，单击［记账］按钮。

（10）选择［核算］→［购销单据制单］命令，打开"生成凭证"窗口，单击［选择］按钮，打开"查询条件"窗口，选中"采购入库单（报销记账）"，单击［确认］按钮，单击"未生成凭证一览表"，双击选择需要审核的单据，单击［制单］按钮，查看凭证后，单击［保存］按钮，如图 11-10 所示。

图 11-10 生成凭证

（11）选择［核算］→［供应商往来制单］→［现结制单］命令，单击［确认］按钮，双击选择需要审核的单据，依次单击［生成］［制单］按钮，输入"银行存款""库存现金"的现金流量项目为"购买商品、接受劳务支付的现金"，生成的凭证如图 11-11 和图 11-12 所示。

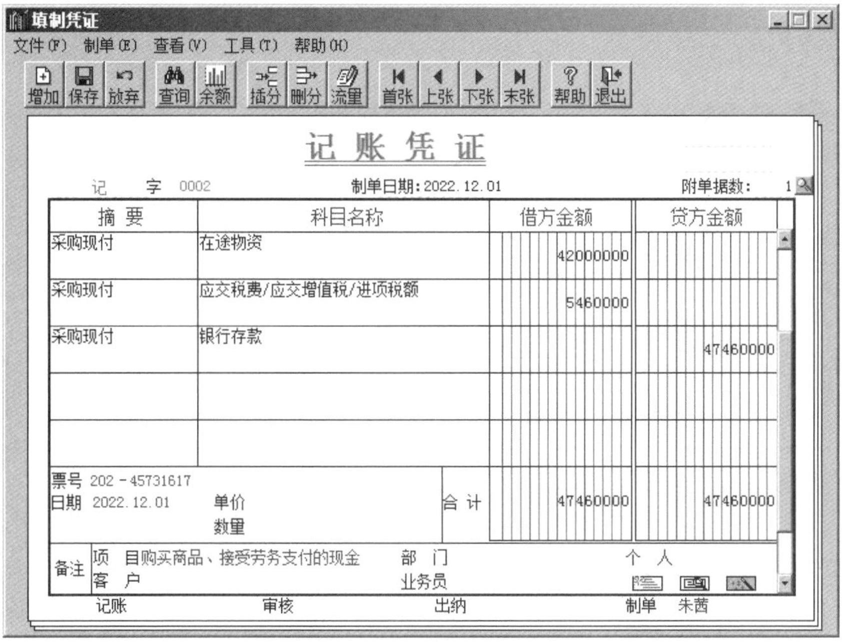

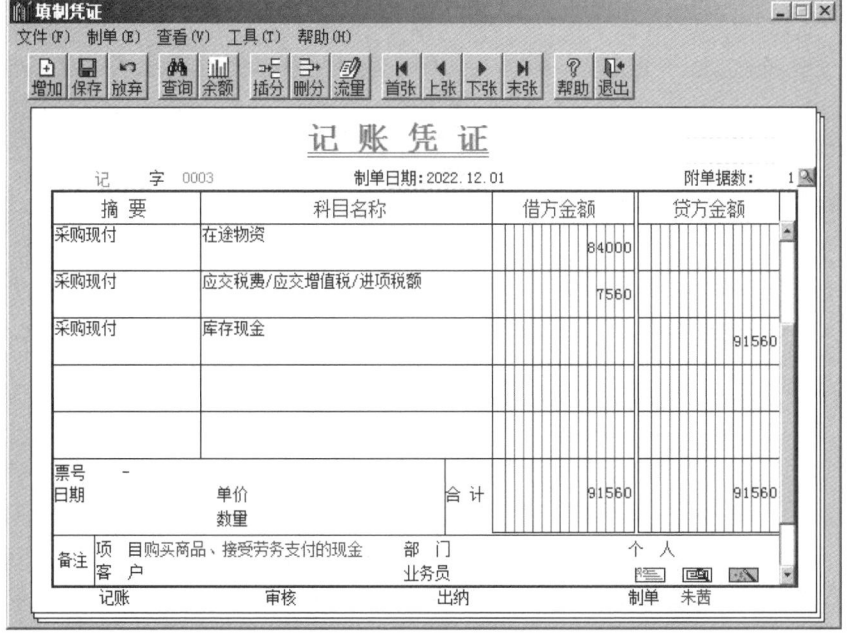

图 11-11　"填制凭证"界面

图 11-12　"填制凭证"界面

2. 购买材料发生合理损耗

(1) 以会计(202)朱茜的身份登录管理系统,选择[采购]→[采购发票]命令,打开"采购发票"窗口。

(2) 单击[增加]按钮,根据资料录入采购专用发票相关信息,依次单击[保存][复核]按钮,如图 11-13 所示。

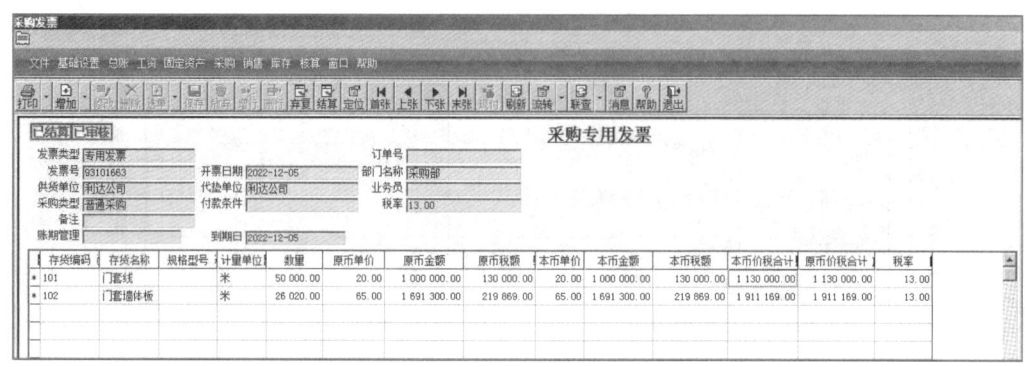

图 11-13   "采购发票"窗口

(3) 单击[流转]按钮,选择[采购入库单]命令。选择仓库为"材料仓库",入库类别为"采购入库",修改门套墙体板数量为"26 000.00",金额为"1 691 300.00",单击[保存]按钮,如图 11-14 所示。

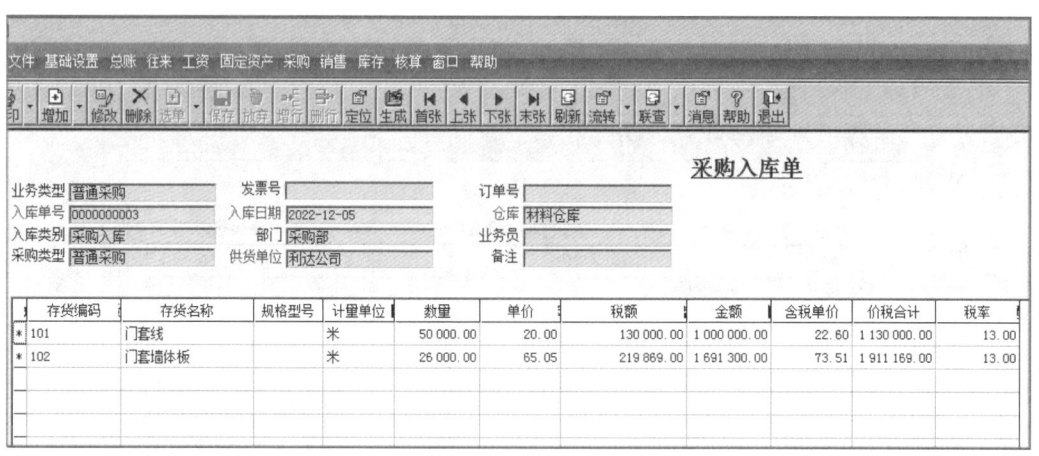

图 11-14   "采购入库单"窗口

(4) 选择[采购]→[采购结算]→[手工结算]命令,打开"条件输入"窗口,输入条件日期范围"2022-12-01"至"2022-12-31",单击[确认]按钮,如图 11-15 所示。

(5) 选择单据,单击[确认]按钮,门套墙体板合理损耗数量处输入"20.00",单击[结算]按钮,如图 11-16 所示。

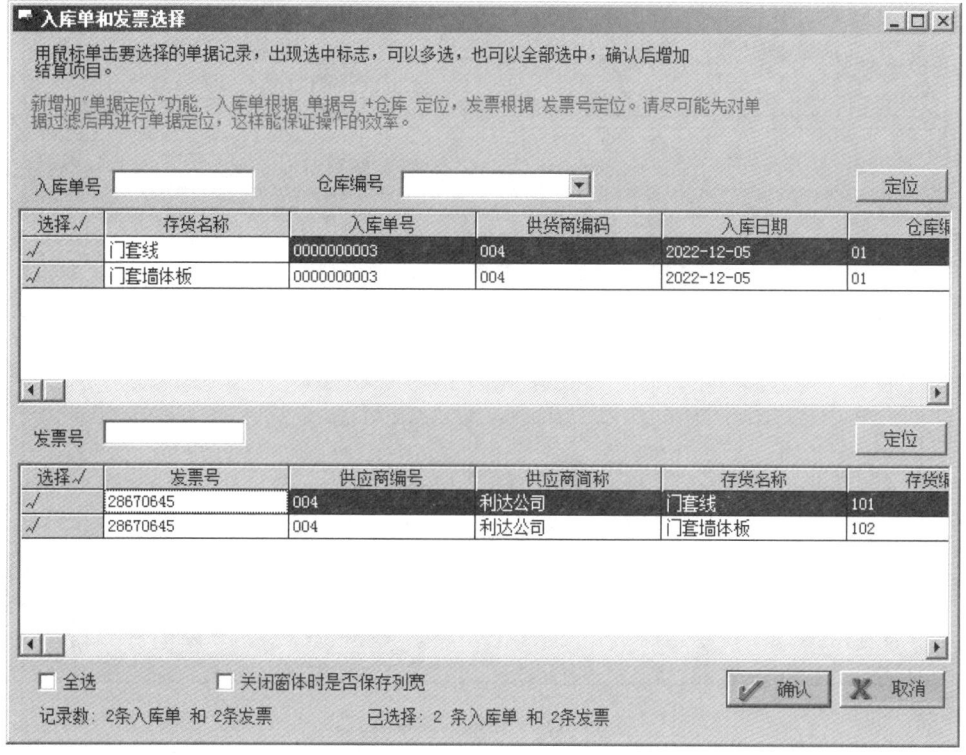

图 11-15　"入库单和发票选择"窗口

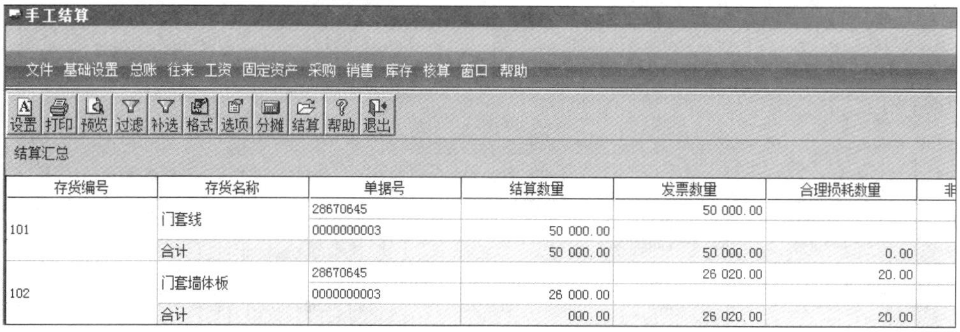

图 11-16　"手工结算"窗口

（6）选择[库存]→[采购入库单审核]命令，打开"采购入库单"窗口，单击[审核]按钮，如图 11-17 所示。

（7）选择[核算]→[正常单据记账]命令，打开"正常单据记账"窗口，单击[确定]按钮，选择要记账的单据，单击[记账]按钮。

（8）选择[核算]→[购销单据制单]命令，打开"生成凭证"窗口。单击[选择]按钮，打开"查询条件"窗口，选中"采购入库单（报销记账）"，单击[确认]按钮，出现"未生成凭证一览表"窗口，双击选择需要审核的单据，依次单击[制单][保存]按钮，凭证左上角出现"已生成"标志，如图 11-18 所示。

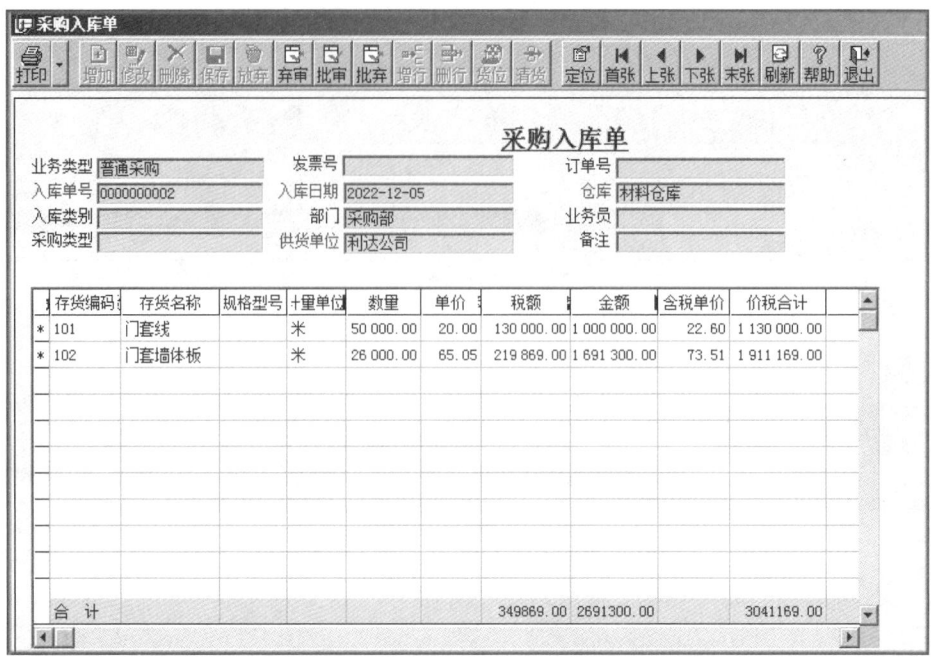

图 11-17 "采购入库单"窗口

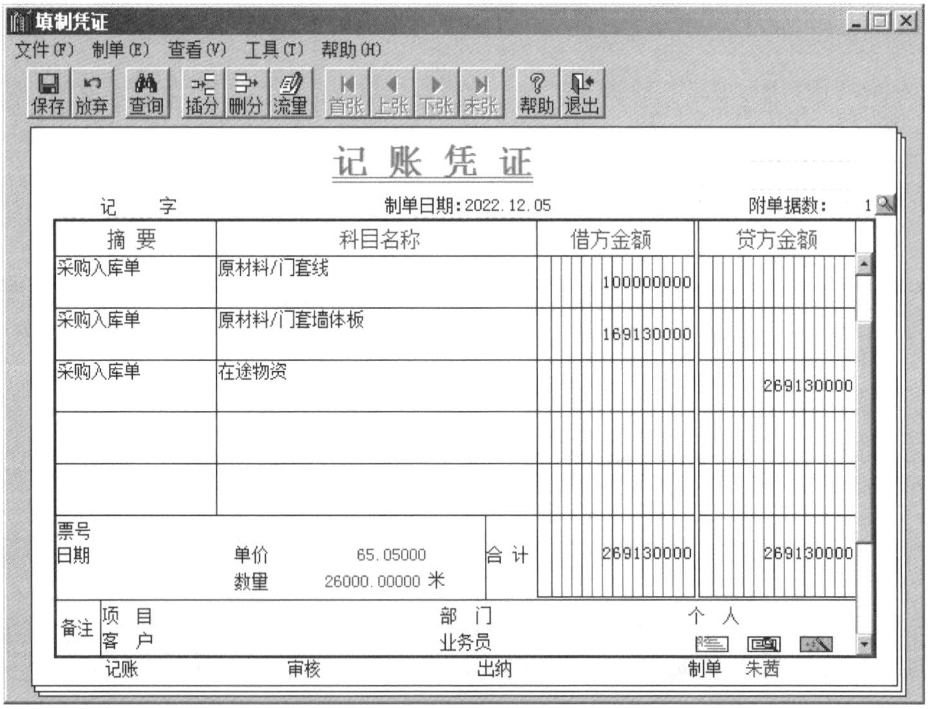

图 11-18 "填制凭证"窗口

（9）选择［核算］→［供应商往来制单］→［发票制单］命令，单击［确认］按钮，打开"采购发票制单"窗口，双击选择需要审核的单据，依次单击［制单］［保存］按钮，凭证左上角出现"已生成"标志，表示凭证已传递到总账，如图 10-19 所示。

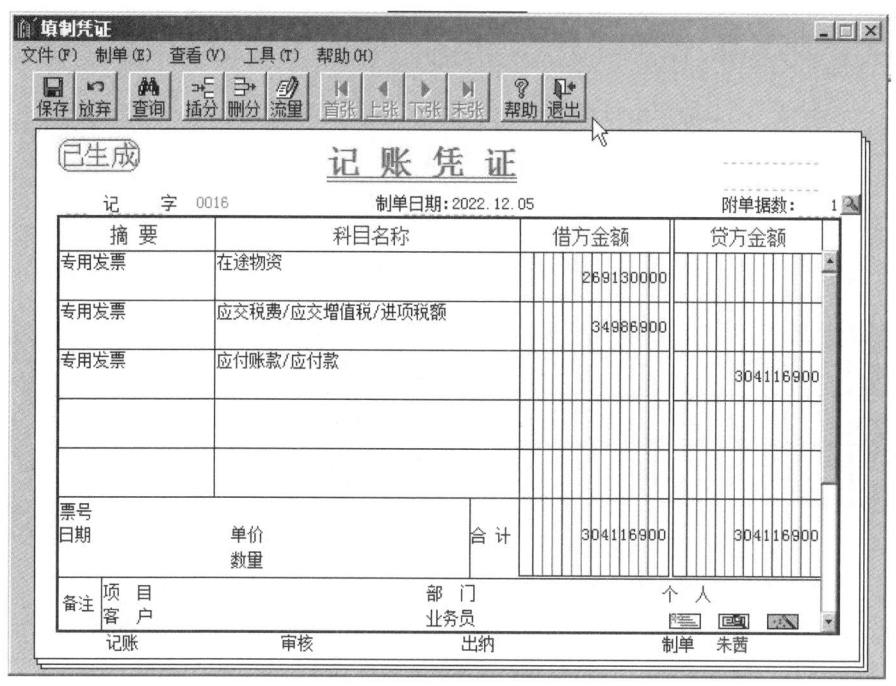

图 11-19　"填制凭证"窗口

任务三　付款业务处理

【实训资料】

业务 2、业务 12、业务 17、业务 47、业务 63

【实训内容】

会计（202）朱茜完成应付款业务单据的输入。

【实训指导】

1. 采购材料，收到票据

（1）以会计（202）朱茜的身份登录管理系统，选择［采购］→［采购发票］命令，打开"采购发票"窗口。

（2）单击［增加］按钮，根据资料录入采购专用发票信息，依次点击［保存］［复核］按钮，如图 11-20 所示。

（3）单击［流转］按钮，选择"采购入库单"，选择仓库为"材料仓库"，入库类别为"采购入库"，如图 11-21 所示，单击［保存］按钮。

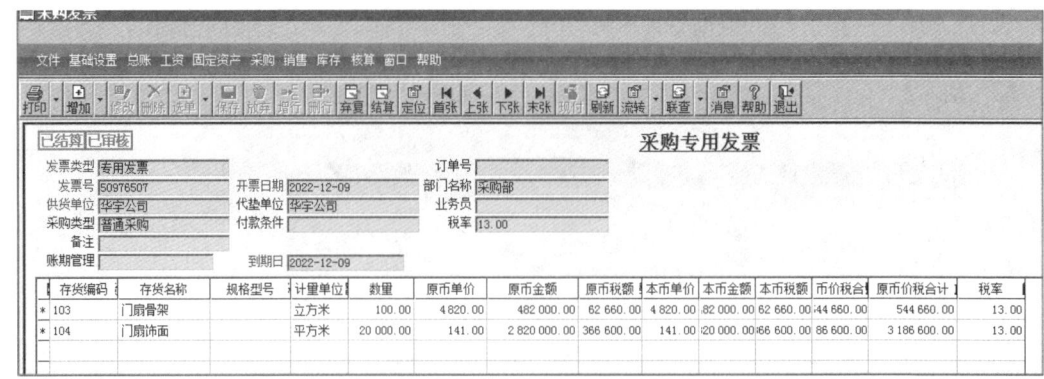

图 11-20 "采购发票"窗口

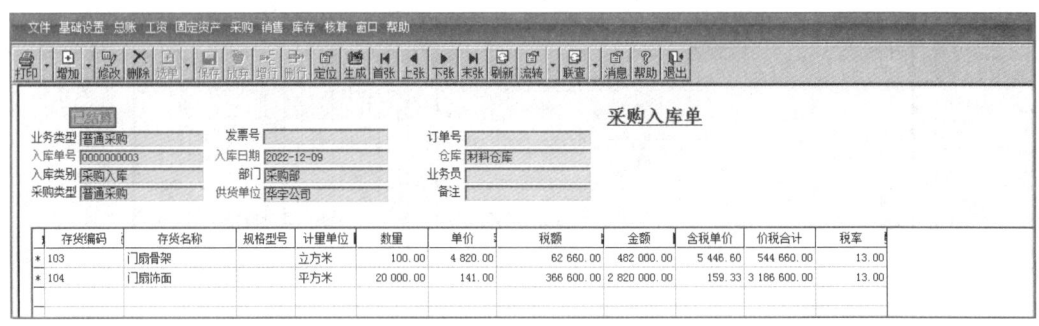

图 11-21 "采购入库单"窗口

（4）选择［流转］→［手工结算］命令，条件输入入库单日期选择"2022-12-01"至"2022-12-31"，单击［确认］按钮，选择单据，依次单击［确认］［结算］按钮，如图 11-22 所示。

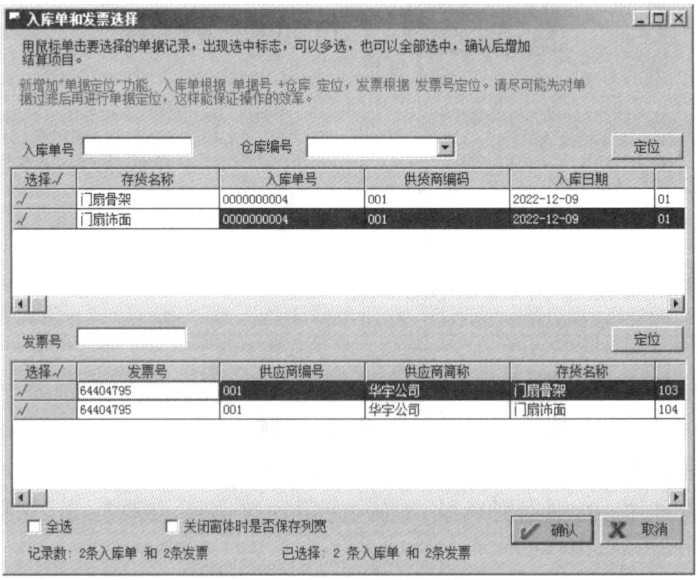

图 11-22 "入库单和发票选择"窗口

（5）选择［库存］→［采购入库单审核］命令，单击［审核］按钮，如图 11-23 所示。

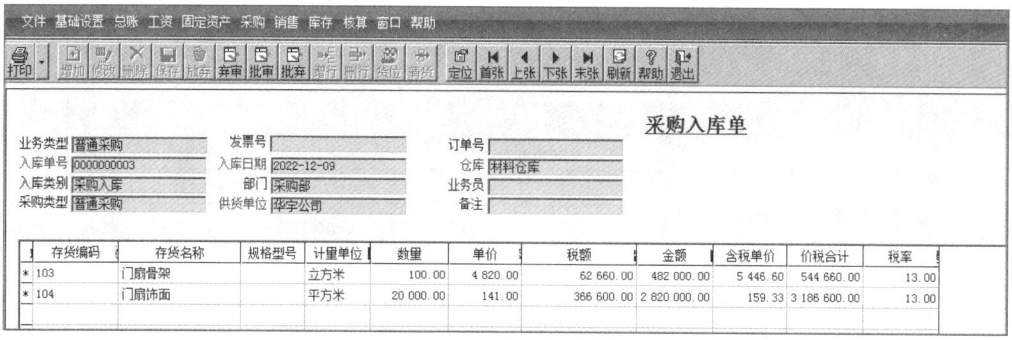

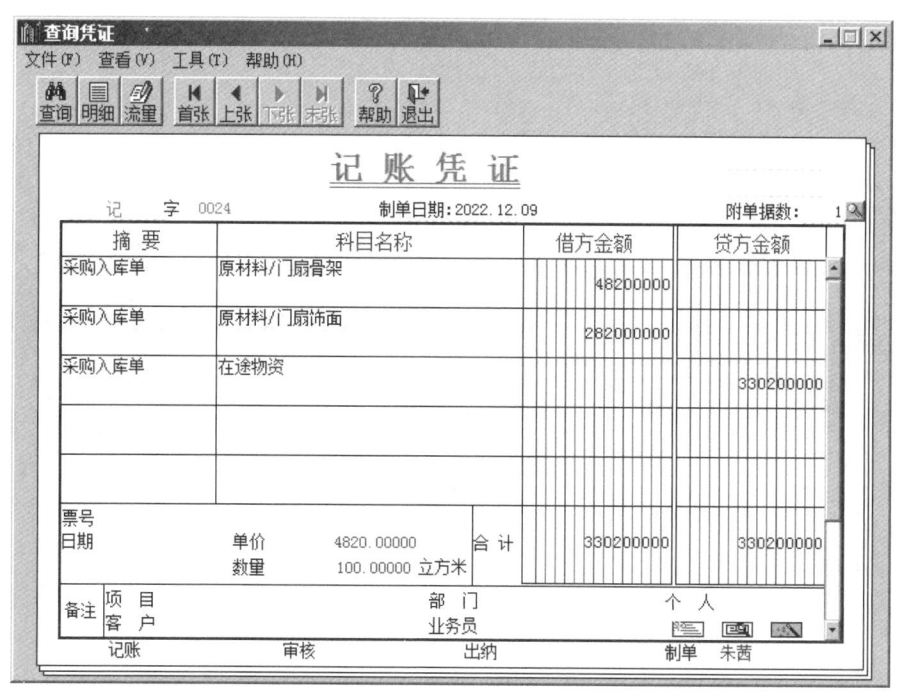

图 11-23　"采购入库单"窗口

（6）选择［核算］→［正常单据记账］命令，打开"正常单据记账"窗口，单击［确定］按钮，打开"正常单据记账"窗口，选择要记账的单据，单击［记账］按钮。

（7）选择［核算］→［购销单据制单］命令，打开"生成凭证"窗口，单击［选择］按钮，打开"查询条件"窗口，选中"采购入库单（报销记账）"，单击［确认］按钮，单击"未生成凭证一览表"，双击选择需要审核的单据，单击［制单］按钮，如图 11-24 所示。

图 11-24　"查询凭证"窗口

（8）选择［核算］→［供应商往来制单］→［发票制单］命令，单击［确认］按钮，双击选择需要审核的单据，单击［合并］按钮，改贷方科目为"应付票据"，点击放大镜，单击［编辑］按钮，将受控系统改为"无"，单击［保存］按钮，凭证左上角出现"已生成"标志，表示凭证已传递到总账，如图 11-25 所示。

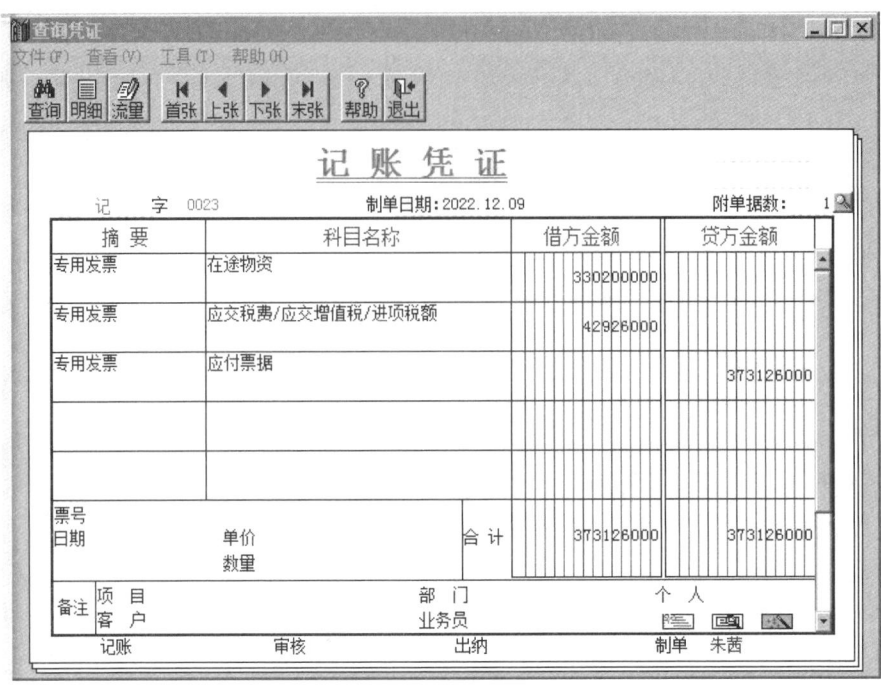

图 11-25　"查询凭证"窗口

2. 采购材料,未收到票据

(1) 进入[采购]→[采购入库单]命令,输入相关信息,如图 11-26 所示,单击[保存]按钮。

图 11-26　"采购入库"窗口

（2）进入库存管理模块，依次单击［采购入库单审核］［审核］按钮，如图 11-27 所示。

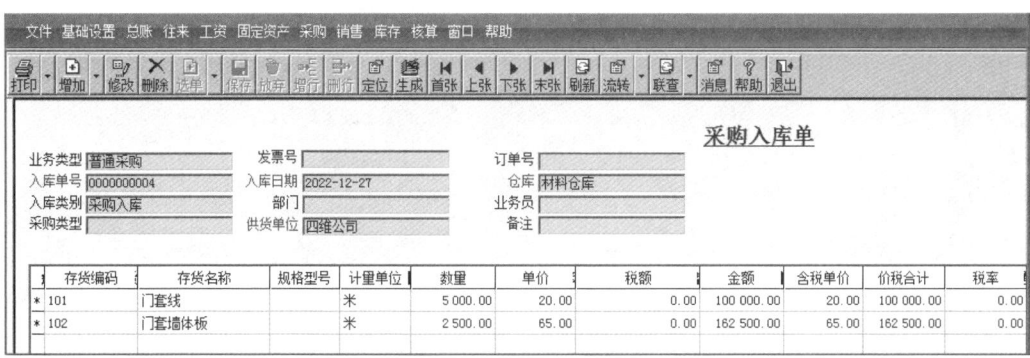

图 11-27　"采购入库单"窗口

3. 月末材料暂估入库

（1）选择［库存］→［采购入库单审核］，找到 12 月 27 日四维公司的单据，取消审核。

（2）选择［采购］→［采购入库单］命令，将收到的材料按照期初单价填列，点击［保存］按钮，如图 11-28 所示，再进入［库存］→［采购入库单审核］将单据审核。

图 11-28　"采购入库单"窗口

（3）选择［核算］→［正常单据记账］命令，选择单据进行记账。选择［购销单据制单］，勾选"采购入库单（暂估记账）"，保存凭证，如图 11-29 所示。

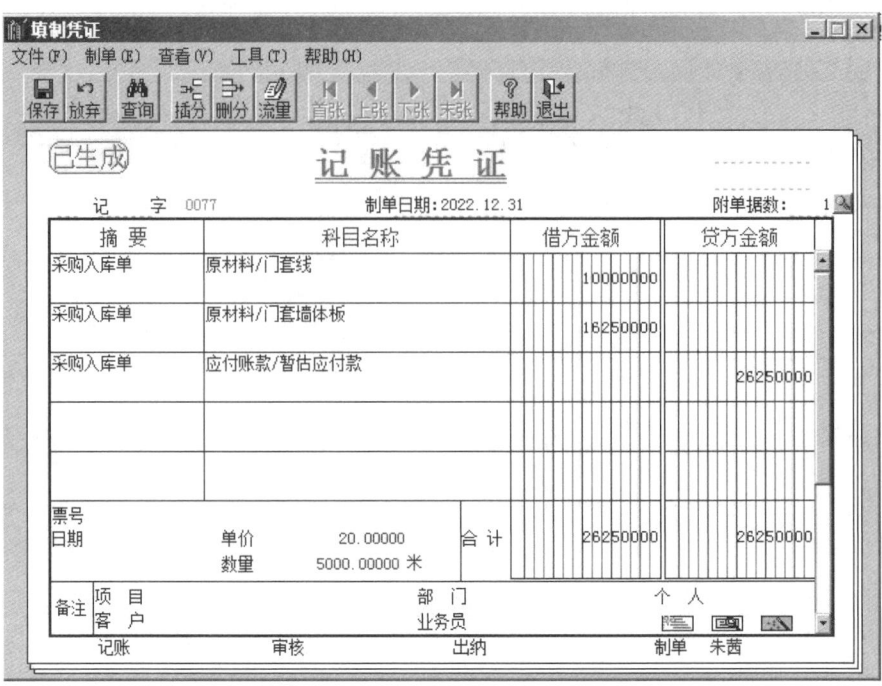

图 11-29　"填制凭证"窗口

 拓展阅读

《关于完善市场准入制度的意见》
解读之二

项目十二 销售管理子系统日常业务处理

项目概述

销售管理子系统提供对销售业务的全流程管理,具体包括:销售订货处理,动态掌握订单执行情况;销售开票处理,确认销售出库成本;根据销售发票确认收入;对客户进行收款结算,及时核销应收;进行相关单据查询及账表统计。销售管理与应收款管理一起使用,掌握销售业务的收款情况;与库存管理一起使用,掌握货物发运情况;与存货核算一起使用,能够了解销售成本,掌握产品毛利情况。

学习目标

1. 了解销售管理模块的主要功能及操作流程
2. 了解销售管理模块与其他子系统之间的关系
3. 理解核销和转账的含义
4. 掌握企业普通销售业务的全流程处理

学习要点

1. 普通销售业务的处理方式
2. 现结销售业务的处理方式
3. 代垫费用业务处理
4. 预收款销售业务的处理

任务一 销售管理子系统日常业务处理概述

一、认识销售管理子系统

销售部门与客户签订销售合同或者框架协议,双方达成一致后,下达销售订单,并依据客户要求安排发货,仓储部门依据销售部门传递过来的发货单安排装车出库,财务部门依据发货单开具销售发票,确定主营业务收入,月底结转销售成本。

普通销售业务模式适用于大多数企业的日常销售业务,与其他系统一起提供对销售报价、销售订货、销售发货、销售开票、销售出库、结转销售成本、销售收款结算全过程处理。

二、销售管理子系统和购销存其他子系统之间的数据关联

销售管理子系统的发货单、销售发票新增后冲减库存管理子系统的货物现存量,经审核后自动生成销售出库单传递给库存管理子系统。库存管理子系统为销售管理子系统提供各种可用于销售的存货现存量。

销售管理子系统的发货单、销售发票经审核后自动生成销售出库单,销售出库单或销售发票传递给核算子系统。核算管理子系统将计算出来的存货的销售成本传递给销售管理子系统。

三、销售业务类型

销售业务类型包括普通销售业务、销售现收业务、代垫费用、预收款业务、转账业务等。

四、普通销售业务处理流程

企业销售模式各有不同,销售管理系统处理销售业务灵活多变,但普通销售业务模式基本流程相同。企业可以结合自身的业务特点,对销售流程进行灵活配置。

在企业日常销售业务中一般有两种处理模式——先发货后开票和开票直接发货,不同业务模式对应的处理流程有所不同。以先发货后开票为例,业务处理流程如图 12-1 所示。

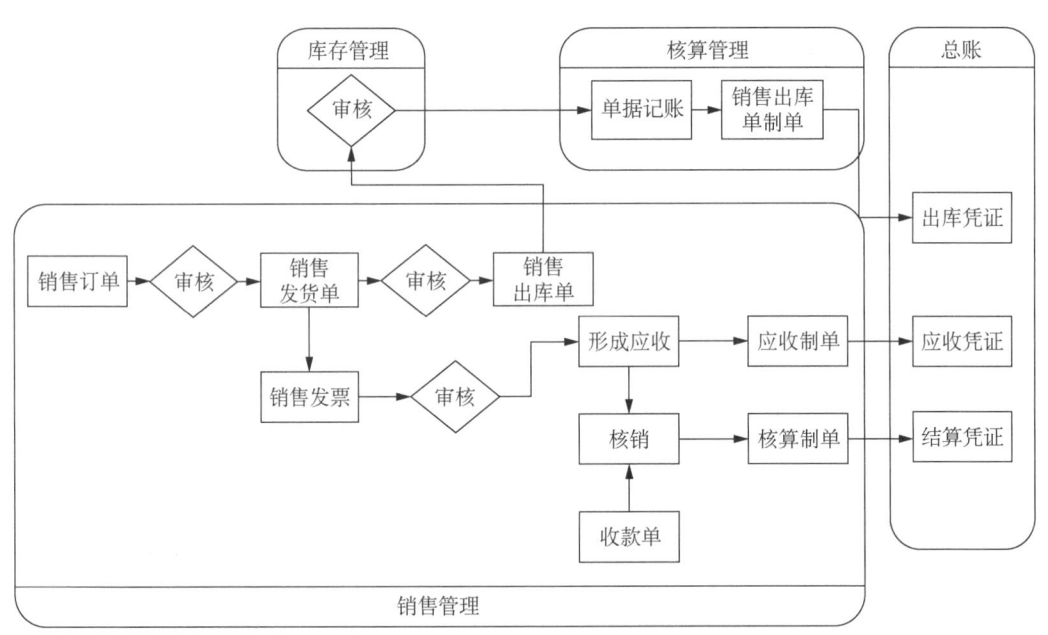

图 12-1　先发货后开票的业务处理流程

1. 销售订货

销售订货是确认客户的要货需求。销售订单是反映由购销双方确认的订货需求的单据,其中需要确定货物明细、数量、价格、发货日期等细节内容。

销售订单经过审核后,才能在后续环节中被参照。在先发货后开票的业务模式下,发货单可以参照销售订单生成;在开票直接发货的业务模式下,销售发票可以参照销售订单

生成。

2. 销售发货及出库

当客户订单交期来临时,相关人员应根据销售订单进行发货。销售发货是企业执行与客户签订的销售合同或销售订单,将货物发往客户的行为,是销售业务的执行阶段。在先发货后开票的业务模式下,发货单可以参照销售订单生成;在开票直接发货的业务模式下,发货单根据销售发票生成(发货单只能浏览,不能修改和审核)。

销售出库是销售业务处理的必要环节,在库存管理子系统中用于存货出库数量核算,在核算管理子系统中用于存货出库成本核算。对于采用先进先出法、移动平均4种计价方式、个别计价法计价的存货,在核算管理子系统进行单据记账时进行出库成本核算,而采用全月平均法、计划价或售价法计价的存货在期末处理时进行出库成本核算。

根据不同的参数设置,销售出库单既可以在发货单审核时自动生成,也可以在库存管理子系统中参照已审核的发货单生成。

3. 销售开票

销售开票是在销售过程中企业给客户开具销售发票及其所附清单的过程,是销售收入确定、销售成本计算、应交销售税金确定和应收账款确定的依据,是销售业务的必要环节。

销售发票既可以直接填制,也可以参照销售订单或销售发货单生成。参照发货单开票时,既可以将多张发货单汇总开票,也可以将一张发货单拆单生成多张销售发票。

在先发货后开票业务模式下,销售发票是根据销售发货单汇总产生的,销售发票经审核后形成应收账款。

4. 收款结算

只有及时收款才能使企业正常运转。收到的款项应及时与应收款进行核销,进行精确的账龄分析并提供适时的催款依据,提高资金周转率。

5. 结转销售成本

销售出库(开票)之后,要进行出库成本的确认。对于采用移动平均法、个别计价法计价的存货,在存货核算系统进行单据记账时进行出库成本核算;而采用全月平均法、计划价或售价法计价的存货,在期末处理时进行出库成本核算。

五、销售现收业务处理

销售现收业务处理是指在销售货物的同时向客户收取货币资金的行为,其业务流程如图 12-2 所示。

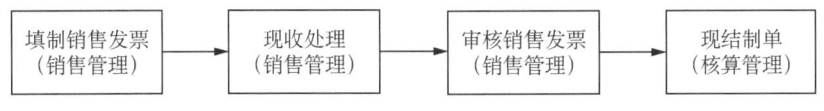

图 12-2　销售现收业务的业务流程

六、代垫费用处理

代垫费用处理是指在销售业务中,随货物销售所发生的(如运杂费、保险费等)暂时代垫、将来需要向对方单位收取的费用项目。代垫费用实际上形成了用户对客户的应收款。

代垫费用处理的业务流程如图 12-3 所示。

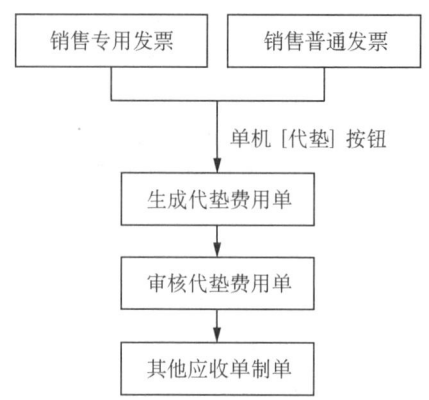

图 12-3　代垫费用处理的业务流程

七、预收款业务处理

应收子系统的收款单用来记录企业所收到的客户款项。款项性质包括应收款、预收款等。

八、转账业务处理

转账业务处理是指在日常业务处理中经常发生的应收冲应付、应收冲应收、预收冲应收和红票对冲的业务处理。

1. 应收冲应付

应收冲应付是指用某客户的应收账款冲抵某供应商的应付款项。系统通过应收冲应付功能将应收款业务在客户和供应商之间进行转账，实现对应收业务的调整，解决应收债权与应付债务的冲抵。

2. 应收冲应收

应收冲应收是指将一家客户的应收款转到另一家客户中。通过应收冲应收功能可将应收款业务在客户之间进行转入、转出，实现应收业务的调整，解决应收款业务在不同客户之间入错户或合并户的问题。

3. 预收冲应收

预收冲应收是指处理客户的预收款和该客户应收欠款的转账核销业务，即某一个客户有预收款时，可用该客户的一笔预收款冲其一笔应收款。

4. 红票对冲

红票对冲可实现某客户的红字应收单与其蓝字应收单、收款单和付款单之间的冲抵。例如，当发生退票时，用红字发票对冲蓝字发票。红票对冲通常可以分为系统自动冲销和手工冲销两种处理方式：自动冲销可同时对多个客户依据红票对冲规则进行红票对冲，提高红票对冲的效率；手工冲销可对一个客户进行红票对冲，并自行选择红票对冲的单据，提高红票对冲的灵活性。

【拓展提示】

（1）实务中"先发货后开票"业务相对较多，先开票后发货业务一般适用于现金类销售，比如某零星客户直接到财务部交现金，财务部开具销售发票，客户依据销售发票到仓库去提货。

（2）以"先发货后开票"为例，在销售管理模块中录入销售订单并审核、参照销售订单生成发货单并审核；在库存管理系统中，根据发货单生成销售出库单并审核；发货单在实际工作中相当于提货单，不减少仓库的库存，而销售出库单则是实际出库的单据，减少仓库的库存量。

（3）在存货核算模块选项中，销售成本的核算依据有两种选择：销售出库单或销售发票。如果选择了按销售出库单核算销售成本，则在存货核算系统中"记账"及"制单"的依据都是销售出库单。否则，依据是销售发票。如果企业存在销售货物已经出库，月底未向客户开具销售发票的情况，根据权责发生制及销售收入的确认原则，应选择按销售发票确认销售成本的方式。

任务二　　普通销售业务处理

【实训资料】

业务 10、业务 11、业务 14、业务 26、业务 28、业务 30、业务 37、业务 38、业务 41、业务 51、业务 52

【实训内容】

会计（202）朱茜完成销售业务单据的输入。

【实训指导】

1. 销售商品

（1）以会计（202）朱茜的身份登录管理系统，选择［销售］→［发货单］命令，单击［增加］按钮，系统弹出"当前没有可提供参照的订单，是否继续？"提示框，单击［是］按钮。

（2）输入"客户名称""销售部门""付款条件""仓库""货物名称""存货编码""数量"以及单价等信息，如图 12-4 所示。

（3）依次单击［保存］［审核］按钮。

（4）单击［流转］按钮，选择"生成专用发票"，修改发票号为"81061526"，依次单击［保存］［审核］按钮，如图 12-5 所示。

（5）选择［库存］→［销售出库单生成/审核］命令，依次单击［生成］［刷新］［选择］［确认］［审核］按钮，如图 12-6 所示，依次审核两张出库单。

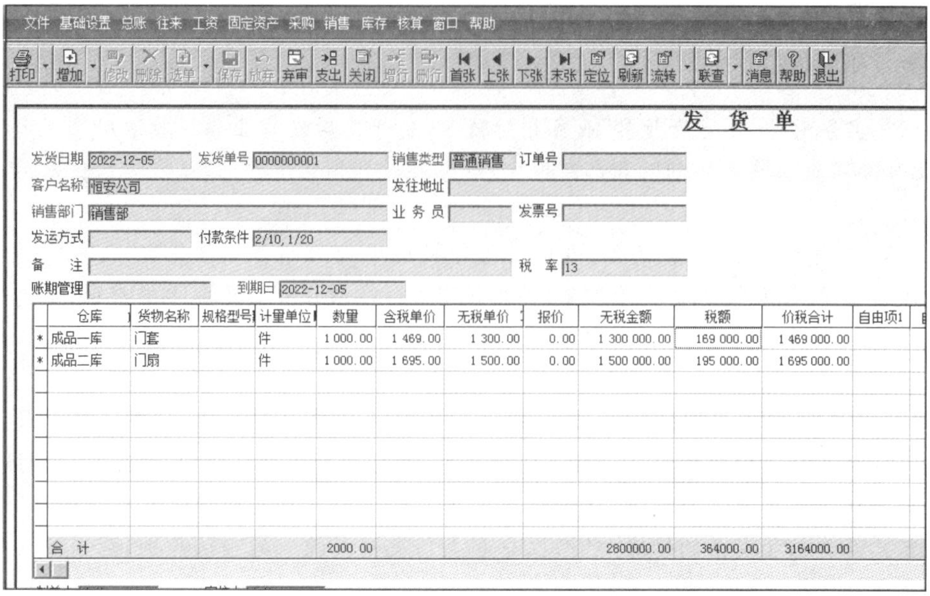

图 12-4　"发货单"窗口

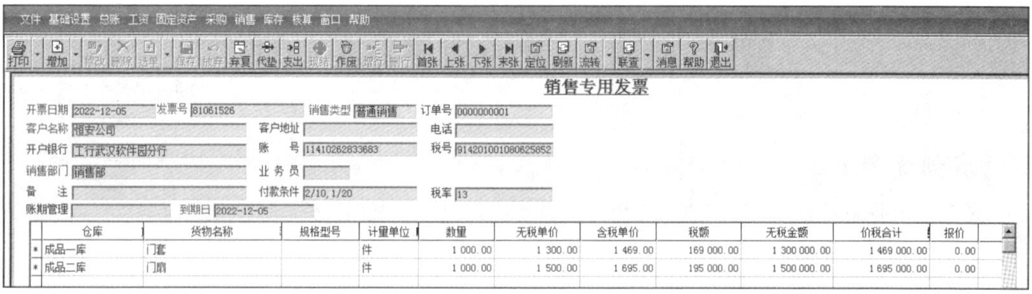

图 12-5　"销售专用发票"窗口

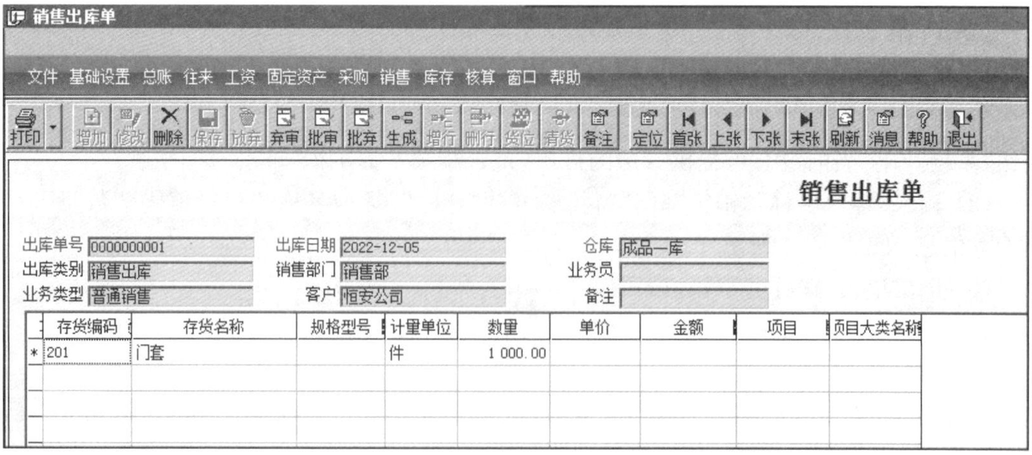

图 12-6　"销售出库单"窗口

（6）选择［核算］→［正常单据记账］命令，选择要记账的单据，单击［记账］按钮，如图 12-7 所示。

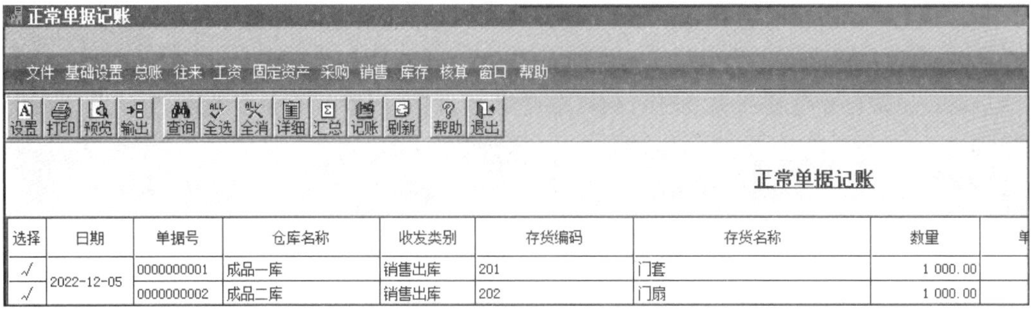

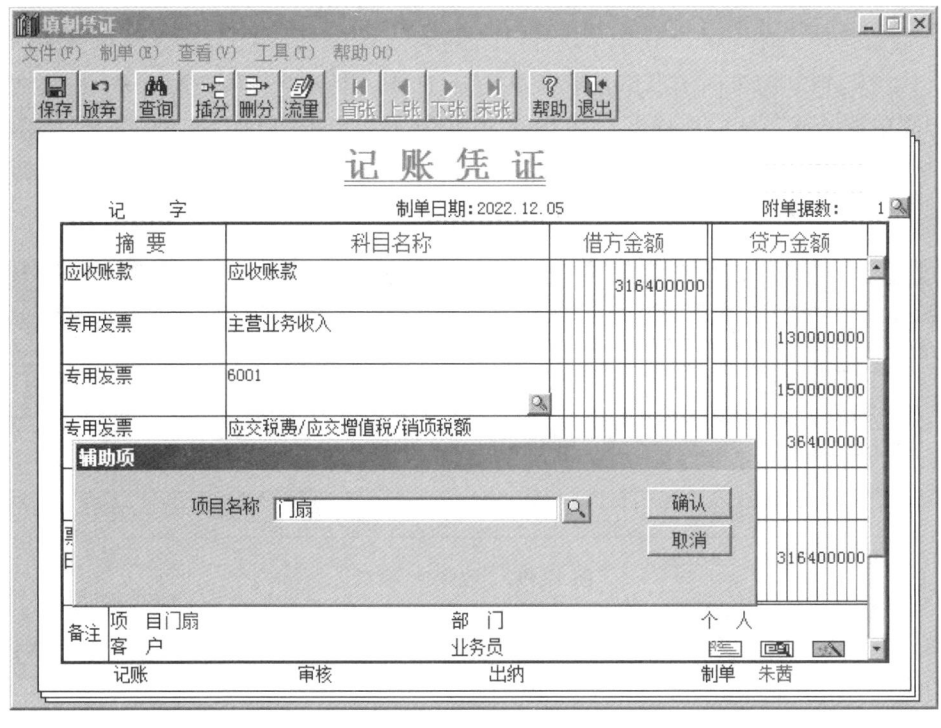

图 12-7　"正常单据记账"窗口

（7）选择［核算］→［客户往来制单］→［发票制单］命令，单击［确认］按钮，双击选择需要制单的凭证，单击［制单］按钮，输入"主营业务收入"的辅助核算为"门套"，在下方插分一行，输入"主营业务收入"的辅助核算为"门扇"，如图 12-8 所示，单击［保存］按钮，凭证左上角出现"已生成"标志，表示凭证已传递到总账，然后单击［退出］按钮。

图 12-8　"填制凭证"窗口

【拓展提示】

（1）已保存的销售订单可以修改、删除，但不允许修改他人填制的销售订单。

（2）系统自动生成订单编号，可以手工修改。订单编号不能重复。

（3）如果企业要按业务员进行销售业绩考核，则必须输入业务员信息。

任务三　收款业务处理

【实训资料】

业务 10、业务 11、业务 14、业务 26、业务 28、业务 30、业务 37、业务 38、业务 41、业务 51、业务 52

【实训内容】

会计（202）朱茜完成应收款业务单据的输入。

【实训指导】

1. 收到货款

（1）以会计（202）朱茜的身份登录管理系统，选择［销售］→［客户往来］→［收款结算］命令，打开"单据结算"窗口，选择客户为"007 恒安公司"，单击［增加］按钮，输入"结算方式""结算科目""金额"以及"票号"等信息，依次单击［保存］［核销］按钮。

（2）输入"本次折扣""本次结算"等信息，单击［保存］按钮，如图 12-9 所示。

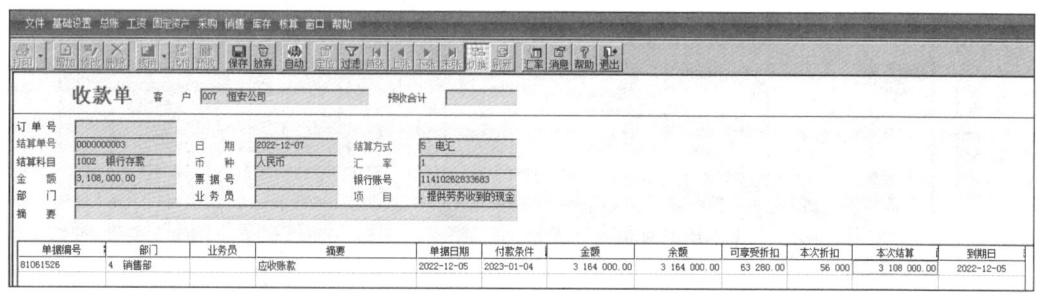

图 12-9　"收款单"窗口

（3）选择［核算］→［客户往来制单］→［核销制单］命令，单击［确认］按钮，双击选择需要制单的凭证，单击［制单］按钮，如图 12-10 所示。

2. 收到预收款项

（1）以会计（202）朱茜的身份登录管理系统，选择［销售］→［客户往来］→［收款结算］命令，打开"单据结算"窗口，选择客户为"002 振兴公司"，单击［增加］按钮，输入"结算方式""结算科目""金额""票号"以及"现金流量项目"等信息，单击［保存］［预收］按钮，预收合计处显示收款金额，如图 12-11 所示。

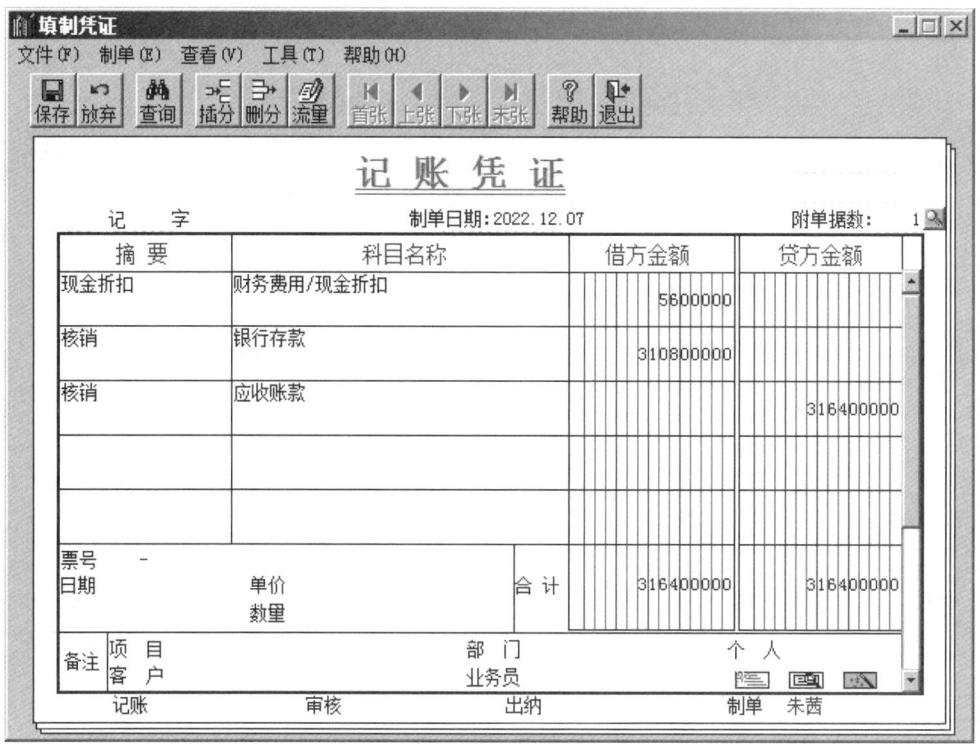

图 12-10　"填制凭证"窗口

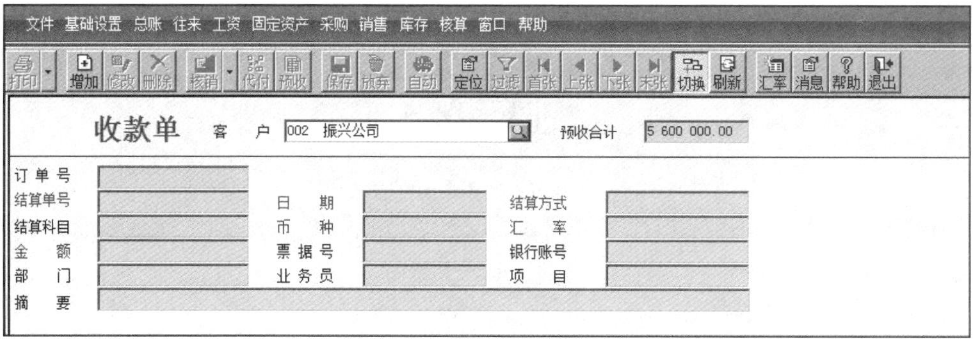

图 12-11　"收款单"窗口

（2）选择［核算］→［客户往来制单］→［核销制单］命令，单击［确认］按钮，双击选择需要制单的凭证，单击［制单］按钮，将贷方科目修改为"合同负债"，如图 12-12 所示。

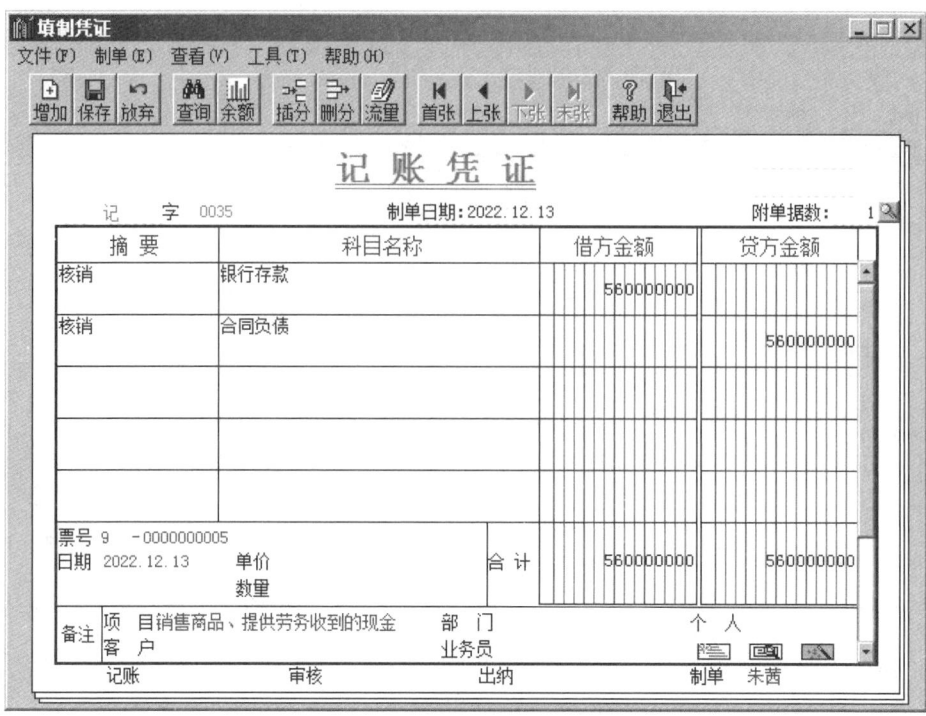

图 12-12 "填制凭证"窗口

 拓展阅读

"东数西算"
工程系列解读之一

项目十三 库存管理子系统日常业务处理

项目概述

库存管理是购销存管理的重要组成部分。库存管理子系统的主要功能是对存货出入库数量进行管理,并提供批次管理、保质期管理、供应商跟踪等库存控制功能,提供库存账表分析。

学习目标

1. 了解库存管理子系统的主要功能及操作流程
2. 理解库存管理子系统和购销存其他子系统的数据关联
3. 掌握库存管理模块常见经济业务的操作

学习要点

1. 材料领用业务的处理方式
2. 产成品入库业务的处理方式
3. 仓库调拨业务的处理方式
4. 其他出入库业务的处理方式

任务一 库存管理子系统日常业务处理概述

一、认识库存管理子系统

库存管理子系统的主要功能是对存货出入库数量进行管理,并提供批次管理、保质期管理、供应商跟踪等库存控制功能,提供库存账表分析。

1. 日常收发存业务处理

库存管理子系统的主要功能是对采购管理子系统、销售管理子系统和库存管理子系统填制的各种出入库单据进行审核,并对存货的出入库数量进行管理。

除管理采购业务、销售业务形成的入库和出库业务外,库存管理子系统还可以处理仓库间的调拨业务、盘点业务、组装拆卸业务等。

2. 库存控制

库存管理子系统支持批次跟踪、保质期管理、现存量(可用量)管理、最高最低库存管理。

3. 库存账簿及统计分析

通过查询库存管理子系统提供的库存账、批次账、统计表，可实现对库存业务的实时管理；通过储备分析提供存货的超储、短缺、呆滞积压等管理信息。

二、库存管理子系统和购销存其他子系统之间的数据关联

库存管理子系统对采购管理子系统输入的采购入库单进行审核确认。如果是库存管理子系统生成的销售出库单，那么可以根据销售管理子系统的发货单、发票生成销售出库单并审核；如果是销售管理子系统生成的销售出库单，那么可以对销售出库单进行审核。库存管理子系统为销售管理子系统提供各种存货的可销售量信息。库存管理子系统中的各种出入库单据需要在核算子系统中进行记账，生成凭证；核算子系统为各种出入库单据提供成本信息，如图 13-1 所示。

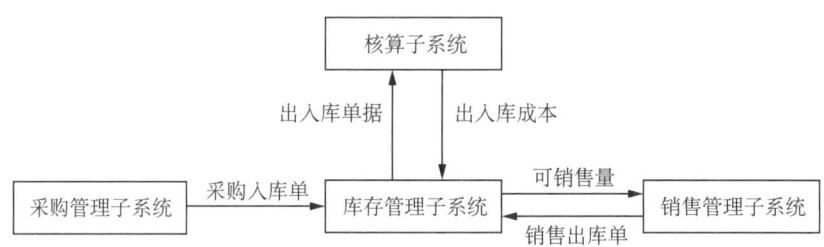

图 13-1　库存管理子系统和购销存其他子系统的数据关联

三、库存管理业务类型

1. 入库业务

库存管理系统主要是对各种入库业务进行单据的填制和审核。存货入库业务主要包括采购入库、产成品入库和其他入库。

1）采购入库

采购货物到达企业后，采购员在采购管理子系统中填制采购入库单，然后到库房办理入库。采购入库单的审核相当于仓库保管员对采购的实际到货情况进行质量、数量的检验和签收。

2）产成品入库

产成品入库单是管理工业企业的产成品入库、退回业务的单据。工业企业对原材料及半成品进行一系列的加工，形成可销售的产品后验收入库。只有工业企业才有产成品入库单，商业企业没有此单据。

一般在入库时是无法确定产成品的总成本和单位成本的，因此在填制产成品入库单时，一般只有数量，没有单价和金额。

产成品入库的业务流程如图 13-2 所示。

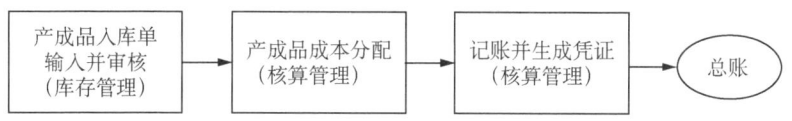

图 13-2　产成品入库的业务流程

【拓展提示】

（1）在企业生产过程中,凡是需要核算成本的半成品、产成品入库,均应通过"产成品入库单"实现。

（2）如果同时启用存货核算系统,通过存货系统生成凭证,则表头的部门、入库类别为必输项。

3）其他入库

其他入库是指除采购入库、产成品入库之外的入库,如调拨入库、盘盈入库、组装拆卸入库、形态转换入库等业务形成的入库单。

需要注意的是,调拨入库、盘盈入库、组装拆卸入库、形态转换入库等业务可以自动形成相应的入库单,除此之外的其他入库单则由用户填制。

2. 出库业务

存货出库业务主要包括销售出库、材料领用出库和其他出库。

1）销售出库

如果在选项中设置了库存生成出库单,那么在库存管理子系统中可以参照销售管理子系统填制的销售发票、发货单生成出库单,再进行审核;如果在选项中设置了销售生成出库单,那么销售出库单可以在销售管理子系统生成后传递到库存管理子系统,再由库存管理子系统进行审核。

2）材料领用出库

材料出库单是工业企业领用材料时所填制的出库单据,是进行日常业务处理和记账的主要原始单据之一。只有工业企业才有材料出库单,商业企业没有此单据。材料领用出库业务处理流程如图 13-3 所示。

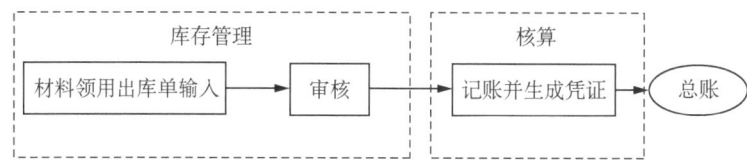

图 13-3　材料领用出库业务处理流程

【拓展提示】

（1）领料申请单可以录入,也可以不录入,企业可以根据自身业务特点决定。如果不录入领料申请单,材料出库单直接手工增加录入即可。

（2）一张领料申请单可以多批次出库,参照领料申请单生成材料出库单后,按实际领料数量修改单据数量即可。多张相同部门的领料申请单也可以合并生成一张材料出库单。

（3）材料出库单上的部门、出库类别原则上为必输项。在存货核算系统,要对材料出库单生成记账凭证,需要依据表头的部门和出库类别生成对方会计科目。

（4）如果"生产成本"科目设置为项目核算,将生产领用材料核算到每一个品种上,则在录入材料出库单表体的物料编码时,需要选择项目档案中的"项目",否则在存货核算系统生成凭证时,无法直接带出项目档案,凭证无法保存。

3）其他出库

其他出库是指除销售出库、材料出库之外的出库业务,如维修、办公耗用、调拨出库、盘亏出库、组装拆卸出库、形态转换出库等。

需要注意的是,调拨出库、盘亏出库、组装出库、组装拆卸出库、形态转换出库等业务可以自动形成相应的出库单,除此之外的其他出库单则由用户填制。

3. 调拨业务

库存管理子系统提供了调拨单,用于处理仓库之间存货的转库业务或部门之间的存货调拨业务。如果调拨单上的转出部门和转入部门不同,则表示是部门之间的调拨业务;如果转出部门和转入部门相同,但转出仓库和转入仓库不同,则表示是仓库之间的转库业务。

【拓展提示】

（1）调拨申请单可以录入,也可以不录入,根据企业实际情况决定;表体的批复数量不能为空,否则,无法参照生成调拨单。

（2）如果存货核算系统中的核算方式按仓库核算,则调拨单的表头录入转出、转入仓库即可;如果存货核算系统中的核算方式按部门核算,则调拨单的表头要录入转出、转入部门。

4. 盘点业务

库存管理子系统提供了盘点单用来定期对仓库中的存货进行盘点。存货盘点报告表是证明企业存货盘盈、盘亏和毁损并据以调整存货实存数的书面凭证,经企业领导批准后,即可作为原始凭证入账。

库存管理子系统中提供两种盘点方法,即按仓库盘点和按批次盘点,还可对各仓库或批次中的全部或部分存货进行盘点。盘盈、盘亏的结果可自动生成出入库单。

任务二　日常收发存业务处理

【实训资料】

业务 3、业务 7、业务 25、业务 29、业务 34、业务 44、业务 56、业务 62

【实训内容】

会计(202)朱茜完成日常收发存业务。

【实训指导】

1. 材料领用出库

(1) 以会计(202)朱茜的身份登录管理系统,选择[库存]→[材料出库单]命令,打开"材料出库单"窗口,单击[增加]按钮,根据业务资料填写相关信息,如图 13-4 和图 13-5 所示。

图 13-4 "材料出库单"窗口

图 13-5 "材料出库单"窗口

（2）选择［核算］→［正常单据记账］命令，打开"正常单据记账条件"窗口，单击［确定］按钮，弹出"正常单据记账"窗口，选择对应单据进行记账，如图 13-6 所示。

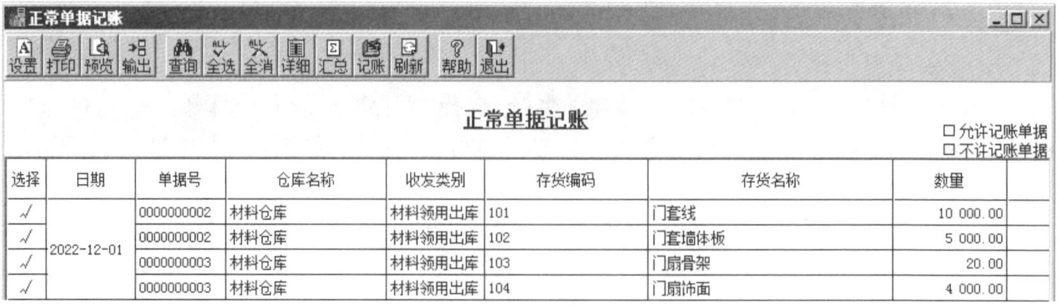

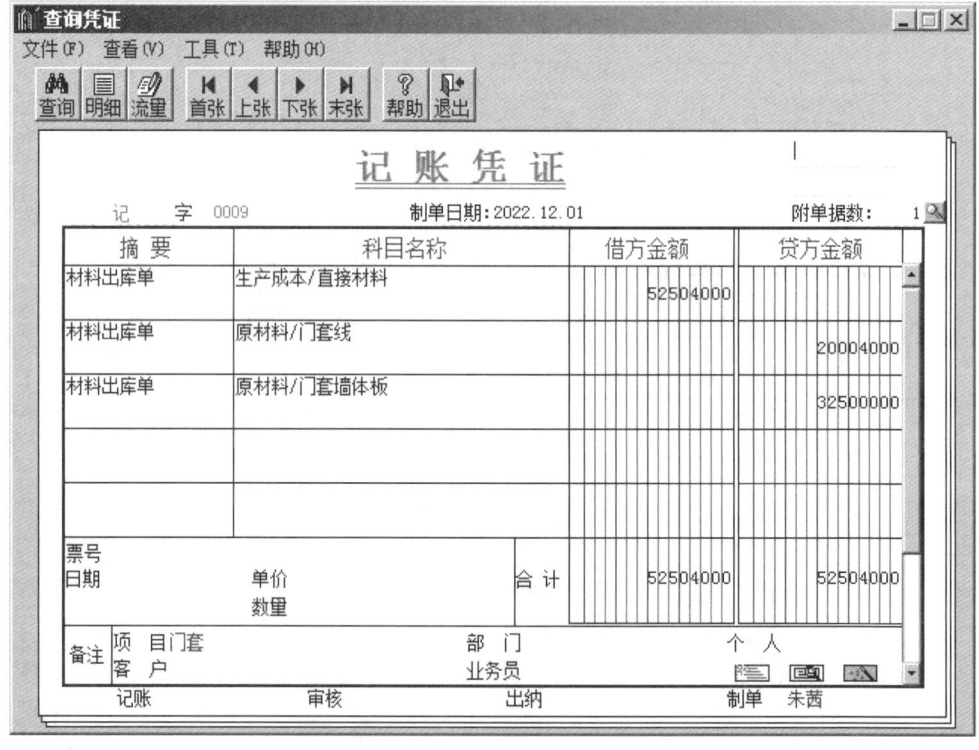

图 13-6　"正常单据记账"窗口

（3）选择［核算］→［购销单据制单］命令，打开"生成凭证"窗口，单击［选择］按钮，打开"查询条件"窗口，选中"材料出库单"，单击［确认］按钮，单击"未生成凭证一览表"，双击选择需要制单的单据，单击［制单］按钮，输入辅助核算项目名称后生成相关凭证，如图 13-7 和图 13-8 所示。

图 13-7　"查询凭证"窗口

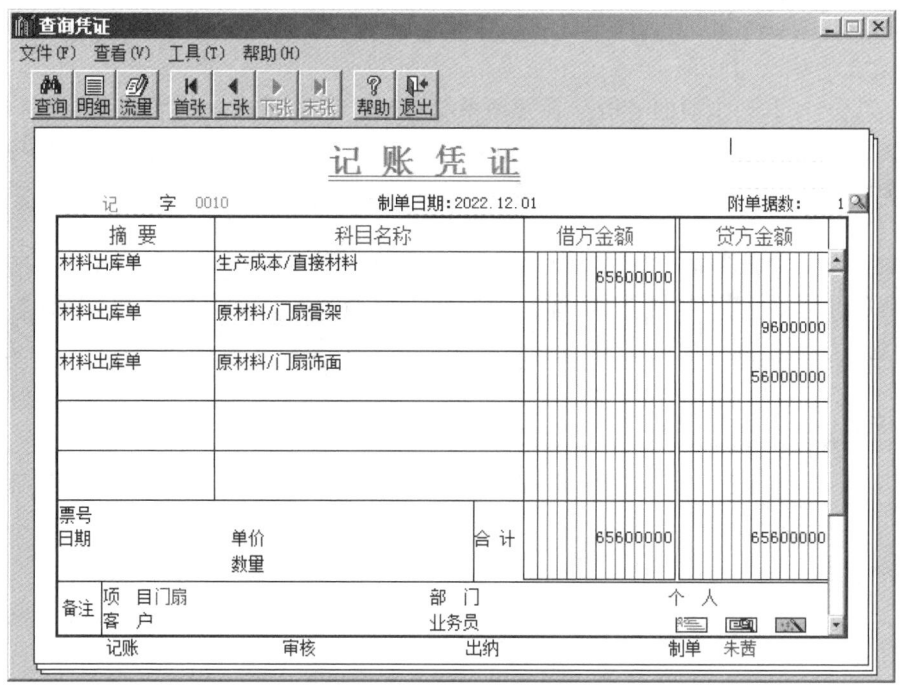

图 13-8　"查询凭证"窗口

2. 产品入库

(1) 以会计(202)朱茜的身份登录管理系统,选择［库存］→［产成品入库单］命令,单击［增加］按钮,输入仓库为"成品一库",部门为"生产一部",入库类别为"产成品入库",产品编码为"201",数量为"1 000.00",依次单击［保存］［审核］按钮,如图 13-9 所示。

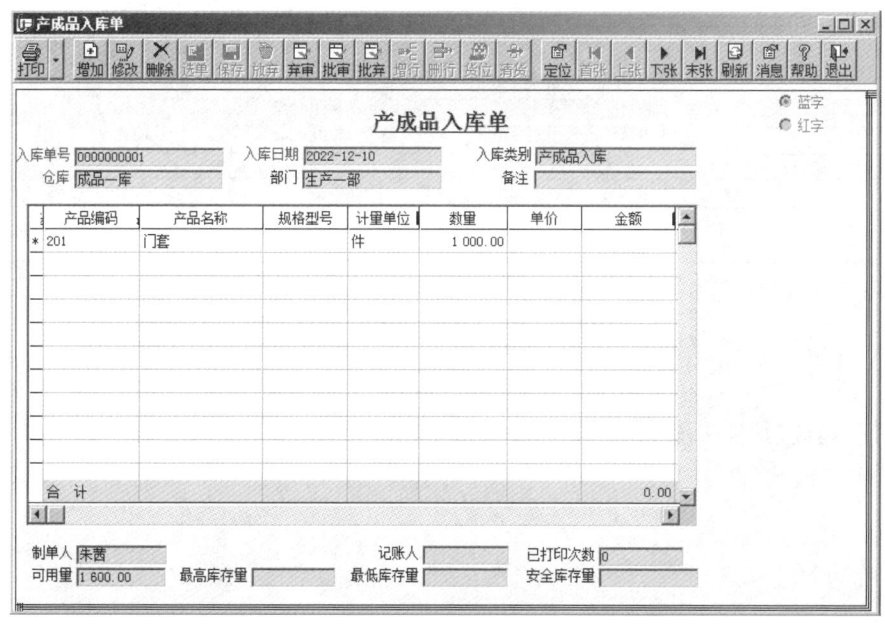

图 13-9　"产成品入库单"窗口

（2）以此方法录入门扇入库单。

3. 盘点仓库

（1）以会计（202）朱茜的身份登录管理系统，选择[库存管理]→[库存盘点]命令，单击[增加]按钮，选择“材料仓库”，填制表头相关信息，单击[盘库]按钮，将门套线（101）的盘点数量改为“8 620.00”，依次单击[保存][审核]按钮，如图 13-10 所示。

存货编码	批号	账面数量	账面件数	盘点数量	盘点件数	盈亏数量	盈亏件数	盘点金额	盈亏金额	单价	账面金额	原因	项目	项目大类名称
101		8 650.00		8 620.00		-30.00		172 400.00	-600.00	20.00	173 000.00			
102		7 800.00		7 800.00		0.00		507 390.00	0.00	65.05	507 390.00			
103		30.00		30.00		0.00		144 600.00	0.00	4 820.00	144 600.00			
104		8 805.00		8 805.00		0.00		1 241 505.00	0.00	141.00	1 241 505.00			
301		8 000.00		8 000.00		0.00		80 000.00	0.00	10.00	80 000.00			
302		50.00		50.00		0.00		6 000.00	0.00	120.00	6 000.00			

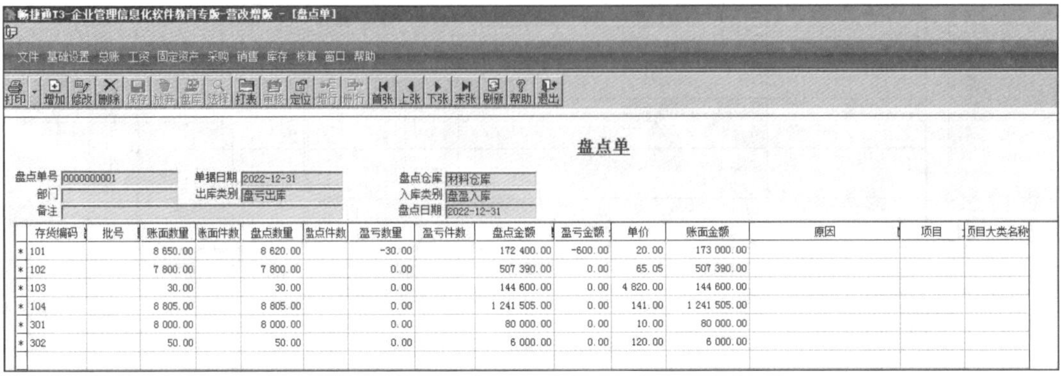

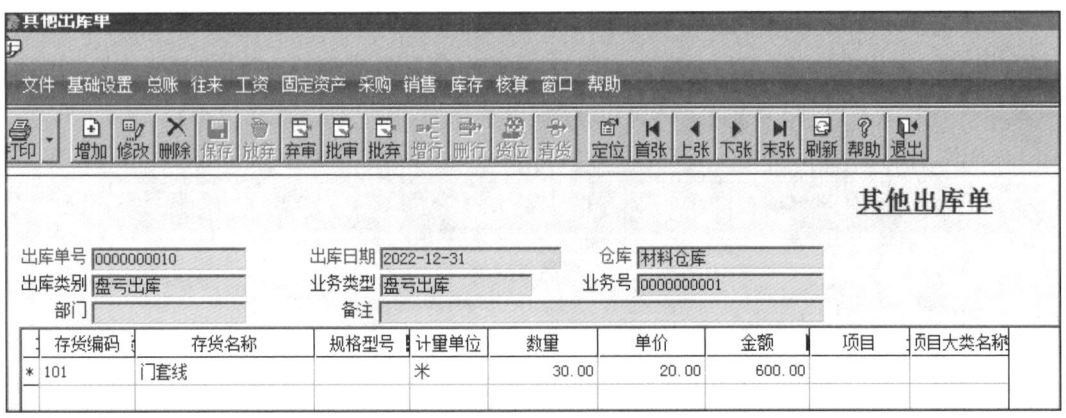

图 13-10 “盘点单”窗口

（2）选择[库存管理]→[其他出库单]命令，单击[审核]按钮，如图 13-11 所示。

存货编码	存货名称	规格型号	计量单位	数量	单价	金额	项目	项目大类名称
101	门套线		米	30.00	20.00	600.00		

图 13-11 “其他出库单”窗口

（3）选择[核算]→[正常单据记账]命令，勾选需要记账的单据，单击[记账][购销单据制单]按钮，勾选“其他出库单”复选框，单击[制单]按钮，生成凭证如图 13-12 所示。

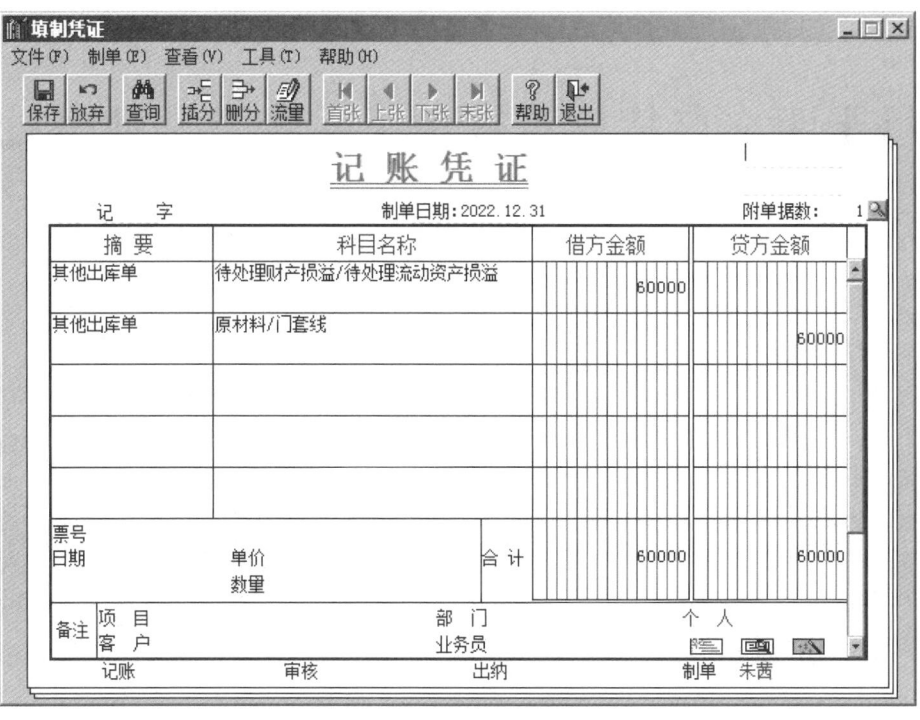

图 13-12　"填制凭证"窗口

拓展阅读

如何通过协同教育、
科技和人才推动
新质生产力发展?

项目十四　存货核算管理子系统日常业务处理

 **项目概述**

存货核算管理是 T3 系统购销存的重要组成部分，以购销存模块产生的入库单、出库票、采购发票、销售发票等核算单据为依据，核算各项存货的出入库成本和结存成本，并将核算完的数据传递到总账管理子系统。核算管理子系统主要是从资金的角度管理企业存货的出入库，及时准确地把各类存货成本归集到各成本项目和成本对象上，为企业的成本核算提供基础数据。

 **学习目标**

1. 了解存货核算管理子系统的功能和操作
2. 了解核算管理子系统和其他子系统的数据关联
3. 培养全局思维、理性思维和良好的职业道德

 学习要点

1. 单据记账业务处理
2. 掌握暂估入库业务的处理
3. 存货核算生成凭证的处理

任务一　存货核算管理子系统日常业务处理概述

一、存货核算管理子系统功能概述

存货核算管理子系统是企业财务核算的一项重要内容，主要针对企业存货的收发存进行核算，以掌握存货的耗用、结存情况，及时准确地把各类存货成本归集到各成本项目和成本对象上，为企业的成本核算提供基础数据。

存货核算管理系统的主要功能是从资金的角度管理存货的出入库业务，主要用于核算企业的入库成本、出库成本、结余成本；反映和监督存货的收发、领退和保管情况；反映和监督存货资金的占用情况。

1. 入库业务

入库业务包括采购入库、产成品入库和其他入库。

（1）采购入库单在采购管理子系统中输入，在核算管理子系统中可以修改采购入库单上的入库金额，采购入库单上数量的修改只能在该单据填制的子系统中进行。

（2）产成品入库单在填制时一般只填写数量，单价与金额既可以通过修改产成品入库单直接填入，也可以由核算管理子系统的产成品成本分配功能自动计算填入。

（3）大部分其他入库单都是由相关业务直接生成的，可以通过修改其他入库单的操作对盘盈入库业务生成的其他入库单的单价进行输入或修改。

2. 出库业务

出库业务包括销售出库、材料出库和其他出库。

3. 单据记账

单据记账是将所输入的各种出入库单据记入存货明细账、差异明细账等之中，具体包括正常单据记账、发出商品记账、特殊单据记账等。单据记账应注意以下三点：

（1）无单价的入库单据不能记账，因此记账前应对暂估入库的成本、产成品入库单的成本进行确认或修改。

（2）各个仓库的单据应该按照时间顺序记账。

（3）已记账单据不能修改和删除。如果发现已记账单据有错误，则在本月未结账状态下可以取消记账；如果已记账单据已生成凭证，就不能取消记账，除非先删除相关凭证。

4. 恢复记账

恢复记账用于将登记明细账的单据恢复到未记账状态。

当与采购管理系统集成使用时，有暂估回冲处理的，恢复后单据成为暂估状态，应重新进行暂估回冲处理。

对于本月已生成凭证的单据，不能恢复记账，并且其之前的单据也不能恢复记账，如果想恢复记账，应该先删除所生成的凭证。

5. 调整业务

出入库单据记账后，如果发现单据金额输入错误，则通常采用修改方式进行调整。但如果遇到由于暂估入库后发生零出库业务等原因所造成的出库成本不准确或库存数量为 0，而仍有库存金额的情况，就需要利用调整单据进行调整。

调整单据包括入库调整单和出库调整单，它们都只针对当月存货的出入库成本进行调整，并且只调整存货的金额，不调整存货的数量。

出入库调整单保存即记账，因此已保存的单据不可修改、删除。

6. 暂估处理

1）暂估入库成本录入

对于没有成本的采购入库单，在核算管理系统中进行暂估成本成批录入。

2）结算成本处理

核算管理子系统中对采购暂估入库业务提供了月初回冲、单到回冲、单到补差等处理方式，一旦选择就不可修改。无论采用哪种方式，都需要采购发票到达后，在采购管理子系统中填制发票并进行采购结算，然后在核算管理子系统中完成暂估入库业务成本处理。

7. 产成品成本分配

产成品成本分配用于对已入库未记明细账的产成品进行成本分配,可随时对产成品入库单提供批量分配成本。可以从"成本核算系统"取得成本,填入入库单;也可以根据成本会计计算的当期生产成本直接手工录入成本,同时提供清除已分配数据的功能。

8. 生成凭证

对本月已结账单据生成凭证,并可对已生成的所有凭证进行查询显示,所生成的凭证也可在账务系统中显示及查看。

对比较规范的业务,在核算管理子系统的初始设置中可以事先设置好凭证上的存货科目和对方科目,系统会自动采用这些科目生成相应的出入库凭证,并传递到总账子系统。

9. 与总账对账

与总账对账主要是存货核算系统与总账系统按单据核对存货科目和差异科目在各月份借方、贷方发生金额、数量以及期末结存的金额、数量信息。

10. 跌价准备

企业的存货应当在会计期末时,按照"成本与可变现净值孰低"进行计量并计提相应的跌价准备,以准确核算期末存货的真实价值。

1) 跌价准备设置

进行存货跌价业务处理时,首先需要进行存货跌价准备设置,用于设置存货跌价准备科目及计提存货跌价准备对应的费用科目,以及计提跌价准备的可变现价格的设置。

录入第一次在存货核算系统中计提存货跌价准备之前的跌价准备余额。期初跌价准备单必须全部审核,才允许计提跌价准备。

2) 计提跌价准备

企业应当定期或者至少于每年年度终了,对存货进行全面清查,如由于存货遭受毁损、全部或部分陈旧过时或销售价格低于成本等原因,使存货成本不可收回的部分,应当提取存货跌价准备。

11. 综合查询

核算管理子系统中提供了存货明细账、总账、出入库流水账、入库汇总表、出库汇总表、差异(差价)分摊表、收发存汇总表、存货周转率分析表、入库成本分析表、暂估材料余额分析表等多种分析统计账表。

二、核算管理子系统和其他子系统之间的数据关联

核算管理子系统可对采购管理子系统的采购入库单、对销售管理子系统的销售出库单、对库存管理子系统的各种出入库单据进行记账处理,并针对购销业务、客户往来业务、供应商往来业务制单生成凭证传递给总账子系统。核算管理子系统和其他子系统之间的数据关联如图 14-1 所示。

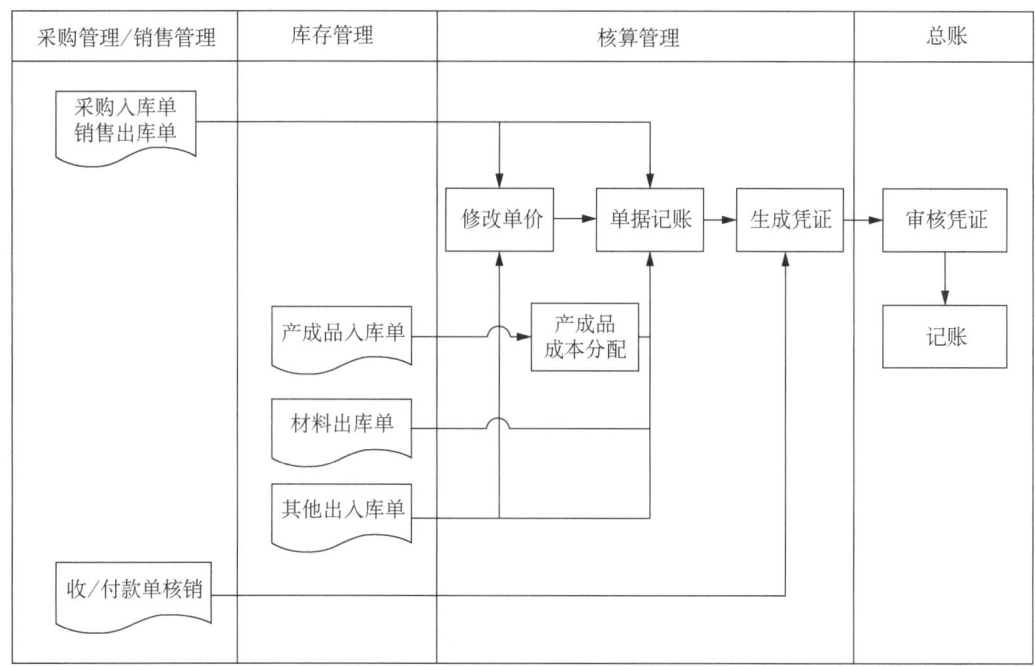

图 14-1　核算管理子系统和其他子系统之间的数据关联

任务二　存 货 核 算

【实训资料】

业务 72、业务 73

【实训内容】

会计(202)朱茜完成存货核算业务单据的输入。

【实训指导】

1. 计算完工产品成本

(1) 以会计(202)朱茜的身份登录管理系统,选择[总账]→[账簿查询]→[明细账]命令,输入科目编码"500101",勾选"包含未记账凭证"复选框,单击[确认]按钮。记下生产成本下所有明细科目金额并进行分配,计算结果如表 14-1 和表 14-2 所示。

表 14-1　产品成本计算单

完工产品:门套 5 000

2022 年 12 月 31 日　　　　　　　在产品:门套 500　单位:元

摘要	直接材料	直接人工	制造费用	合计
月初在产成本	0	0	0	0

（续表）

摘要	直接材料	直接人工	制造费用	合计
本月发生费用	3 197 375.00	46 670.80	17 744.80	3 261 790.60
月末在产品成本	290 675.00	2 220.80	844.80	293 740.60
完工产品成本	2 906 700.00	44 450.00	16 900.00	2 968 050.00
完工产品单位成本	581.34	12.89	3.38	593.61

表 14-2　产品成本计算单

完工产品：门扇 5 000

2022 年 12 月 31 日　　　　　　　　在产品：门扇 500　单位：元

摘要	直接材料	直接人工	制造费用	合计
月初在产品成本	0	0	0	0
本月发生费用	3 505 075.00	39 522.20	133 012.40	3 557 905.60
月末在产品成本	318 625.00	1 872.20	629.60	321 126.80
完工产品成本	3 186 450.00	37 650.00	12 650.00	3 236 750.00
完工产品单位成本	637.29	7.53	2.53	647.35

（2）在总账系统中填制凭证如图 14-2 和图 14-3 所示。

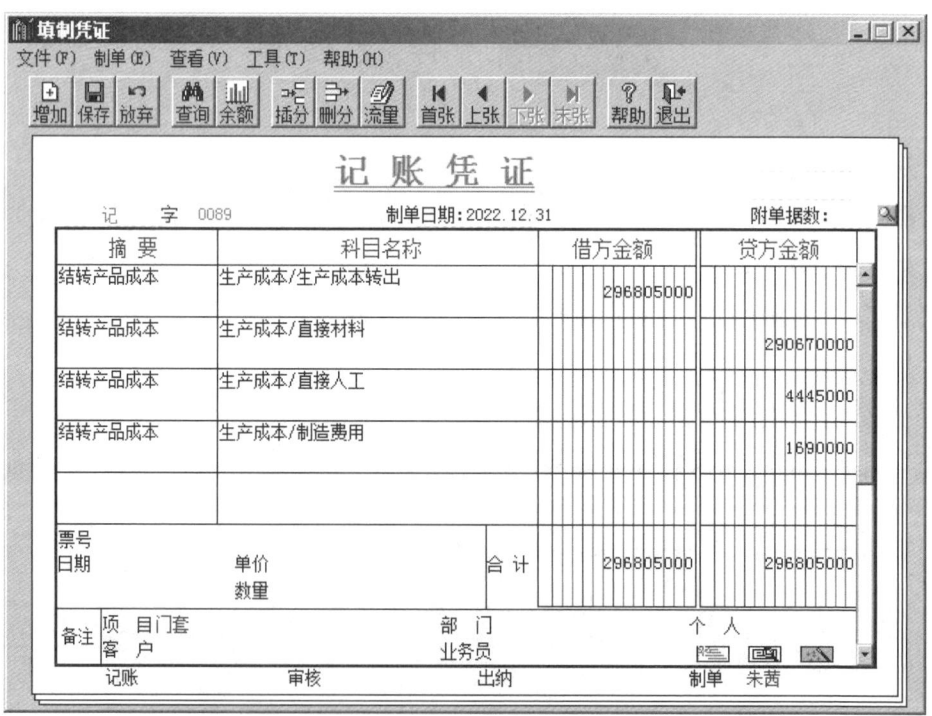

图 14-2　结转门套成本生成凭证

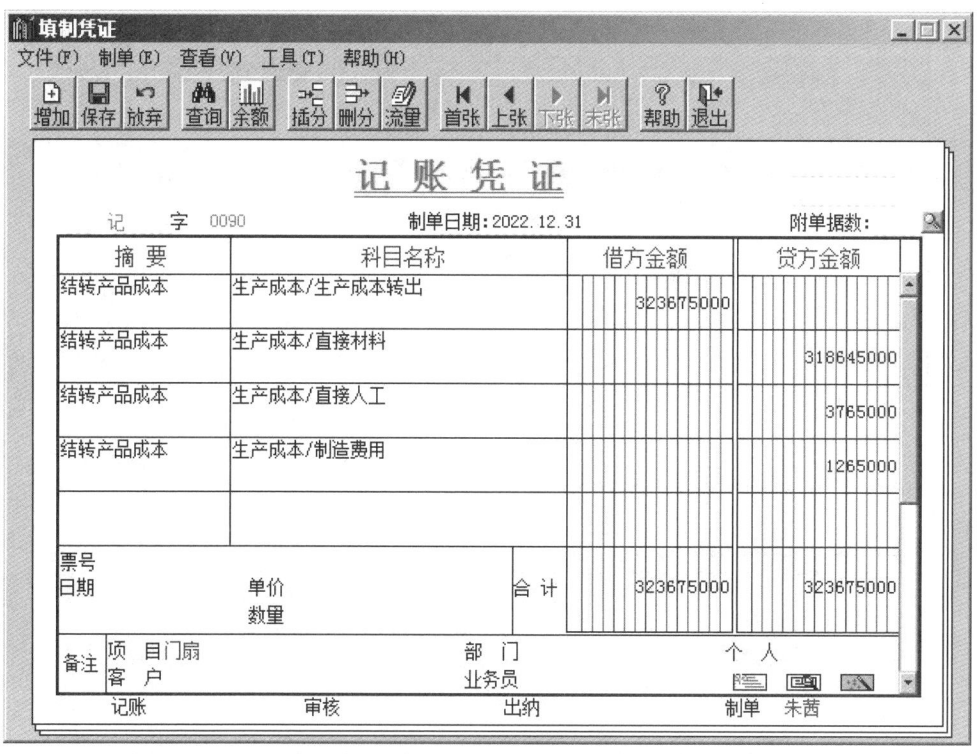

图 14-3 结转门扇成本生成凭证

（3）选择［核算管理］→［核算］→［产成品成本分配］→［查询］命令，勾选"成品一库"与"成品二库"复选框，依次单击［确认］［全选］［确定］按钮。在门套金额处输入"2 968 050.00"，门扇金额处输入"3 236 750.00"，如图 14-4 所示，依次单击［分配］［确认］［退出］按钮。

产成品成本分配表

存货/分类编码	存货/分类名称	规格型号	数量	金额
	存货合计		10 000.00	6 204 800.00
2	库存商品小计		10 000.00	6 204 800.00
201	门套		5 000.00	2 968 050.00
202	门扇		5 000.00	3 236 750.00

图 14-4 "产成品成本分配表"窗口

（4）依次单击［正常单据记账］［确定］［全选］［记账］［退出］按钮。

（5）依次单击［购销单据制单］［选择］按钮，勾选"产成品入库单"复选框，依次单击［确认］［全选］［确定］按钮，根据存货名称输入贷方科目，根据存货名称依次输入"项目大类"及"项目编码"，如图 14-5 所示。

图 14-5 "生成凭证"窗口

（6）依次单击［合成］［保存］按钮，生成凭证如图 14-6 所示。

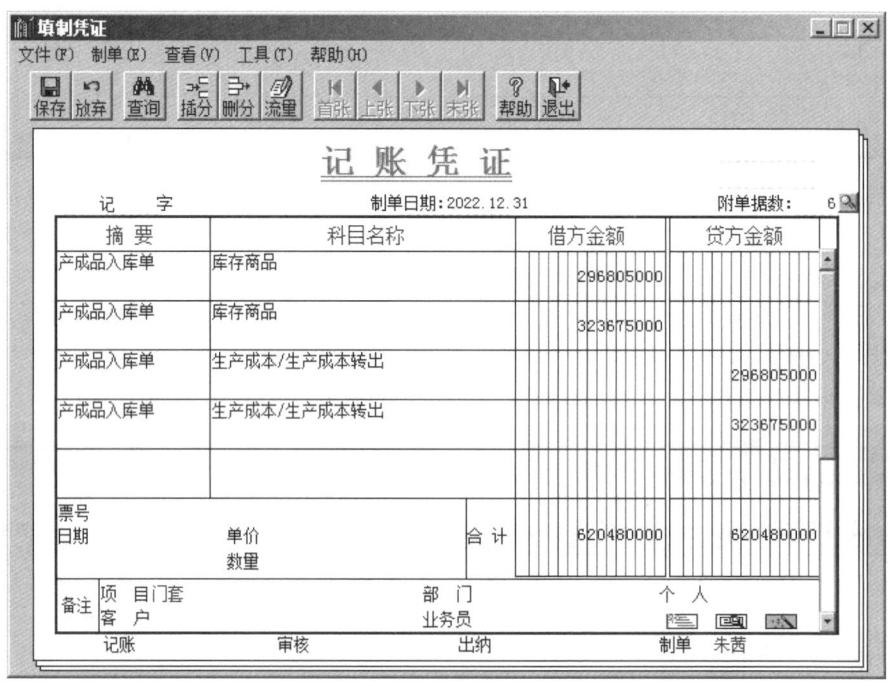

图 14-6 "填制凭证"窗口

2. 计算销售成本

（1）以会计（202）朱茜的身份登录管理系统，"采购管理""销售管理""库存管理"子系统进行结账。

（2）选择［核算管理］→［月末处理］命令，选中两个成品库进行处理。

（3）选择［购销单据制单］命令，单击［选择］按钮，勾选"销售出库单"复选框，依次单击［确认］［全选］［确定］按钮，根据存货名称输入贷方科目，根据存货名称输入"项目大类"及"项目编码"，如图 14-7 所示。

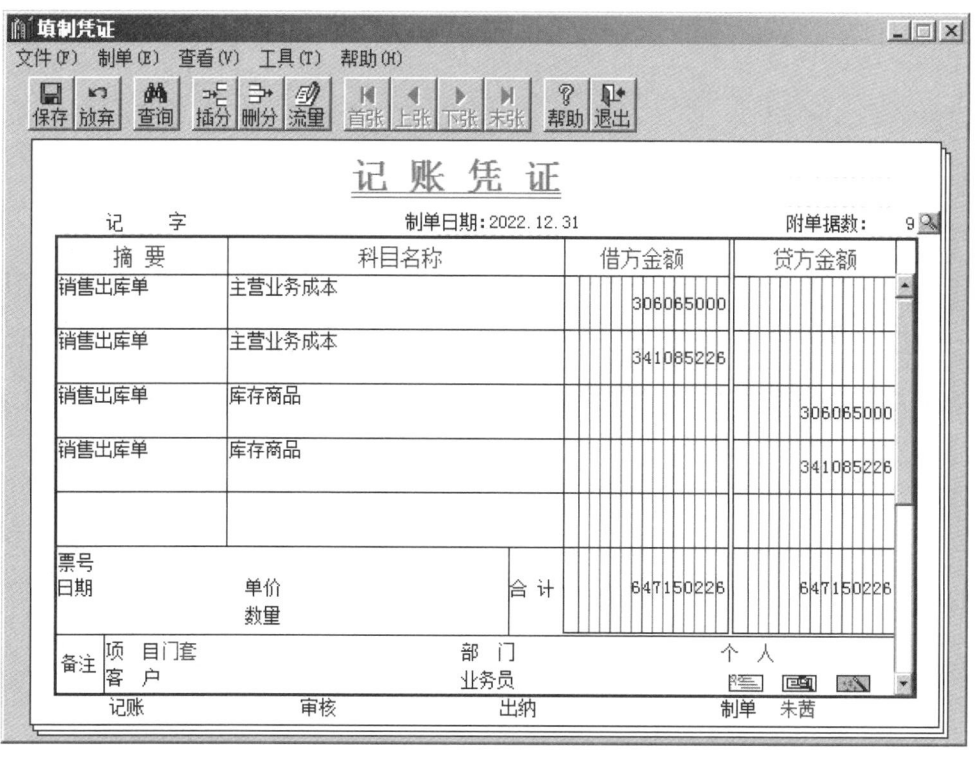

图 14-7 "生成凭证"窗口

（4）单击［合成］按钮并保存凭证，如图 14-8 所示。

图 14-8 "填制凭证"窗口

拓展阅读

解码未来：
"数智"时代

项目十五　各子系统期末业务处理

项目概述

期末业务处理是在完成日常经济业务之后，对所有子系统的业务进行期末处理。实际工作中，要先完成工资、固定资产、购销存等子系统的期末业务处理，然后再进行总账的期末业务处理。

工资子系统的期末处理主要是进行期末结账以及工资表的查询、输出等工作；固定资产子系统的期末处理主要有计提减值准备、计提折旧、批量制单处理、对账、月末结账与恢复月末结账前状态等；购销存期末处理要按照采购管理期末结转、销售管理期末结转、存货核算期末结账依次进行。

学习目标

1. 理解各子系统与总账子系统期末结转的顺序关系
2. 了解总账及各子系统期末业务处理的内容和作用
3. 掌握各子系统及总账系统期末结转的方法

学习要点

1. 期末处理的顺序及逻辑关系
2. 总账及各子系统期末业务的处理
3. 各子系统期末结账

任务一　各子系统期末业务处理概述

一、各子系统期末结账的顺序

月末结账是指逐月将当月的单据等数据封存，并将单月的数据计入有关账表中。某子系统结账以后，该子系统不能再处理当月业务，除非"取消结账"，因为子系统之间存在数据传递关系，所以子系统的结账存在先后顺序。

1. 只启用财务相关子系统

如果只启用了工资管理和固定资产管理等财务相关的子系统，因这些子系统均向总账子系统传递记账凭证,所以总账子系统的结账应在各子系统结账之后,即其他子系统未结账,总账子系统不能结账。

2. 启用购销存子系统

如果启用了购销存模块,则存在以下规则:

(1) 只有采购管理子系统月末结账后,才能进行库存管理、存货核算管理的月末结账。

如果采购管理子系统要取消月末结账,必须先通知库存管理、存货核算管理的操作人员,在这些子系统取消结账后,采购管理子系统才能取消结账。

(2) 只有在采购管理、销售管理子系统结账后,库存管理才能进行结账。

(3) 只有在销售管理子系统月末结账后,才能进行库存管理、存货核算管理的月末结账。

如果销售管理子系统要取消月末结账,必须先通知库存管理、存货核算管理子系统的操作人员,在这些子系统取消结账后,销售管理子系统才能取消结账。

二、工资管理期末业务处理

工资管理子系统的期末业务处理主要包括期末结账以及工资表的查询、输出工作。

1. 期末结账

在当期工资数据处理完毕后,我们需要借助期末结账功能进入下一个会计期间,已经完成期末结账的数据将不能修改,系统可以对不同的工资类别分别进行期末结账。

1) 月末处理

在工资项目中,有些项目是变动的,各个月的数据均不相同,在进行月度工资处理时,我们均需将其数据清零,然后输入当月的数据。

因为月末处理功能只由账套主管人员才能执行,所以应以账套主管的身份登录系统。

月末处理只能在会计年度的 1 月至 11 月进行,且只能在当月工资数据处理完毕后才可进行。如果处理多个工资类别,则应打开工资类别,分别进行月末处理;如果本月工资数据未汇总,则系统不允许进行月末处理。进行月末处理后,当月数据不允许变动。

2) 年末结转

年末结转是指将工资数据经过处理后结转至下年。进行年末结转后,新年度账自动建立。在处理完所有工资类别的工资数据后,关闭所有工资类别,然后在系统管理中选择“年度账”菜单,进行上年数据结转。其他操作与月末处理类似。

年末结转只有在当月工资数据处理完毕后才能进行。如果当月工资数据未汇总,则系统不允许进行年末结转。进行年末结转后,本年各月数据不允许变动。如果用户跨月进行年末结转,则系统将给予提示。年末结转功能只有账套主管人员才能使用。

2. 反结账操作

在工资管理子系统的“业务处理”窗口中,我们可以通过“反结账”命令来取消结账。反结账操作只能在下个月进行;只有在完成了反结账之后,才可以对本月数据进行修改、删除。

有下列情况之一的,不允许进行反结账操作:①总账系统已结账;②核算系统已结账;③本月分摊、计提凭证传输至总账系统后,如果总账系统已记账,操作人员需要做红字冲销后,才能反结账;④凭证已由出纳或主管签字,需要取消出纳或主管签字并删除该凭证,才能反结账。

3. 工资表的查询输出

工资数据处理结果最终以工资报表的形式呈现。工资管理模块提供了主要的工资报表,报表的格式由会计软件提供,如果对报表提供的固定格式不满意,用户也可以自行设计。

1) 工资表

工资表主要用于对本月工资发放和统计,包括工资发放表、工资汇总表等。用户可以对系统提供的工资表进行修改,使报表格式更符合企业的需要。

2) 工资分析表

工资分析表是以工资数据为基础,对按部门、人员等方式分类的工资数据进行分析和比较,产生各种分析表,供决策人员使用。

三、固定资产期末业务处理

固定资产管理子系统期末业务处理的工作主要包括计提折旧、计提减值准备、对账、月末结账与恢复月末结账前状态等。

1. 计提固定资产折旧和减值

1) 计提折旧

自动计提折旧是固定资产子系统的主要功能之一。系统每期计提折旧一次,根据录入系统的资料自动计算每项资产的折旧,并自动生成折旧分配表,然后制作记账凭证,将本期的折旧费用自动登账。执行此功能后,系统将自动计提各个资产当期的折旧额,并将当期的折旧额自动累加到累计折旧项目。

影响折旧计算的因素包括原值变动、累计折旧调整、净残值(率)调整、折旧方法调整、使用年限调整、使用状况调整。

2) 计提减值准备

期末或每年年度终了,企业应对固定资产逐项进行检查。如果由于市场持续下跌,或由于技术陈旧等原因导致固定资产可收回金额低于账面价值,企业应当将可收回金额低于账面价值的差额计提固定资产减值准备。

固定资产减值准备按单项资产计提。

2. 固定资产管理子系统期末处理

1) 对账

系统在运行过程中,应保证本系统管理的固定资产的价值和账务系统中固定资产科目的数值相等。而两个系统的资产价值是否相等,通过执行本系统提供的对账功能判定,对账操作不限制执行的时间,任何时候均可进行对账。

系统在执行月末结账时自动对账一次,给出对账结果,并根据初始化或选项中的判断,确定不平情况下是否允许结账。

只有系统初始化或选项中选择了与账务对账,本功能才可操作。

2) 结账与反结账

固定资产管理子系统完成本月全部制单业务后,可以进行月末结账。

月末结账,每月只能进行一次,结账后当月数据不能修改。结账后,如果发现结账前的数据有误,就必须修改结账前的数据。

反结账又称恢复月末结账前状态,是系统提供给用户的一个纠错功能。如有错必须修改,可通过系统提供的"恢复月末结账前状态"功能反结账,然后再进行相应的修改。

四、购销存子系统期末业务处理

1. 采购管理子系统期末处理

当本期业务全部处理完结,系统内单据审核完毕,将库存账与存货账核对、存货账与总账核对,做到账账相符即可月末结账。

月末结账同期初记账一样,也要遵循一定的顺序,具体操作如图 15-1 所示。

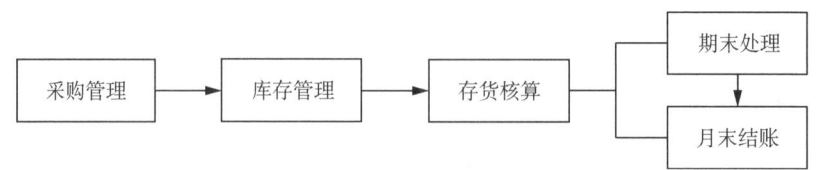

图 15-1 采购管理系统结账顺序

采购管理期末结账后,才能进行库存管理、存货核算、应付款管理的结账,采购系统需要取消结账时,必须先取消存货核算系统、库存管理系统的结账。

2. 销售管理子系统期末处理

当本期业务全部处理完结,系统内单据审核完毕,就可以执行月末结账了,月末结账前要将库存账与存货账核对、存货账与总账核对,只有做到账账相符,才能月末结账。

月末结账要遵循一定的顺序,具体操作如图 15-2 所示。

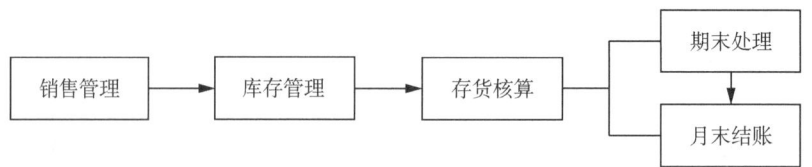

图 15-2 销售管理子系统月末结账顺序

销售管理期末结账后,才能进行库存管理、存货核算应收款管理的结账,销售系统需要取消结账时,必须先取消存货核算系统、库存管理系统的结账。

3. 库存管理子系统期末处理

当本期业务全部处理完结,系统内单据审核完毕,就可以执行月末结账了,月末结账前要将库存账与存货账核对、存货账与总账核对,只有做到账账相符,才能月末结账。

月末结账要遵循一定的顺序,具体操作如图 15-3 所示。

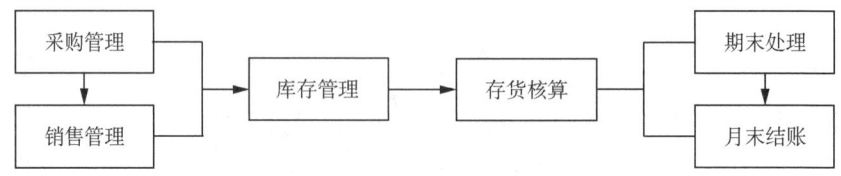

图 15-3 库存管理子系统月末结账

如果库存管理模块和采购管理模块、销售管理模块集成使用时,只有在采购管理模块、销售管理模块结账后,库存管理模块才能进行结账。

库存管理系统需要取消结账时,必须先取消存货核算系统的期末处理和月末结账。

4. 存货核算子系统期末处理

1) 存货与总账对账

存货与总账对账是指存货核算系统与总账系统核对存货科目和差异科目在各会计月份借方、贷方发生金额、数量以及期末结存的金额、数量信息。

2) 发出商品与总账对账

发出商品与总账对账是指将存货核算系统的发出商品科目与总账的发出商品科目进行对账。

3) 制表查询

作为企业的财务部门,要及时准确地核算出当期各存货的收入成本、发出成本和结存成本,库存资金占用情况;作为企业的采购部门,要掌握暂估材料的动态,以便和供应商进行沟通处理;作为仓储部门,要掌握存货周转率、库存资金占用等信息,这些信息在存货核算系统的账表中,均能够完整地展现。

库存管理系统的各种单据(包括销售出库单、采购入库单、材料出库单、产成品入库单等),可以在存货核算系统"日常业务"下的"单据列表"中查询;存货核算系统各种统计分析账表,可以在"账表"下查询。存货核算账表分为账簿、汇总表、分析表等三大类,从不同的角度反映企业存货的收入成本、发出成本、结存成本等情况。

4) 结账与反结账

在月底,存货核算系统所有业务全部生成会计凭证,并且总账和存货对账正确后,可以对存货核算系统结账,如果启用了财务和购销存模块,则期末的结账要按一定顺序进行,先是采购和销售结账,然后是库存管理结账,最后存货核算系统才能结账,总账模块最后一个结账。购销存管理系统月末结账顺序如图 15-4 所示。

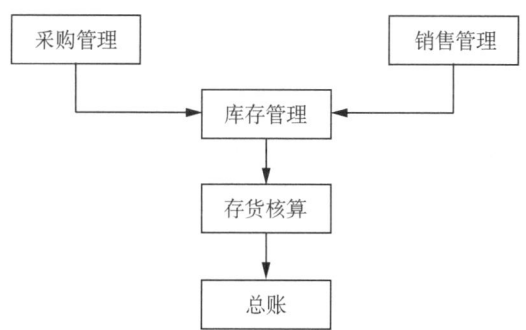

图 15-4　购销存管理系统月末结账顺序

【拓展提示】

(1) 存货核算系统要在销售、采购、库存等结账之后才能结账。其他系统需要取消结账时,必须先取消存货核算系统结账。

(2) 如果总账已结账,则本系统必须在总账取消结账后,才能取消月结。

任务二　　期末结账处理

【实训内容】

会计(202)朱茜对总账、固定资产、工资、采购、销售、库存、核算系统进行对账、结账处理。

【实训指导】

1. 结账流程

工资系统→固定资产系统→采购系统→销售系统→库存系统→核算系统→总账系统。

2. 注意事项

(1) 结账前应检查本会计月工作是否全部完成,只有在当前会计月所有工作全部完成的前提下,才能进行月末结账,否则会遗漏某些业务。

(2) 月末结账后将不能对当前月进行业务处理。

(3) 取消结账:选择[总账]→[期末]→[结账]命令,在打开的"结账"对话框中单击"2022.12",按[Shift+Ctrl+F6]组合键即可。

3. 工资子系统月末结账

(1) 选择[工资]→[业务处理]→[月末处理]命令,打开"月末处理"对话框,单击[确认]按钮,系统弹出提示"月末处理之后,本月工资将不允许变动! 继续月末处理吗?"对话框。

(2) 单击[是]按钮,系统弹出提示"是否选择清零项?"对话框,单击[是]按钮,打开"选择清零项目"对话框,选择项目,并分别单击">"按钮。

(3) 单击[确认]按钮,系统弹出提示"月末处理完毕!"对话框,单击[确定]按钮返回。

 【注意】此账套因为是 12 月份所以不用进行月末处理。

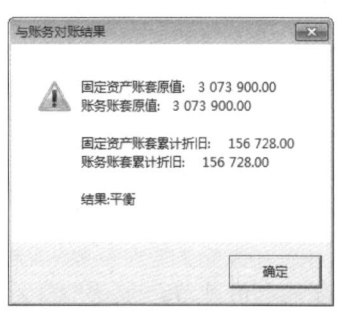 【拓展提示】

(1) 月末处理只有在会计年度 1 月至 11 月行进,所以此账套 12 月不用进行月末处理,建立新年度账后进行结转上年数据操作即可。

(2) 如果处理多个工资类别,则应打开工资类别,分别进行月末处理。

(3) 如果本月工资数据未汇总,则系统不允许进行月末处理。

图 15-5　"与账务对账结果"对话框

4. 固定资产子系统月末结账

(1) 选择[固定资产]→[处理]→[月末结账]命令,打开"月末结账"对话框,单击"开始结账"按钮,结果如图 15-5 所示。

(2) 单击[确定]按钮,弹出提示"月末结账成功完成!"对话框,单击[确定]按钮即可。

【拓展提示】

（1）固定资产管理子系统完成本月全部制单业务后，可以进行月末结账。月末结账每月只能进行一次，结账后当月数据不能修改。

（2）本期不结账，将不能处理下期的数据；结账前一定要进行数据备份，否则数据一旦丢失，将造成无法挽回的后果。

（3）如果结账后发现有未处理的业务或者需要修改的事项，可以通过系统提供的"恢复月末结账前状态"功能进行反结账。但是，不能跨年度恢复数据，即本系统年末结账后，不能利用本功能恢复年末结账。

5. 购销存管理子系统月末处理

1）采购管理子系统结账

以会计（202）朱茜的身份进入采购管理系统，点击"月末结账"，选中 12 月份，单击［结账］按钮，显示"已结账"，如图 15-6 所示。

图 15-6　"月末结账"窗口

【拓展提示】

（1）在对采购管理系统结账时，系统会提示"是否关闭业务已全部完成的采购订单"，建议关闭。

（2）上月未结账，本月单据可以正常操作，不会影响日常业务的处理，但本月不能结账。

（3）不允许跳月结账，只能从未结账的第一个月逐月结账，不允许跳月取消月末结账，只能从最后一个月逐月取消。

（4）月末结账后，本月的采购订单、入库单、采购发票等不能修改、删除，只能查询。

2）销售管理子系统结账

以会计（202）朱茜的身份进入销售管理系统，点击"月末结账"，选中 12 月份，单击[月末结账]按钮，显示"已结账"，如图 15-7 所示。

月末结账

蓝条处是当前会计月

会计月	起始日期	截止日期	是否结账
1	2022-01-01	2022-01-31	是
2	2022-02-01	2022-02-28	是
3	2022-03-01	2022-03-31	是
4	2022-04-01	2022-04-30	是
5	2022-05-01	2022-05-31	是
6	2022-06-01	2022-06-30	是
7	2022-07-01	2022-07-31	是
8	2022-08-01	2022-08-31	是
9	2022-09-01	2022-09-30	是
10	2022-10-01	2022-10-31	是
11	2022-11-01	2022-11-30	是
12	2022-12-01	2022-12-31	是

[月末结账] [取消结账] [月结检测] [退出]

如果应收按单据日期记账，销售如果本月有未复核的发票，月末结账后，这些未复核的发票应收就不能按单据日期记账了，除非在应收改成按业务日期记账

图 15-7 "月末结账"窗口

【拓展提示】

（1）在对销售管理系统结账时，系统会提示"是否关闭业务已全部完成的销售订单"，建议关闭。

（2）上月未结账，本月单据可以正常操作，不会影响日常业务的处理，但本月不能结账。

（3）不允许跳月结账，只能从未结账的第一个月逐月结账，不允许跳月取消月末结账，只能从最后一个月逐月取消。

（4）月末结账后，本月的销售订单、发货单、销售发票等不能修改、删除，只能查询。

3）库存管理子系统结账

以会计（202）朱茜的身份进入库存管理子系统，点击"月末结账"，选中 12 月份，单击［结账］按钮，显示"已结账"，如图 15-8 所示。

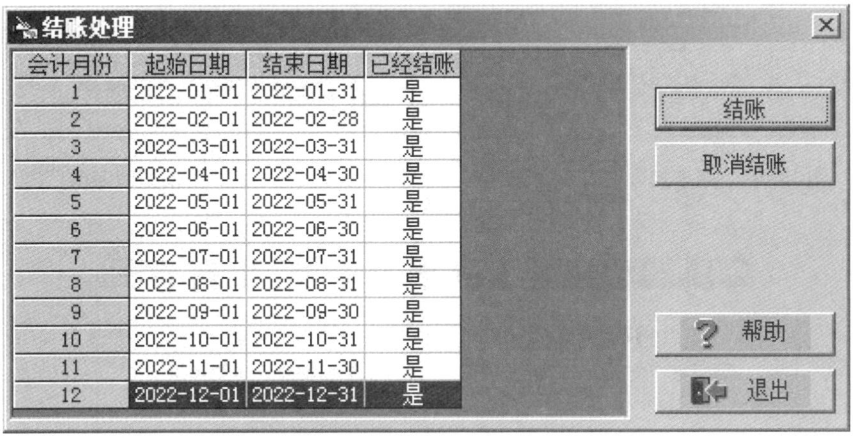

图 15-8　库存管理结账

【拓展提示】

（1）在对库存管理系统结账时，需要对本月全部单据进行检查，对未审核的单据要完成审核。

（2）上月未结账，本月单据可以正常操作，不会影响日常业务的处理，但本月不能结账。

（3）不允许跳月结账，只能从未结账的第一个月逐月结账，不允许跳月取消月末结账，只能从最后一个月逐月取消。

（4）月末结账后，本月的销售出库单、产成品入库单、材料出库单、其他出库单等都不能修改、删除，只能查询。

4）核算管理子系统结账

（1）以会计（202）朱茜的身份进入核算管理系统，点击"月末处理"，选择要处理的仓库，单击［确定］按钮，显示期末处理完成，如图 15-9 和图 15-10 所示。

（2）选择［核算］→［月末结账］命令，打开"月末结账"对话框，单击［确定］按钮即可结账，系统提示结账完成，如图 15-11 所示。

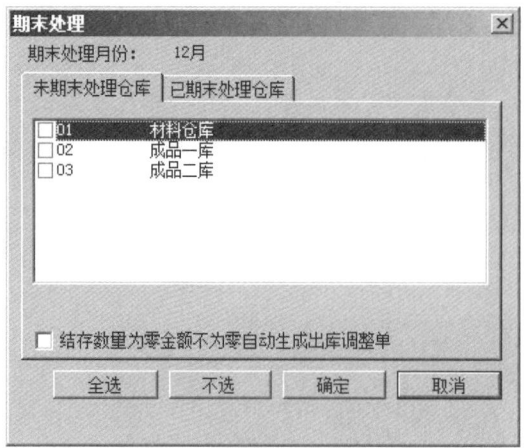

图 15-9 "期末处理"窗口

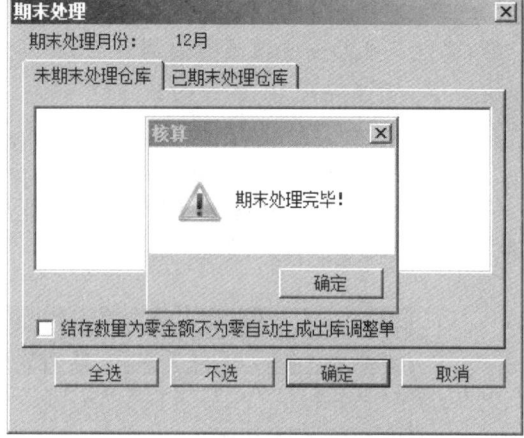

图 15-10 "期末处理完毕!"提示框

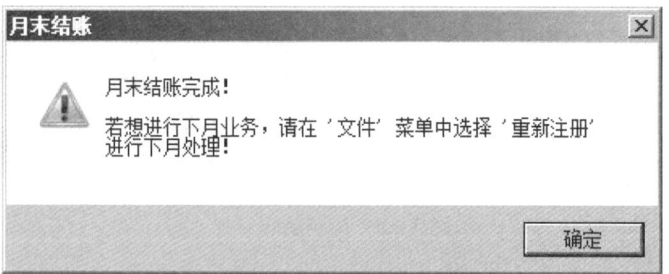

图 15-11 "月末结账完成!"提示框

 【拓展提示】

（1）选择[明细]按钮，会列出每一科目的明细记录，可在明细对账记录中联查业务单据及凭证。

（2）如果存货核算生成的凭证传递到总账中，尚未记账，可以勾选"包含未记账凭证"，再点击[刷新]按钮即可核对结果。

（3）对于核对结是否两账相符，系统采用不同显示颜色加以区分。白色显示记录表示对账结果相平；蓝色显示记录表示对账结果不平。

6. 总账系统结账

（1）以会计（202）朱茜的身份进行管理系统，选择[总账]→[期末]→[对账]命令，打开"对账"窗口，单击 12 月份，再单击[选择]按钮，然后单击[对账]按钮，开始自动对账，并显示对账结果。单击[试算]按钮，对各科目类别余额进行试算平衡。

（2）选择[总账]→[期末]→[结账]命令，打开"结账"对话框，单击要结账的月份，再单击[下一步]按钮。单击[对账]按钮，对账完毕后单击[下一步]按钮，系统显示"2022 年 12 月工作报告"。

（3）查看工作报告后，单击[下一步]按钮，单击[结账]按钮。若符合结账要求，系统将进行结账，否则不予结账。

【注意】本账套12月工资未结账，所以总账不能结账。

**拓展阅读**

会计信息化工作规范
（2024年财政部）

项目十六　财务报表管理系统

 **项目概述**

　　财务报表管理系统与其他系统相关,可以根据会计核算的数据,生成各种内部报表、外部报表及汇总报表,并根据报表数据生成各种分析表和分析图等。其主要功能是自定义财务报表,利用模板生成财务报表,对报表进行日常管理,生成图表等。

 **学习目标**

　　1. 了解财务报表管理系统的主要功能及基本概念
　　2. 认知报表数据处理的主要工作内容
　　3. 掌握自定义报表的基本工作流程
　　4. 通过财务报表的设置及取数,培养学生初步的计算机思维及逻辑思维能力
　　5. 对比会计手工账务处理,增强学生专业自信
　　6. 理解信息系统对管理的推动作用,树立文化自信与行业认同

 学习要点

　　1. 熟练掌握自定义报表的基本操作
　　2. 会利用报表模板生成资产负债表、利润表、现金流量表
　　3. 具备使用财务报表系统处理相关业务的能力

任务一　　财务报表管理系统概述

一、财务报表管理系统与其他子系统之间的关系

　　财务报表管理系统可以从其他子系统中取数编制相关财务报表,进行财务分析。财务报表管理系统与其他子系统之间的关系如图 16-1 所示。

二、财务报表管理系统的主要功能

　　财务报表管理系统主要完成报表格式设计和报表数据处理,从总账系统或其他子系统中取得有关会计核算信息生成财务报表,进行报表汇总,生成各种分析图,并按预定格式输

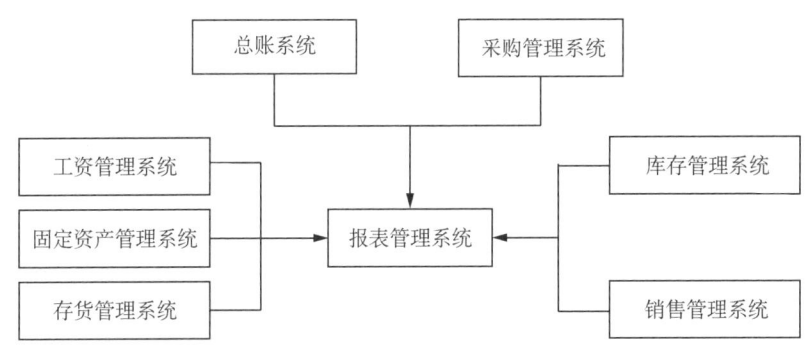

图 16-1 财务报表系统与其他子系统之间的关系

出各种财务报表。

财务报表子系统是 T3 系统的重要组成部分,其主要功能如下。

1. 财务报表的格式设计

报表中相对固定的内容包括报表的标题、表格部分、表中的项目、表中数据的来源等;相对变动的内容主要是报表中的数据。财务报表系统提供了丰富的格式设计功能,包括设置报表行列数、定义组合单元格、画表格线、定义报表关键字、设置公式等。

2. 财务报表的数据处理

财务数据处理是指根据预先设置的报表格式和报表公式进行数据采集、计算、汇总等,以生成财务报表。除此以外,财务报表系统还提供了排序、审核、舍位平衡、汇总等功能。

3. 图表处理功能

财务报表系统的图表处理功能能够方便地对报表数据进行图形组织,制作包括直方图、立体图、圆饼图、折线图等多种分析图表,并能编辑图表的位置大小、标题、字体、颜色等,打印输出各种图表。

4. 文件管理功能

利用文件管理功能可以方便地完成报表文件的创建、保存等一般文件管理功能;能够进行不同文件格式的转换,包括文本文件、*.mdb 文件、Excel 文件等;提供标准财务数据的导入、导出功能。

5. 行业报表模板

在财务报表系统中,按照会计制度提供了不同行业的标准财务报表模板,简化了用户的报表格式设计工作。如果标准行业报表仍不能满足需要,则系统还提供了自定义模板的功能。

此外,财务报表系统还提供了强大的二次开发功能,方便用户进行各种定制。

三、财务报表管理系统操作流程

财务报表管理系统基本操作流程分为两个阶段:

第一阶段是会计报表的定义阶段,这一阶段主要是对报表的格式、内容、公式和数据来源进行设置,确立报表的整体框架。

第二阶段是会计报表的日常管理阶段,也是具体编制会计报表的阶段。该阶段需要完成数据的采集工作,并对生成的报表数据进行一系列的处理和分析,最终形成可供打印输出的财务报表。

财务报表管理系统的操作流程,如图 16-2 所示。

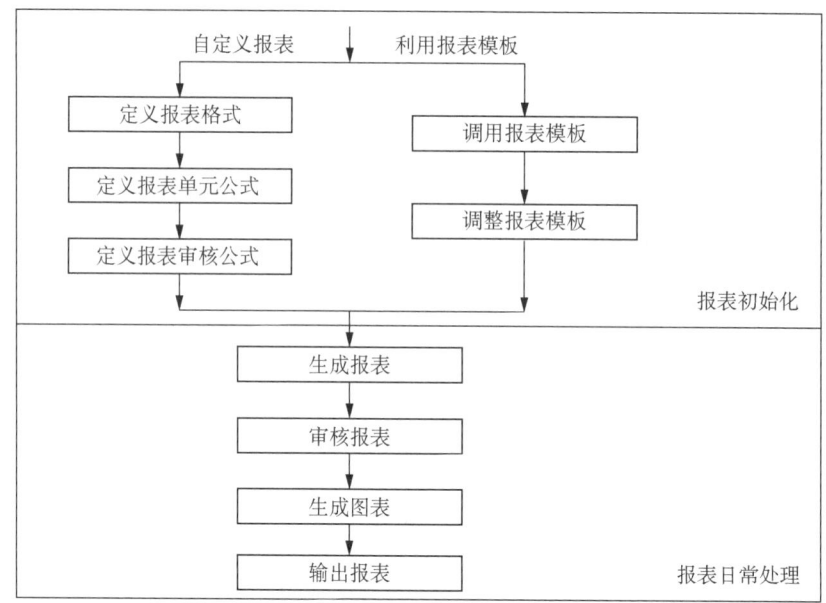

图 16-2　财务报表管理系统操作流程

四、财务报表管理系统基本概念

1. 报表结构

报表一般由四个基本要素组成:标题、表头、表体和表尾。

标题:用来描述报表的名称。报表的标题可能不止一行,有时会有副标题。

表头:用来描述报表的编制单位名称、日期等辅助信息和报表栏目。

表体:是报表数据的表现区域,是报表的主体。

表尾:是指表体以下进行辅助说明的部分,如编制人、审核人等内容。

2. 格式状态和数据状态

财务报表系统将报表处理过程分为报表格式及公式定义和报表数据处理两个阶段。这两个阶段的工作是在不同的状态下进行的,实现状态切换的是一个特别重要的[格式/数据]按钮。

格式状态:在格式状态下进行有关报表格式设计的操作和公式的定义工作,如设置表尺寸、行高列宽、单元属性、单元风格、组合单元、关键字、可变区等。报表公式的定义(如单元公式、审核公式、舍位平衡公式的定义)也在格式状态下进行。在格式状态下所做的操作对该报表文件中的所有表页都发生作用。

数据状态:在数据状态下进行报表的数据处理工作,如输入数据、增加或删除表页、执行审核和舍位平衡操作、制作图形、汇总、合并报表等。在数据状态下所做的操作只对本表业有效,该状态下不能修改报表的格式,但可以看到报表的全部内容(包括格式和数据)。

3. 单元及其属性

财务报表管理系统中的单元类型包括数值单元、字符单元和表样单元三种。

数值单元用于存放报表的数据,在数据状态下输入,可以直接输入,也可以由单元中存放的单元公式运算生成。建立一个新表时,所有单元的类型均默认为数值型。

字符单元也是报表的数据,也在数据状态下输入。字符单元的内容可以是汉字、字母、数字等符号。

表样单元是报表的格式,是在格式状态下输入的所有文字、符号或数字。表样单元对所有表页都有效。表样单元在格式状态下输入和修改,在数据状态下只能显示而无法修改。

4. 组合单元

组合单元是指由相邻的两个或更多的单元组成的区域,这些单元必须是同一种单元类型(数值、字符、表样),UFO报表管理系统在处理报表时将组合单元视为一个单元。

5. 区域

区域由一张表页上的一组单元组成,自起点单元格至终点单元格是一个完整的长方形矩阵。起点单元格与终点单元格用“:”连接。例如,B2到E5的长方形区域表示为B2:E5。

6. 报表文件和表页

为了方便管理和操作,一般把经济意义相近、格式相同的报表放在一个报表文件中,例如“资产负债表.rep”。报表文件是一个三维表,在报表文件中,确定一个数据的要素包括“表页号”“行号”“列号”。表页是由若干行和若干列组成的二维表,一张报表最多可容纳99 999张表页。

7. 关键字

关键字是游离于单元格之外的特殊数据单元格,可以唯一标识一个表页,用于在大量表页中快速选择表页。关键字的显示位置在格式状态下设置,关键字的值则在数据状态下输入。每张报表可以定义多个关键字。财务报表管理系统提供了单位名称、单位编号、年、季、月、日以及自定义关键字。

任务二 利用模板生成报表

【实训内容】

账套主管(201)吴月完成资产负债表和利润表的生成和保存。

【实训指导】

1. 编制资产负债表

(1)以账套主管(201)吴月的身份进入管理系统,选择[财务报表]→[文件]→[新建]命令,在弹出的对话框中选择“一般企业(2007年新会计准则)”下的“资产负债表”,单击[确认]按钮,单击上方[数据]按钮,选择[关键字]→[设置]命令,依次设置单位名称、年月日,如图16-3所示。

(2)未分配利润年初余额:QC("4104",全年,,,

编制资产负债表

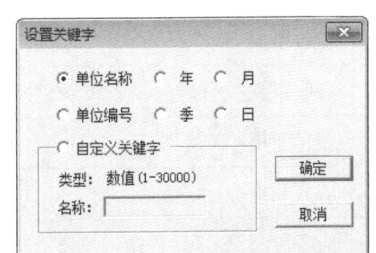

图16-3 “设置关键字”窗口

年,,)+QC("4103",全年,,,年,,),如图 16-4 所示。

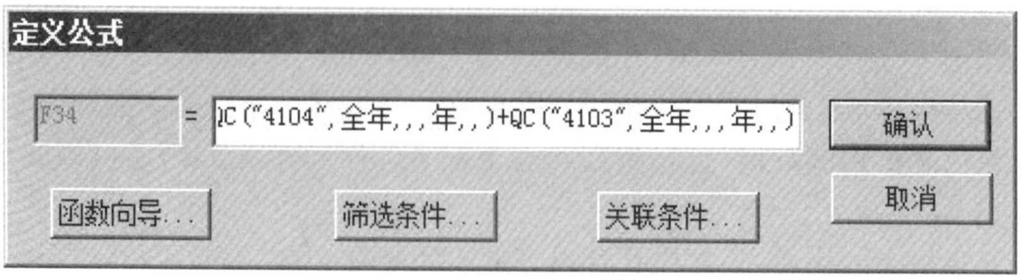

图 16-4 "定义公式"窗口

（3）单击下方[格式]按钮,选择[关键字]命令,录入相关信息,如图 16-5 所示。

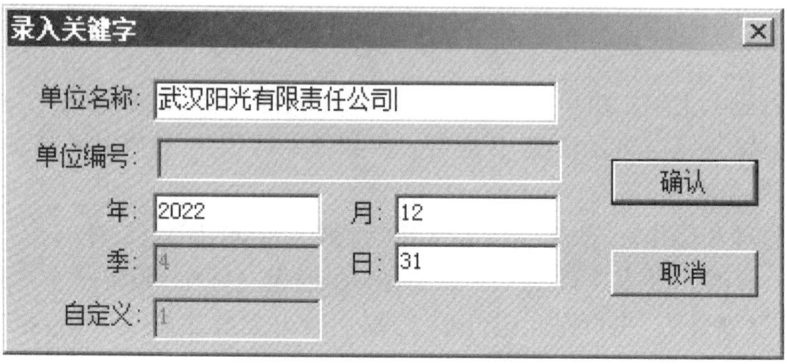

图 16-5 "录入关键字"窗口

（4）选择[文件]→[另存为]命令,输入名称"资产负债表.rep",单击[保存]按钮。结果如表 16-1 所示。

表 16-1 资产负债表

单位名称:武汉阳光有限责任公司　　　2022 年 12 月 31 日

会企 01 表　　　　单位:元

资产	期末余额	上年年末余额	负债和所有者权益（或股东权益）	期末余额	上年年末余额
流动资产:			流动负债:		
货币资金	17 448 945.53	4 811 000.00	短期借款	750 000.00	450 000.00
交易性金融资产	180 000.00		交易性金融负债		
应收票据	2 712 000.00	2 712 000.00	应付票据	3 731 260.00	
应收账款	2 365 294.10	1 670 784.10	应付账款	3 755 669.00	452 000.00
预付款项			预收款项		
应收利息			应付职工薪酬	76 777.05	185 850.00
应收股利			应交税费	4 071 684.88	2 389 200.00
其他应收款	32 800.00	3 000.00	应付利息		3 000.00

（续表）

资产	期末余额	上年年末余额	负债和所有者权益（或股东权益）	期末余额	上年年末余额
存货	4 761 963.94	4 495 000.00	应付股利		
一年内到期的非流动资产			其他应付款	385 274.00	345 274.00
其他流动资产			一年内到期的非流动负债		
流动资产合计	27 501 003.57	13 691 784.10	其他流动负债		
非流动资产：			流动负债合计	12 770 664.93	3 825 324.00
可供出售金融资产			非流动负债：		
持有至到期投资			长期借款	813 000.00	810 500.00
长期应收款			应付债券		
长期股权投资			长期应付款		
投资性房地产			专项应付款		
固定资产	2 907 172.00	1 683 365.20	预计负债		
在建工程		750 000.00	递延所得税负债		
工程物资			其他非流动负债		
固定资产清理			非流动负债合计	813 000.00	810 500.00
生产性生物资产			负债合计	13 583 664.93	4 635 824.00
油气资产			所有者权益（或股东权益）：		
无形资产	201 250.00	173 250.00	实收资本（或股本）	7 031 800.00	7 000 000.00
开发支出			资本公积		
商誉			减:库存股		
长期待摊费用			盈余公积	905 703.68	266 864.55
递延所得税资产			未分配利润	9 088 256.96	4 395 710.75
其他非流动资产			所有者权益（或股东权益）合计	17 025 760.64	11 662 575.30
非流动资产合计	3 108 422.00	2 606 615.20			
资产总计	30 609 425.57	16 298 399.30	负债和所有者权益（或股东权益）总计	30 609 425.57	16 298 399.30

【拓展提示】

（1）因为报表模板中事先按行业性质预置了单元公式，所以在选择报表模板时，一定要选择跟企业账套相同的企业性质。

（2）尽可能地使用预制的总账会计科目，如果总账会计科目有修改，就要注意可能需要修改报表模板中的公式。

编制利润表

2. 编制利润表

（1）以账套主管（201）吴月的身份登录财务报表管理系统，选择［文件］→［新建］命令，在弹出的对话框中选择"一般企业（2007年新会计准则）"下的"利润表"，单击［确认］按钮，单击上方［数据］按钮，选择［关键字］→［设置］命令，依次设置单位名称、年月，如图16-6所示。

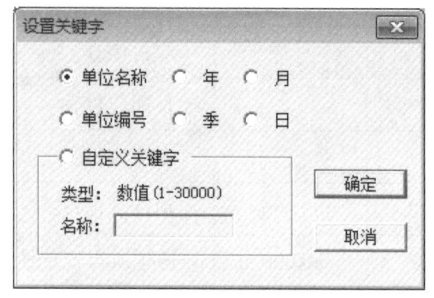

图16-6　"设置关键字"窗口

（2）新增"财务费用"下的"利息费用""利息收入""资产处置损益""信用减值损失"项目，如表16-2所示。

表16-2　利润表

会企02表

单位名称：×××××　　　　　　　　×××年××月　　　　　　　　单位：元

项目	本期金额	上期金额
一、营业收入	公式单元	
减：营业成本	公式单元	
税金及附加	公式单元	
销售费用	公式单元	
管理费用	公式单元	
财务费用	公式单元	
其中：利息费用	公式单元	
利息收入	公式单元	
资产减值损失	公式单元	

（续表）

项目	本期金额	上期金额
信用减值损失	公式单元	
加:公允价值变动收益(损失以"一"号填列)	公式单元	
投资收益(损失以"一"号填列)	公式单元	
其中:对联营企业和合营企业的投资收益		
资产处置损益(损失以"一"号填列)	公式单元	
二、营业利润(亏损以"一"号填列)	公式单元	

（3）公式设置:单击 B10(财务费用)单元格,单击[数据][编辑公式][单元公式][函数向导][用友财务函数]按钮;选中"发生(FS)",单击[下一步][参照]按钮,选中科目"6603",方向为"借",单击[确定][确定]按钮,再输入"一"号,选择"借 660 304",再输入"一"号,选择"贷 660 304",如图 16-7 所示。

图 16-7　"定义公式"窗口

（4）公式设置:单击 B11(利息费用)单元格,单击[数据][编辑公式][单元公式][函数向导][用友财务函数]按钮;选中"发生(FS)",如图 16-8 所示,单击[下一步][参照]按钮,选中科目"660 301",方向为"借",单击[确定][确定]按钮,如图 16-9 所示。

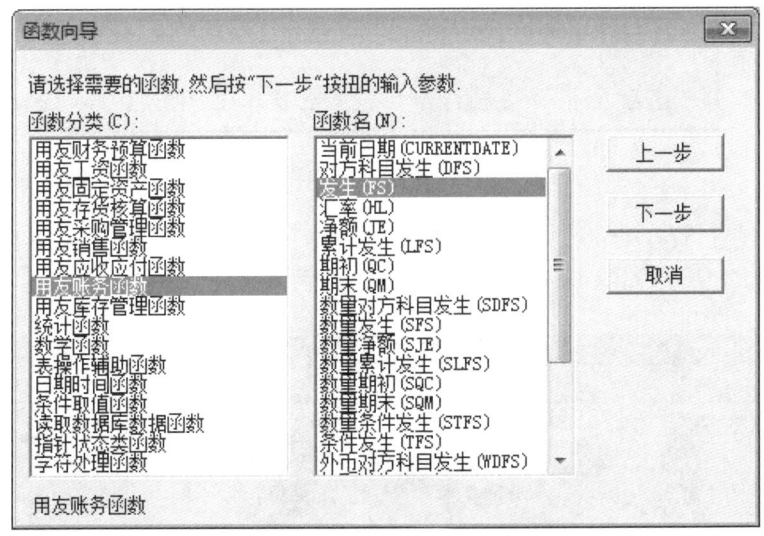

图 16-8　"函数向导"窗口

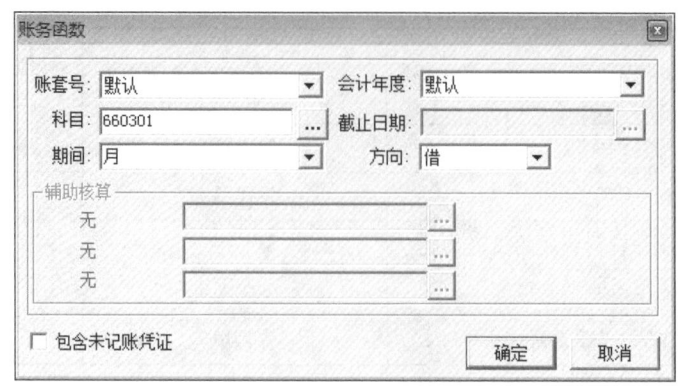

图 16-9　"账务函数"窗口

（5）公式设置：单击 B12（利息收入）单元格，单击［数据］［编辑公式］［单元公式］［函数向导］［用友财务函数］按钮；选中"发生（FS）"，单击［下一步］［参照］按钮，选中科目"660 304"，方向为"贷"，单击［确定］［确定］按钮，如图 16-10 所示。

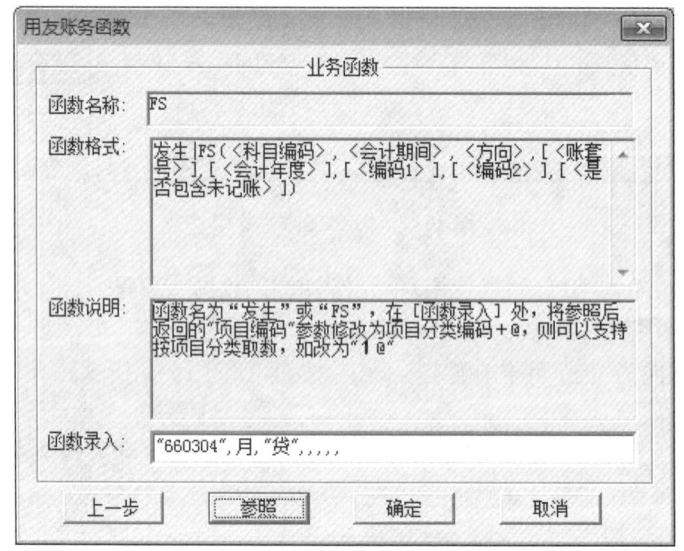

图 16-10　编辑公式

（6）同上设置"资产处置收益"和"信用减值损失"的公式，按照发生额方向设置，"投资收益"公式前加"－"号，如图 16-11 所示。

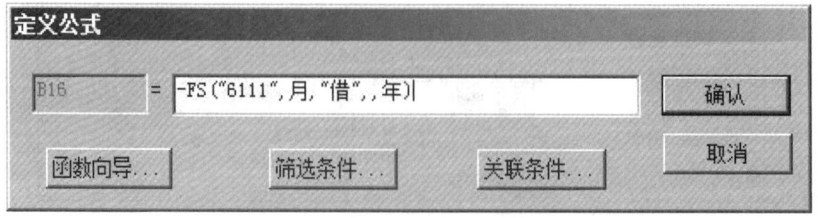

图 16-11　"定义公式"窗口

（7）"营业利润"本期金额定义公式为：营业收入－营业成本－税金及附加－销售费用－管理费用－财务费用－资产减值损失－信用减值损失＋投资收益＋资产处置收益，如图 16-12 所示。

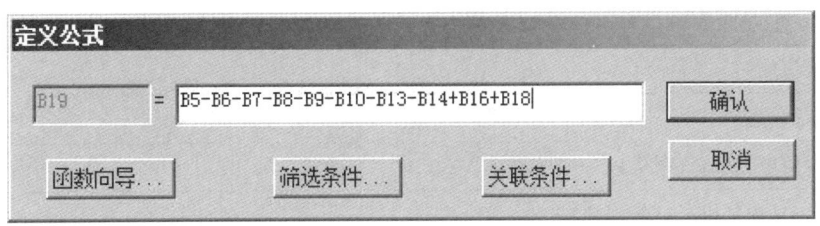

图 16-12　"定义公式"窗口

（8）"利润总额"本期金额定义公式为：营业利润＋营业外收入－营业外支出；"净利润"本期金额定义公式为：利润总额－所得税费用。

（9）单击下方[格式]按钮，选择[关键字]命令，录入相关信息，如图 16-13 所示。

图 16-13　"录入关键字"窗口

（10）选择[文件]→[另存为]命令，输入名称"利润表. rep"，单击[保存]按钮，结果如表 16-3 所示。

表 16-3　利润表

会企 02 表

| 单位名称:武汉阳光有限责任公司 | 2022 年 12 月 | 单位:元 |

项目	本期金额	上期金额
一、营业收入	14 040 500.00	（略）
减:营业成本	6 503 502.26	
税金及附加	93 105.13	
销售费用	32 494.00	
管理费用	97 596.05	
财务费用	83 202.67	

（续表）

项目	本期金额	上期金额
其中:利息费用	28 202.67	
利息收入	1 000.00	
资产减值损失	10 000.00	
信用减值损失	33 490.00	
加:公允价值变动收益(损失以"－"号填列)		
投资收益(损失以"－"号填列)	−54.00	
其中:对联营企业和合营企业的投资收益		
资产处置损益(损失以"－"号填列)	80.00	
二、营业利润(亏损以"－"号填列)	7 187 135.89	
加:营业外收入		
减:营业外支出	118 622.10	
其中:非流动资产处置损失		
三、利润总额(亏损总额以"－"号填列)	7 068 513.79	
减:所得税费用	1 767 128.45	
四、净利润(净亏损以"－"号填列)	5 301 385.34	
五、每股收益:		
1. 基本每股收益		
2. 稀释每股收益		

3. 编制现金流量表

以账套主管(201)吴月的身份登录财务报表管理系统,选择[文件]→[新建]命令,在弹出的对话框中选择"一般企业(2007年新会计准则)"下的"现金流量表",单击[确认]按钮,单击上方[数据]按钮,选择[关键字]→[设置]命令,设置单位名称,操作结果如表16-4所示。

编制现金流量表

表16-4 现金流量表

单位名称:武汉阳光有限责任公司　　　　　　2022年

会企03表
单位:元

项目	本期金额	上期金额
一、经营活动产生的现金流量:		
销售商品、提供劳务收到的现金	15 035 962.33	(略)
收到的税费返还		
收到其他与经营活动有关的现金	4 005 319.00	
经营活动现金流入小计	19 041 281.33	

（续表）

项目	本期金额	上期金额
购买商品、接受劳务支付的现金	475 515.60	
支付给职工以及为职工支付的现金	326 970.00	
支付的各项税费	1 108 800.00	
支付其他与经营活动有关的现金	4 068 739.20	
经营活动现金流出小计	5 980 024.80	
经营活动产生的现金流量净额	13 061 256.53	
二、投资活动产生的现金流量：		
收回投资收到的现金		
取得投资收益收到的现金		
处置固定资产、无形资产和其他长期资产收回的现金净额	1 243.00	
处置子公司及其他营业单位收到的现金净额		
收到其他与投资活动有关的现金		
投资活动现金流入小计	1 243.00	
购建固定资产、无形资产和其他长期资产所支付的现金	539 000.00	
投资支付的现金	180 054.00	
取得子公司及其他营业单位支付的现金净额		
支付的其他与投资活动有关的现金		
投资活动现金流出小计	719 054.00	
投资活动产生的现金流量净额	−717 811.00	
三、筹资活动产生的现金流量：		
吸收投资收到的现金		
取得借款收到的现金	300 000.00	
收到其他与筹资活动有关的现金		
筹资活动现金流入小计	300 000.00	
偿还债务支付的现金		
分配股利、利润或偿付利息支付的现金	5 500.00	
支付其他与筹资活动有关的现金		
筹资活动现金流出小计	5 500.00	
筹资活动产生的现金流量净额	294 500.00	

(续表)

项目	本期金额	上期金额
四、汇率变动对现金及现金等价物的影响		
五、现金及现金等价物净增加额	12 637 945.53	
加:期初现金及现金等价物余额		
六、期末现金及现金等价物余额	12 637 945.53	

制表人:吴月   会计主管:吴月
单位负责人:夏海

自定义报表

任务三　自 定 义 报 表

【实训内容】

账套主管(201)吴月完成自定义报表的编制。

【实训指导】

(1) 以账套主管(201)吴月的身份登录财务报表管理系统,新建一个空报表。

(2) 编辑报表名称,点击系统栏[设置]可以进行关键字的设置。

(3) 将所需明细项目编辑在报表中。

(4) 设置"管理费用-工资及附加"的金额公式,该科目的取数金额为当月借方发生额,选择[数据]→[编辑公式]→[单元公式],再点击"函数向导",函数分类选择"用友账务函数",函数名选择"发生(FS)",点击[下一步]→[参照]按钮,选择科目和借贷方向,保存后退出。

(5) 同理设置其他项目的单元公式,如图 16-14 所示。

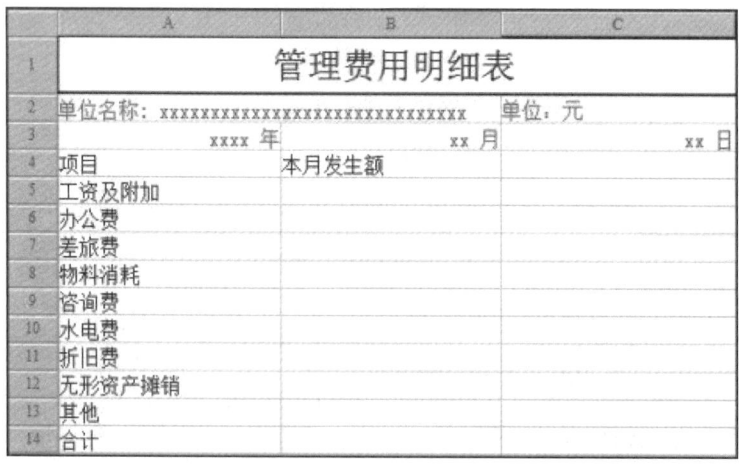

图 16-14　制作报表样式

(6) 设置完成后,点击报表左下角"格式"变为"数据",填写表头相关信息,查看报表数据,如图 16-15 所示。

	A	B	C
1	管理费用明细表		
2	单位名称：武汉阳光有限责任公司		单位：元
3	2022 年	12 月	31 日
4	项目	本月发生额	
5	工资及附加	70 259.05	
6	办公费	406.80	
7	差旅费	2 318.00	
8	物料消耗	1 410.00	
9	咨询费	3 000.00	
10	水电费	1 000.00	
11	折旧费	1 104.20	
12	无形资产摊销	2 000.00	
13	其他	16 098.00	
14	合计	97 596.05	
15			

图 16-15　"管理费用明细表"窗口

 拓展阅读

工业和信息化部等八部门
关于加快传统制造业转型
升级的指导意见

主要参考文献

1. 李爱红.ERP 财务供应链一体化实训教程(用友 U8 V10.1)[M].北京:高等教育出版社,2016.
2. 李爱红.会计信息系统应用(用友 U8 V10.1)[M].2 版.北京:高等教育出版社,2019.
3. 周继文,李树斌,张志波.会计信息化实训教程(畅捷通 T3 营改增版)[M].2 版.北京:中国工信出版集团.北京:电子工业出版社,2022.